国家自然科学基金面上项目（51678125）

性别差异下的老年宜居环境营造

李向锋　李晓明　著

中国建筑工业出版社

图书在版编目（CIP）数据

性别差异下的老年宜居环境营造 / 李向锋，李晓明 著 . —北京：中国建筑工业出版社，2020.11
ISBN 978-7-112-25521-4

Ⅰ.①性… Ⅱ.①李…②李… Ⅲ.①性别差异 – 老年人 – 居住环境 – 研究 – 中国 Ⅳ.① D669.6 ② X21

中国版本图书馆 CIP 数据核字（2020）第 185745 号

责任编辑：毋婷娴　易　娜
责任校对：芦欣甜

性别差异下的老年宜居环境营造
李向锋　李晓明　著

*

中国建筑工业出版社出版、发行（北京海淀三里河路9号）
各地新华书店、建筑书店经销
北京方舟正佳图文设计有限公司制版
北京建筑工业印刷厂印刷

*

开本：787毫米×1092毫米　1/16　印张：15　字数：252千字
2020年12月第一版　2020年12月第一次印刷
定价：69.00元
ISBN 978-7-112-25521-4
（36494）

版权所有　翻印必究
如有印装质量问题，可寄本社图书出版中心退换
（邮政编码 100037）

本书编写人员

课 题 负 责：李向锋
课 题 组 成 员：周 颖 屠苏南 张 嵩 舒 欣
　　　　　　　　许之鑫 杨路遥 李晓明
参与调研及资料搜集：姚 歌 应 媛 樊 昊
　　　　　　　　　　张 萌 杨蕙榕 王 迪
参与辅助制图及编写：许之鑫（第3章） 王 迪（第4章）
　　　　　　　　　　姚 歌（第6章）
参 与 后 期 校 对：姚 歌

目 录

绪论：性别差异作为老龄化研究的视角 001

第1章 老龄化与老龄人口的性别结构 006
    1.1 人口老龄化 006
    1.2 老年人口高龄化的趋势及影响 007
    1.3 高龄人口女性化在世界范围内的普遍性 010
    1.4 中国老龄人口女性化的快速发展 011
    1.5 小结 013

第2章 老龄化中性别差异的主要议题 015
    2.1 经济收入与社会保障 015
    2.2 疾病差异与医疗护理 019
    2.3 日常生活与社会参与 028
    2.4 环境氛围与审美矛盾 033
    2.5 小结 035

第3章 性别与空间环境研究的学理基础 039
    3.1 女性主义运动的发展与性别诉求 039
    3.2 性别视角下空间研究的多学科范式 050
    3.3 小结 087

第4章 老年人环境行为与感知的性别差异 089
    4.1 老年人环境行为与感知的一般特征与性别差异特征 089
    4.2 老年人人体工学特征的性别差异 095
    4.3 老年人社区户外环境感知与时空行为的性别差异 113
    4.4 老年人设施室内环境感知与功能需求的性别差异 133
    4.5 小结 147

第 5 章 性别敏感型适老化城市环境 149
5.1 性别敏感型城市规划的起源与发展 149
5.2 性别敏感型城市空间营造的内容体系——以维也纳为例 164
5.3 性别敏感与适老化城市空间营造 172
5.4 小结 175

第 6 章 性别专属型适老化居住环境 177
6.1 性别差异下的居住空间分异 177
6.2 女性养老社区 177
6.3 女性养老社区案例研究 183
6.4 性别专属型养老设施 199
6.5 小结 218

第 7 章 结语：性别差异研究与适老化环境营造的精细化 220

图表索引 223

参考文献 227

绪论：性别差异作为老龄化研究的视角

一、性别差异的概念

性别差异包括了"生理性别差异"（sexual difference）和"社会性别差异"（gender difference）两个方面。前者基于对生物本位体征的考量，主要从生理解剖和生理机能等方面研究两性差异，较多应用于人体工学、病理学、生物学等体现人体物质特征的学科。后者指由社会文化形成的对男女差异的理解，以及社会文化中属于女性或男性的群体特征和行为方式[1]，进而将与两性有关的社会角色、行为习惯及行业规范等，与自然、文化、心理、社会等诸多要素相联系[2]，主要运用于社会学、心理学、人类学、行为学等学科。

对生理性别差异与社会性别差异之间的关系，学界存在分歧。以福柯、德勒兹为代表的社会学家则更加强调社会力量对社会性别差异形成的推动作用，着力弱化生理性别差异的影响。持生理决定论的学者如玛利亚·盖腾斯认为，生理性别差异是决定一切社会关系的前提，与社会性别差异存在必然联系[3]。她在《生物性别／社会性别区分批判》中，对社会性别理论提出了质疑，认为"身体是意义建构的参照和中心"[4]。但一般认为，社会性别差异对揭示人类社会两性差异现象及研究由此带来的各种社会影响有着更大的促进作用。

对性别差异的研究包括生理差异研究和社会差异研究。社会差异往往大于或者包含生理差异，并成为研究的主流。在人力资本理论、罗尔斯正义理论等社会经济学理论导向下，许多社会经济领域议题中存在生理本位性别差异与社会性别差异互为相关、不可拆分的情况[5,6]。反之，亦有以雷文·康奈尔（Raewyn Connell）为代表的理论学者以社会体现（social embodiment）的观点取代对两

---

1 谭兢常, 信春鹰. 《英妇女与法律词汇释义》[M]. 北京：中国对外翻译出版公司, 1995.
2 龚晓洁. 人类行为与社会环境 [M]. 济南：山东人民出版社, 2011.
3 白玫. 社会性别理论初探 [D]. 呼和浩特：内蒙古大学, 2006.
4 张成华. 论社会性别理论视域下的女性研究及其争论 [J]. 文艺理论研究, 2017, 37(2): 141–147.
5 闵维方. 人力资本理论的形成、发展及其现实意义 [J]. 北京大学教育评论, 2020, 18(1): 9–26, 188.
6 叶迎. 从罗尔斯的正义原则看我国居民收入差距的扩大 [J]. 社会观察, 2009(5): 240–241.

种性别差异关系的讨论，试图否认两种差异之间存在必然的关系[1]。

在学术研究发展进程中，生理性别差异的定义基本未发生改变，但社会性别差异的概念边界则在不断产生拓展和流变，这一点在女性运动全过程中得以体现。第一次女性运动主要以解放女性基本生存权益为目标，更加注重人身自主和自由，议题主要聚焦于选举权、工作权、基本人身自由权等方面。在第二次女性运动浪潮中，差异化诉求开始由基础权益追求向思想层面反思转化，对平等社会地位、社会资源的追求成为主流，进而萌生了社会性别差异理论。在第三次女性主义运动中，针对女性的研究逐渐演进为性别差异研究。学者邦迪（Bondi）认为，当代男女性别关系的形成主要经历了生理差异向社会性别差异的转变、社会差异产生价值关系的转变、进而产生平等观念这三个阶段[2]。

二、老龄化研究的差异变量

性别差异是多学科间共通的学术研究视角。以关键词"老年/老龄+差异"，对现有研究文献进行检索归纳，可见老龄化研究的差异变量主要集中在以下四个方向：数量差异，空间差异，健康差异和社会差异。

其中数量差异是人口学数据的显性特征，主要体现为老年人口的年龄结构变化、性别结构变化、家庭结构变化等。

空间差异以空间要素作为变量集，探讨老龄化在不同空间层级上的显现及成因。在宏观尺度上包括了老龄化的城乡差异、东西部地区差异、不同类型的城市间差异，以及一定范围内老年人口的空间分布和流动等差异特征。中观尺度上涉及城市社区之间老龄化差异、城市交通出行方式的差异性，以及涉老设施空间布局的差异性等。微观尺度上则包括了老年人在自身活动范围内方向感、空间识别、空间占有、行为偏好等方面的差异；以及对家居空间、活动场所的差异化需求等。

健康差异与医学、护理学紧密相关，往往体现为老年人照料需求和社会医疗护理成本的投入预测。老年人的基本自理状况一般可分为健康—自理、介助—

---

[1] 詹俊峰. 性别之路：瑞文·康奈尔的男性气质理论探索[M]. 桂林：广西师范大学出版社, 2015.
[2] Bondi L. Gender and Geography: crossing boundaries [J]. Progress in Human Geography, 1993,(2):241-246.

部分失能、介护—失能和关怀—临终四个不同阶段。此外由于特殊照护需求，还有对于阿尔茨海默症患者的特殊分类研究。健康差异与空间差异相结合，直接涉及城乡医疗设施、公共设施的排布、日常类养老服务设施的布局和空间设计。

社会差异是差异属性中变量最为复杂的一类，不仅涉及老年人的性别、居住状况、家庭构成、代际关系、受教育情况、经济收入情况、社会关系网络等基本社会属性，还往往涉及老年人由此而产生的生活行为、交往行为、互助行为、问诊就医等具体社会活动。从某种意义上说，老龄化本身就是一个社会视角下的命题，老龄化中的各类差异性均可以视为社会差异的结果和表征。

亦有研究认为年龄、性别、城乡是研究老龄化的控制性影响因素，且年龄异质性大于性别异质性，性别异质性大于城乡异质性[1]。在具体研究领域，年龄差异往往体现为人口数据统计上的直观意义，体现研究目标或研究对象的量化数据，其特征往往与健康差异直接相关。城乡差异更多地立足于我国长期存在的城乡二元对立背景，对于城乡统筹、社会公正等方面议题做出回应，有学者指出，近20年来中国人口老龄化的区域差异主要表现在两方面：一是经济区或省区之间因社会经济发展条件而引起的人口老龄化演化阶段、特征与趋势方面的区域差异；二是区域内部由于城乡人口迁移等原因带来的老龄人口城乡倒置等问题和大都市区内部的老龄人口分布差异[2]。性别差异则既是年龄差异中的显性数值，又与我国城乡差异中的社会要素直接相关，老年人的性别差异既是特定生命阶段生理性别差异的变化期，也是社会性别差异在生命周期的累积效应[3]的集中显现。

三、从普适研究到差异研究

近10多年来，中国家庭迅速向规模微型化、结构扁平化、类型特殊化方向

---

1 顾大男，曾毅.高龄老人个人社会经济特征与生活自理能力动态变化研究[J].中国人口科学，2004(S1)：16–23，176.
2 高晓路，吴丹贤，许泽宁，颜秉秋.中国老龄化地理学综述和研究框架构建[J].地理科学进展，2015,34(12)：1480–1494.
3 李黎明，杨梦瑶，李知一.生命历程视角下教育对健康的影响及其中介机制研究[J/OL].西安交通大学学报(社会科学版)：1–19[2020–07–28].http://kns.cnki.net/kcms/detail/61.1329.C.20200422.1349.002.html.

发展。家庭变动趋势意味着家庭养老功能在急剧丧失，其作为社会稳定器的作用在削弱。亚洲老人接受外来养老服务的意愿低于欧美老人。但随着个体身体机能的衰退和家庭结构的变迁，我国老人对养老的各类需求将被动持续增长。

作为国家重大发展战略问题，养老持续获得各个层面的关注。"统筹规划发展城市养老服务设施""大力加强养老机构建设""促进养老产业健康发展"等政策已成为共识，一系列实施层面的细则相继出台。如住建部等部门在《关于加强养老服务设施规划建设工作的通知》中，要求今后凡新建商品房小区必须按人均用地不小于 $0.1m^2$ 的标准，配套建设养老服务设施，并与住宅同步规划、同步建设、同步交付使用。在各地实施的操作细则中，则往往将"设施数""床位数"等作为目标考核指标。然而在实际成效上，一床难求、一餐难求的现象还普遍存在，出现了养老设施有效床位总量不足与床位空置、养老设施类型不完善和需求多元、收住对象局限与养老人群多样、需求差异与规划设计指标单一等亟待解决的问题。

笔者在参加《农村涉老设施建设标准关键技术和标准体系研究》调研中，深刻体会到中国养老存在着巨大的城乡差异；在参加民政部《综合社会福利院建设标准》调研编制过程中，深刻体会到养老存在的巨大社会保障差异；在参加多个养老服务设施的工程实践中，深刻体会到养老存在着巨大的需求差异。在这些差异中，性别作为因变量特征持续显现。笔者认为，养老设施建设不能囿于"普适"的床位数指标，而更应是差异化人群、差异化需求与差异化保障中实际效能满足的问题。

家庭生命周期对养老消费的预测研究表明，家庭空巢、解体及鳏寡期是居住模式转变的主要期段，且转变意愿依次递增，养老设施中单身老人占大多数。家庭的解体与重构意味着以家庭为单位的原生活单元面临着空间上的重新调派，而性别分异是老人空间分配的基本方式。不同年龄、不同性别老年人对性别敏感度有明显差异[1,2]。养老设施中夫妇、鳏、寡老人的入住人群特征，关涉居室

---

1 杜平,张林婧.性别化的亲环境行为——性别平等意识与环境问题感知的中介效应分析[J].社会学评论,2020,8(02):47-60.
2 Małgorzata Lipowska,Mariusz Lipowski,Henryk Olszewski,Dorota Dykalska-Bieck. Gender differences in body-esteem among seniors: Beauty and health considerations[J]. Archives of Gerontology and Geriatrics,2016,67.

的分异配置、公共卫浴等隐私空间的配置、特定医疗功能（如女性疾病医护）的配属以及由此产生的性别空间结构和人群管理方式。行为/需求作为对建成/理想环境的反馈，反映了不同性别老人对社区、设施功能和空间环境的适应/不适应，以及能动改造的潜在特征。

我国近 30 年老年学研究发展迅猛，面向性别差异的研究目前主要集中在经济学、人口学、社会学、心理学以及地理学范畴[1]。其为建筑学领域开展适老化环境营造的性别差异研究提供了学科拓扑关系。

对于性别差异的研究将是老年人研究的长期议题。在中国量大面广的养老需求中，普适性的研究有助于尽快满足大量老年人的基础需求，而差异性研究将进一步面向具体问题，充分体现适老化环境营造以人为本的建设理念，并促进精细化设计。

---

1 付建军. 回顾与展望：三十年来我国老年学研究述评[J]. 西北人口, 2012,33(3):50-56.

第 1 章 老龄化与老龄人口的性别结构

1.1 人口老龄化

人口老龄化是 21 世纪人类社会所共同面临的重大挑战之一。人类社会自步入近代以来，随着经济技术的发展和生活水平的不断提升，寿命延长和人口老化已经在世界范围内成为人口发展的普遍趋势。人口年龄结构的变化会对社会功能、组织结构和经济结构产生重要影响，有学者认为人口老龄化将成为工业革命以来继全球化之后最重要的世界性重组力量之一，而 21 世纪也将以"人类年龄结构的变化"载入史册[1]。

人口学意义上的老龄化是指一个国家或地区的总人口中老年人所占比例不断上升并达到一定规模的过程。造成人口老龄化的原因通常包括人口生育率降低、死亡率下降和人均寿命的延长。按照联合国世界卫生组织的现行标准，当一个国家或地区 60 岁及以上的老人所占比例超过总人口的 10%，或 65 岁及以上的老人所占比例超过总人口的 7% 时，即称之为"老龄化社会"。与之相关的，当 60 岁及以上人口比例超过 18%，65 岁及以上人口比例超过 14% 时，被称作"老年型社会"。而当 65 岁及以上人口比例超过 20% 时，被称作"超老龄化社会"。

相较于漫长的人类历史，人口老龄化算是一种"新兴事物"，它是近现代以来人类经济、技术和社会发展的产物。法国在 1870 年成为世界上第一个进入老龄化的国家，其他主要发达国家，如英国（1921 年）、德国（1930 年）和美国（1944 年）相继在 20 世纪上半叶迈入老龄化社会。进入 20 世纪下半叶，人口老龄化在世界范围内快速发展，从 1950 年到 2000 年，60 岁以上的人口数量增加了 3 倍，达到 6 亿。虽然欧美发达国家人口老龄化发展较早、程度较高，但进入 21 世纪以来，人口老龄化已经在世界范围内全面发展，联合国数据显示，人口超过 9 万人的 201 个国家和地区都将在未来面临不同程度的人口老

---

[1] 党俊武. 老龄社会的革命：人类的风险和前景 [M]. 北京：人民出版社, 2015.

龄化趋势。近年来欧洲人口老龄化的进程逐渐放缓，发展中国家和地区成为主要增长点。截至 2017 年，世界上已有超过 2/3 的老年人口生活在发展中地区，这一数据预计在 2050 年将会达到 4/5。牛津大学人口老龄研究中心认为，亚洲将会面临人口老龄化的巨大影响。

2000 年，我国 60 岁及以上老年人口占比达到 10%，标志着我国正式迈入老龄化国家的行列。我国的人口老龄化进程起步晚于发达国家，且面临着十分严峻的挑战。首先，我国的老年人口规模大。2015 年已有超过 2 亿老年人口，是世界上老龄人口最多的国家。根据联合国预测，2050 年中国老年人口将达到约 4.3 亿人，整个 21 世纪上半叶我国都将是世界上老龄人口最多的国家；其次，是增速快。从"老龄化社会"到"老年型社会"，发达国家一般经历了半个世纪到一个世纪的时间，而预计我国只需 26 年。2020—2050 年将成为我国老龄人口的快速增长期，老年人口占比预计将从 17% 上升到 31%，届时我国将迈入"超老龄化社会"的行列；再次，是地区发展不平衡。由于经济发展水平的差异和快速的城市化进程引起的人口迁移，我国的人口老龄化呈现出东部高于西部、农村高于城镇、部分大城市高于全国的格局。最后，由于我国经济社会的发展水平与发达国家尚有差距，多数人会面临"未富先老"的局面，这将对我国养老政策的制定、资源和设施的供给提出更高的要求。

1.2 老年人口高龄化的趋势及影响

人口高龄化是人口老龄化深入发展的最重要表征和趋势之一。联合国秘书长安南在 1998 年的世界老年大会上说："世界人口在老龄化的同时，老年人口本身也在老龄化。"学术界和不同国家地区对"高龄"的理解和界定不尽相同，一般将 80 岁及以上的老年人定义为高龄老年人，部分以 85 岁为标准。人口高龄化反映的是高龄老年人群体在全体老年人群体中的比重不断上升的现象。其与"老龄化"概念相似，关注的都是人口老化的过程。区别在于老龄化以总人口为基准，而高龄化多以老年人口为基准，更注重老年人口内部自身年龄结构的变化。

进入 21 世纪，高龄老人已经成为增长潜力最大、增速最快的人口群组之一。联合国 2017 年的数据显示，预计到 2050 年，世界范围内 80 岁及以上老人的数量将实现3倍增长，从1.37亿上升到4.25亿，占老年人口的比例将达到25%。英、美、法、德等主要发达国家在2010年时，老年人口的高龄化率已达到20%～25%，未来还将持续增长，并在2050年时达到30%～35%（图1-1）。我国同样面临高龄老年人口快速增长的趋势，2000年以后我国老年人口的年龄结构开始向高龄化过渡。2010年"六普"数据显示我国80岁及以上高龄老年人口已达到1899万，约占总老年人口的11.4%。人口学研究预测，2030年以后中国老年人口的高龄化进程将进入加速期，到2050年，高龄老年人将达到约9400万，占老年人口的23%。

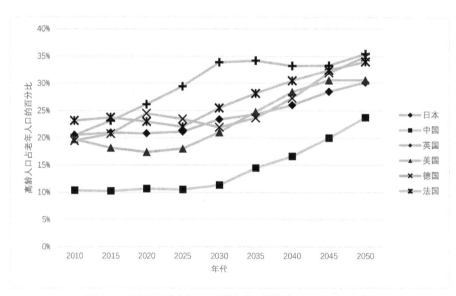

图1-1 各主要国家老年人口高龄化发展趋势（2010—2050年）

近年来，老年人口的高龄化趋势及其影响愈发受到学者和政策制定者的重视。有学者认为，以"动态"的视角看待人口老龄化问题时，人口高龄化比如今一般意义上的人口老龄化更加值得关注和重视。目前世界范围内老龄人口的界定多以60岁或65岁的"退休年龄"为标准，这一标准源自19世纪末20世纪初的欧美国家所制定的一系列老年人社会福利或养老法案。19世纪末20世纪初的欧美社会正值工业资本主义发展的高峰期，就业群体中的绝大多数人属于在工厂从事各类生产活动的产业工人。根据当时人们所从事的生产劳动的类型、营养摄入、医疗和社会保障水平，大部分人在60岁左右的年纪就丧失从事生产劳动的能力，因而 60 岁被确立为适宜的退休年龄。而在当代社会，尤其是欧美发达国家，以金融、信息、管理和文化产业为主的服务业早已取代工业成为社会的支柱产业，绝大多数就业人口不再从事体力劳动。即便在重视工业产业的发展中国家，技术的进步也使得工业生产环境较 100 年前大为改善。再加上医疗、健康和食物营养水平的提升，21 世纪初期 60 岁左右的就业人口要比 20 世纪初期的更加"年轻"，特别是从事服务、管理、金融和知识教育等行业的就业人口，在 60 岁左右仍旧可以开展大部分工作内容。因此从动态的视角来看待和界定"人口老化"时，60 岁左右的硬性标准如今在某些国家、某些阶层和某些行业中便已不再合适，这也是很多发达国家近年来不断提高退休年龄的原因。19 世纪末 20 世纪初基于工业生产而制定的"老年人"标准，已经无法适应 21 世纪经济社会的发展要求。

相比较而言，80 岁及以上的高龄老人在当代和未来社会更加符合"老年人"的定义，人口老化所带来的问题在 80 岁及以上年龄组中也会表现得更加突出。高龄老人的生理和心理健康状况较差，老年人常见的失能和痴呆症的发病率在高龄组老人中显著提升。因而在养老照护资源的使用方面，各种类型养老设施的使用人群多以高龄老年人为主。美国 2014 年的数据显示，全国各类养老设施中 85 岁及以上年龄群体的老年人占到 53%，75 岁及以上年龄群体占到 83%[1]。英国的英格兰和威尔士地区各类养老设施中，85 岁及以上的老年人占到 59.2%，75 岁及以上占到将近 90%[2]。此外，即便是具备独立生活能力，高龄老人也更容易处于丧偶和独居的生活状态，并面临由于移动能力下降而造成的社会生活萎缩问题，这不但会造成高龄老人的精神和心理健康水平的下降，也使得其面临突发疾病和意外伤害事件的风险大大提高。总的来说，高龄老人自身的脆弱性对居住、护理和社会服务都提出了更加严格的要求，有学者认为解决人口老龄化问题的关键就是高龄老人问题。而受年龄性别结构的影响，高龄老人问题的关键则是女性老年人问题。

---

[1] Argentum 2014. Senior Living Resident Profile.
[2] Office for National Statistics 2014. Changes in the Older Resident Care Home Population between 2001 and 2011.

1.3 高龄人口女性化在世界范围内的普遍性

人口性别结构的变化是老龄化，特别是高龄化的最主要显性特征之一。人口高龄化和高龄人口女性化已经在世界范围内成为一种趋势和常态。有学者指出欧洲老龄化的特点之一便是女性老龄化在时间和空间上的表征。第二届老龄问题世界大会（2002 年）通过的《马德里老龄问题国际行动计划》强调，"必须认识到老龄化对于女性与男性影响的差异性……在所有政策、方案和计划中保证纳入性别观点是至关重要的"。

老年人口的性别结构随年龄而发生变化，表现为高龄人口的女性化趋势。随着年龄的升高，性别比（男性/女性）表现出明显的下降趋势，年龄越高性别比越低，这在世界范围内已是普遍规律。图 1-2 的统计数据（2010 年）显示，各个国家低龄老人（60 ~ 70 岁）中男女数量基本维持在各占 50% 的水平，而 80 岁年龄组中女性占比基本超过 60%，90 岁以上年龄组中女性占比超过80%。影响老年人性别结构的主要原因是男女预期寿命的差异，多数发达国家女性和男性的预期寿命差异在 7.5 年左右。

高龄人口的女性化趋势使得性别成为居住、医疗和社会保障等养老问题中愈发重要的控制性差异要素。高龄女性的丧偶、贫困、失能和寡居率远高于男性。美国退休老年人协会（AARP）的数据显示，美国 75 岁以上人口中单身男女比例约为 3∶7，独居比例约为 2∶5；英国 75 岁以上的老年女性中有超过 2/3 的人处于独居状态，欧盟 20 个成员国中独居老年女性人口几乎是男

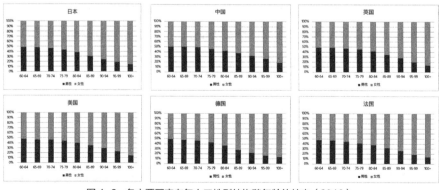

图 1-2　各主要国家老年人口性别结构随年龄的转变（2010）

性的3倍。相较于男性老人，丧偶的女性老人通常不会再寻找伴侣。

由于养老设施的入住对象多为高龄老人，因此设施中老年人性别失衡的现象十分普遍。老年人辅助生活设施（Assisted Living Facility）是近年来美国最受欢迎的养老设施类型，根据美国辅助生活设施联合会（Assisted Living Federation of America）2013年的统计，美国老年人辅助生活设施中女性和男性老年人的比例约为7∶1；北欧国家芬兰的数据显示，全国护理院中男女比例约为1∶3.3，85岁以上入住者的男女比例约为1∶5，这两组数据在比利时分别为1∶3.8和1∶5.4。

1.4 中国老龄人口女性化的快速发展

与人口老龄化的发展趋势相同步，我国的老龄人口女性化趋势目前正处于快速发展期。反映在人口比例方面（图1-3），60岁以上女性老年人口在2010年占总人口的比例约为6.34%，2030年约为13%，到2050年约为18.56%，相较2010年在40年间实现了将近3倍的增长。80岁及以上的高龄组女性增长速度更快，2010年占总人口比例约0.78%，2030年为1.66%，2050年将增长至4.93%，40年间实现了约5倍的增长。

就数量规模而言，我国60岁以上女性老年人的总体规模将从2010年的8 578万增加到2050年的2.54亿左右，在40年间实现了3倍的增长。虽然男性老年人口的总体数量也在增长，但增幅小于女性，且男女老年人规模差异

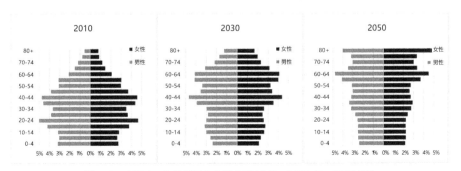

图1-3　中国人口年龄性别金字塔（2010年，2030年，2050年）

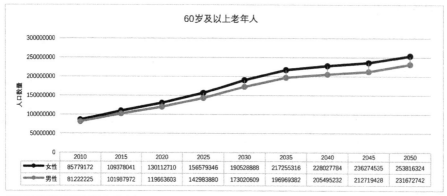

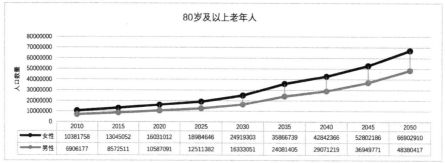

图 1-4 中国老年人口规模的性别差异及发展趋势（2010—2050 年）

呈现出不断扩大的趋势（图 1-4）。2010 年时 60 岁以上人口女性比男性多出约 456 万，到 2050 年，这一数字将增长到超过 2214 万，增长了 5 倍之多。对于高龄老人而言，2010—2050 年，我国 80 岁及以上女性老年人规模将从 1 038 万增长到 6 690 万左右，与男性高龄老人的数量差异将从 348 万扩展到 1 852 万左右，数量差异扩大了将近 6 倍。此外，女性老年人自身的高龄化程度不断增长且显著高于男性。女性老年人的高龄化水平将从 2010 年的约 12.1% 增长至 2050 年的 26.4%，高于男性近 6 个百分点（20.9%）。

受老年人口女性化，特别是高龄人口女性化的影响，女性老年人在经济、健康和居住等多个方面成为社会的相对弱势群体。根据 2010 年第六次人口普查的数据，我国女性老年人在失能、无独立收入和独居方面比例高于男性（图 1-5）。具体而言，低龄段（60～70 岁）女性失能老人的人数与男性相当，70～80 岁年龄段女性略高于男性，80 岁以上年龄段女性的失能人数较多，且比例是男性的 2～3 倍。随着我国人口预期寿命的不断增长，学者预测未

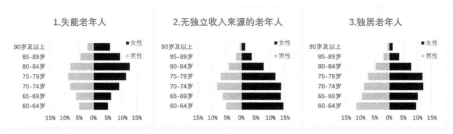

图1-5 中国老年人口性别年龄金字塔（分项）（2010年）[1]

来我国失能老人数量的性别差异趋势将持续扩大，失能女性老年人的养老问题将成为解决养老照护问题的关键。对于无独立收入来源的老年人，各个年龄段女性数量均高于男性，这反映了女性老年人在经济收入和保障方面的明显劣势。对于独居老人，低龄段（60～69岁）男性数量略多于女性，而中高龄段（70岁及以上）女性数量明显多于男性。

1.5 小结

人口老龄化是经济社会发展、人民生活水平提高和人均寿命延长的必然结果，某种程度上恰恰体现了社会的进步。应当认识到，如若不能妥善应对人口老龄化带来的挑战、处理人口老龄化带来的问题，它将给经济社会的长期可持续发展带来沉重的负担。21世纪的前半叶，人口老龄化的快速发展将由欧美发达国家向人口更加众多、发展更不平衡的发展中国家转移，我国更是首当其冲。庞大的老年人口规模、较高的老年人口增速、地区发展不平衡和未富先老的基本特征增加了我国应对和处理人口老龄化问题的急迫性和复杂性，同时也要求我们必须加深对我国人口老龄化发展过程中的内在机制、突出问题、普遍问题的理解，从而在政策的制定、资源和设施的供给方面兼顾针对性和前瞻性。总的来说，高龄老人自身的脆弱性对居住、护理和社会服务都提出了更加严格的要求，有学者认为解决人口老龄化问题的关键就是高龄老人问题。而受年龄性别结构的影响，高龄老人问题的关键则是女性老年人。

---

[1] 以上图片由作者根据相关统计数据自行绘制。数据来源：国家统计局，2010年，第六次全国人口普查数据 [Online]. Available: http://www.stats.gov.cn/tjsj/pcsj/rkpc/6rp/indexch.htm [Accessed 2010].

相较于发达国家，我国女性的平均预期寿命偏低。男女预期寿命的差异也低于多数发达国家。随着社会的不断发展和人民生活水平的提升，性别平等进一步实现，可以预见的是，我国女性的预期寿命仍有较大的增长空间，老年人口，特别是高龄老年人口数量的性别差异将持续扩大。到21世纪中叶，老龄人口的女性化将成为我国人口老龄化深入发展的最显著特征之一。可以看出，老龄人口的女性化不仅仅是性别人口在结构比重和数量规模上的表现，更与年龄、健康、经济、家庭结构和居住模式等社会因素相关联，在多个领域内都对我国养老政策的完善程度提出了挑战。

第 2 章 老龄化中性别差异的主要议题

2.1 经济收入与社会保障

老年人的经济收入是保证老年人生命质量、反映社会保障和福利水平的重要指标。女性老年人的经济收入水平低于男性。以往研究多从城乡、地区和社会阶层差异的角度分析老年人的贫困问题，社会性别视角的分析近来愈发受到重视。"贫穷的女性化"（feminization of poverty）现象在国外受到研究者的持续关注，在女性老年人口中这种趋势尤为明显。女性老年人在经济收入和社会保障方面所处的劣势地位在世界范围内具有普遍性。

女性老年人的收入水平明显低于男性。根据"第三期中国妇女社会地位调查"的数据[1]，2010 年我国城乡男性老年人的个人年平均收入为 11 181.97 元，女性为 6 190.80 元，仅为男性的 55.4%。其中个人年收入在 1 000 元以下的老人中，城镇男性老人占 8.2%，女性老人占 24.5%；农村男性老人为 36.5%，女性老人高达 62.1%。在美国，2015 年男性老人的中位数年收入（31 372 美元）几乎为女性老人（18 250 美元）的两倍，且女性老年人的贫困率（10.3%）高于男性（7%），其中独居老人的贫困率（15.4%）是非独居老人（5.7%）的将近 3 倍[2]。独居老年女性群体的贫困问题尤为严峻。欧盟（2015 年）的独居老年女性的贫困率达到 24.9%，远高于独居老年男性（18.6%）和非独居老年女性（12.3%）[3]。

除去经济收入，男女老年人在社会保障水平上也存在较为显著的差异。对比 2010 年和 2000 年的数据，我国女性老年人的健康和养老保障水平获得了"量"的明显提高，但在"质"上与男性仍有差距。就医疗保险而言，2010 年我国 94.7% 的城镇男性老人和 94.3% 的城镇女性老人处于医疗保险覆盖范围之内，

---

[1] 王颖. 社会性别视角下老年群体社会支持现状和需求研究——基于第三期中国妇女社会地位调查数据[J]. 老龄科学研究, 2015, (4): 62-70.
[2] Houser, A. Women & Long-term Care[J/OL]. 2007-04. https://assets.aarp.org/rgcenter/il/fs77r_ltc.pdf.
[3] Lodovici, M. S. Elderly women living alone: an update of their living conditions[J/OL]. 2015-06. http://www.europarl.europa.eu/RegData/etudes/STUD/2015/519219/IPOL_STU%282015%29519219_EN.pdf.

农村的数据分别为 97.5% 和 97.0%。但大部分女性老人参加的是保险水平较低的城镇居民医疗保险和新型农村合作医疗保险，医疗水平较高的职工医疗保险中女性的参保比例低于男性[1]。就养老保险而言，2010 年我国城镇老年人中有养老保险的男性为 84.2%，女性为 64.0%。由于农村老人的社会保障覆盖率普遍较低，农村有养老保险的男性老人占 37.5%，女性占 32.3%[2]。

从经济资源获取途径的角度更能理解女性老年人所处的弱势地位。一般可以将老年人获取经济资源和收入支持的途径分为自我转移、家庭转移和社会转移三大类[3,4]。自我转移是指个人在成年后通过就业获得的工资收入，通过储蓄、保险或投资等方式将资金转移到退出就业后的老年期使用；家庭转移是指由配偶、子女或其他家庭成员提供经济支持；社会转移是指由国家通过税收、财政和社会保障等相应制度安排给予老年人必要的经济支持。自我转移大多建立在成年期职业收入的基础上，现阶段我国城乡女性老年人中以从未就业和非持续就业型较多，大多从事没有现金报酬的家务劳动和抚育类工作，在老年期几乎不能形成经济资源的自我转移。少数持续就业型女性（主要在城市）受职业性别分层和女性职业结构低层化的影响，无法获得与男性相似的长期稳定收入，造成个人经济积累的困乏。社会转移主要依靠养老保险和最低生活保障制度，目前我国的社会养老保险制度建构在职业身份特征的基础上，将大部分非就业妇女排除在了保障范围之外，即便是参保女性，在准入条件和收益程度上也不如男性。因此，现阶段我国男女老年人经济来源的性别差异十分显著，表现为 70.4% 的男性老人可以实现经济独立，依靠个人（积蓄和财产性收入）或社会转移（养老金）获取经济资源，而女性老人中有 62.0% 需要依靠家庭转移，女性老人的经济独立性差，高龄妇女丧偶后极容易陷入贫困。

值得注意的是，随着城市化进程的快速发展，近十多年来我国家庭结构剧烈变化，依托于家庭转移获取经济资源的女性老年人在未来面临巨大的脆弱性

---

1 钟波，楚尔鸣. 性别差异与女性养老问题研究 [J]. 求索，2015, (7): 25-29.
2 王颖. 社会性别视角下老年群体社会支持现状和需求研究——基于第三期中国妇女社会地位调查数据 [J]. 老龄科学研究，2015, (4): 62-70.
3 张辉. 中国老年妇女经济与生活状况的社会性别分析 [J]. 兰州学刊，2006, (12): 88-91.
4 吴玉韶. 中国城市老年人收入的性别差异研究 [J]. 老龄科学研究，2014, (12): 12-25.

和不稳定性。一方面，家庭规模小型化和城市化所带来的生活成本的提升使得子女在对老年人的供养上愈发力不从心；另一方面，婚姻观念的转变、离婚率的升高，以及男女预期寿命差异的不断扩大，都使得（高龄）独居老年女性群体不断扩大。这部分老年妇女无法依靠配偶实现经济资源的家庭转移，因而贫困率较高。2010年我国老年人家庭结构中独居女性的比例已达到20.6%，是男性8.7%的两倍多，且这一差距在未来将继续扩大[1]。总的来说，虽然现阶段我国女性老年人主要依靠家庭转移获取经济资源，但这一方式在未来具有很高的不可持续性，作为一种"非正式"的社会支持，中国家庭的养老功能正在急剧丧失，女性老年人在未来将持续面临严峻的经济保障形势。

养老的目的在于满足老年人获取某些最低限度的需求，包括生活照料、医疗护理、社会参与、休闲娱乐等。与经济收入关联最为密切的是生活照料和医疗护理类需求，这类服务通常需要向社会购买。虽然休闲娱乐和社会参与等精神需求的满足与经济收入无直接关联，但有学者研究认为，在更为迫切的健康照料需求无法被满足的情况下，老年人的精神与社会需求通常也会被抑制[2]。相较于其他老年人群体，受收入保障水平的限制，高龄女性老年人在健康照料资源的获取上面临最为严重的制约，同时意味着她们的精神与社会需求在很大程度上也无法得到满足。因而有学者指出，"老年妇女问题就是老年问题的核心问题""老年妇女问题充分反映了老年人问题的特征和本质"[3]。

从个体生命周期理论和社会性别的视角出发，女性老年人在经济保障方面面临的种种困境是一种动态的长期累积劣势（cumulative disadvantage）的结果，涉及女性在受教育机会、就业机会、职业待遇、家庭分工等多个方面的社会性别角色与权力关系[4]。尝试在短期内通过调整养老福利制度来改变女性老年人在经济保障上的弱势地位是不切实际的，性别角色与权力关系的转变是一个涉及诸多社会领域的长期的系统性工程。即便在养老福利制度和女性平权运动已有

---

1 仇志娟，杜昊. 性别视角下的老年人口家庭结构影响因素及养老分析 [J]. 经济问题，2015, (1): 40-45.
2 王小璐，风笑天. 沉默的需求：老年女性的社会支持现状及困境 [J]. 妇女研究论丛，2014, (2): 12-17.
3 林庆，李旭. 社会性别视角下的养老问题——兼论少数民族地区农村的女性与养老 [J]. 贵州民族研究，2011, (3): 29-34.
4 吴玉韶. 中国城市老年人收入的性别差异研究 [J]. 老龄科学研究，2014, (12): 12-25.

超过一百年历史的欧美发达国家，时至今日仍然无法通过其正式福利制度保障女性老年人在养老经济资源获取上的平等。

在这样的情况下，介于正式（政府）和非正式（家庭）保障之间的补充性养老保障制度在欧美国家获得了有益的发展。在政府的支持下，各类民间（老年）女性社团协调成员通过代际内或代际间合作互助的方式提供生活服务，以替代或减少向社会购买服务，从而发挥女性在生活照料方面的技能优势，并在一定程度上抵消因经济收入和社会保障不足而造成的困难[1,2]。经过数十年的发展，欧洲的各类女性社区或老年女性合作社区已经从一种完全自发的自下而上的探索性项目，逐渐进入到主流的规划和福利政策体系中。它涉及成熟的女性社会组织、政府规划和住房部门、政府福利部门、投资和开发商等多种社会组织间的协调运作。为日益增长的高龄妇女、丧偶妇女和单亲母亲等最需要生活服务却又无力购买的弱势女性群体提供了新的选择[3]。

一方面随着女性受教育水平的提升和性别平等理念在各个社会领域的渗透，可以预见未来我国女性老年人通过自我转移和社会转移获取经济资源的能力将有所提升，但这一过程将是缓慢的。另一方面，随着婚姻观念和家庭结构的转变，独居老年女性群体的数量持续增加，家庭对养老的支持功能将急剧丧失。因此老年女性的贫困问题在未来一段时间内很难获得质的提升，老龄问题的关键将仍然是老年妇女的养老问题。这就要求国家在养老政策、福利制度和设施体系的顶层规划设计中，必须考虑到对生活照料需求度最高的那部分老年妇女的经济支付能力，强调政策的针对性和适应性，避免养老服务一味追求品质化和高端化。"互助养老"作为一种探索性和补充性的养老保障制度，已经被纳入北京、上海、南京、杭州等各大城市的"十三五"养老规划。未来应结合我国的具体国情，继续探索丰富可行的养老制度模式，满足经济弱势的老年人的养老需求。

---

1 Brenton M. Co - operative living arrangements among older women[J]. Local Environment, 1999, 4 (1): 79-87.

2 Borgloh S, Westerheide P. The impact of mutual support based housing projects on the costs of care[J]. Housing studies, 2012, 27 (5): 620-642.

3 Vestbro D. U, Horelli L. Design for gender equality: The history of co-housing ideas and realities[J]. Built Environment, 2012, 38 (3): 315-335.

2.2 疾病差异与医疗护理

在世界范围内女性的预期寿命一般都长于男性。联合国的数据显示[1]，东欧地区女性的平均预期寿命比男性长 10.5 年，在中亚及南亚地区为 3 年，拉美地区为 6.5 年，在多数发达国家通常为 7.5 年。但与男性相比，女性的健康状况通常较差，医疗保障及照料资源也不如男性，这就使得老年女性，尤其是高龄、丧偶和贫困的老年妇女在健康和照护方面面临更多的困境和压力。

2.2.1 慢性病患病状况的差异

总体而言，女性老年人的健康水平低于老年人的总体平均水平，且随着年龄的增长，慢性病的患病比例高于男性[2]。虽然骨质疏松在老年男性和女性中都存在，但女性失去骨骼量的速度要高于男性，所以老年妇女患有骨质疏松疾病的比例更大，骨折的发生率更高，女性患关节炎的比例是男性的两倍，跌倒等相关事故的发生率更高。此外，风湿性关节炎在老年女性群体中的发病率是男性的 2~3 倍[3]。总体而言，男性和女性老年人慢性病的患病模式不同。研究显示，女性老年人易患的慢性病，以关节炎、骨质疏松和贫血为代表，大多具有较低的致死率，较高的致残或局部致残率，女性往往会伴随这些疾病生活较长的时间。而男性老年人所患的慢性病通常有较高的致死率，如肺病和心脑血管疾病[4]。美国 2016 年的统计显示[5]（图 2-1），老年男性患心脏病和癌症的比例高于女性，女性患关节炎和哮喘的比例高于男性。另有研究认为，睡眠问题在老年人群体中存在差异。女性老年人的睡眠时间少于男性，睡前时间长于男性，睡眠质量不佳，且睡眠对老年人健康的性别差异贡献度

---

1 United Nations Department of Economic and Social Affairs 2002. Gender Dimensions of Ageing.
2 徐放. 人口老龄化背景下的城市老年女性养老问题研究 [J]. 改革与开放, 2013, (15): 64—80.
3 张雨明. 中国女性老年人的生活现状与需求研究 [D]. 上海：华东师范大学, 2008.
4 Orfila F, Ferrer M, Lamarca R, Tebe C, Domingo-Salvany A, Alonso J. Gender differences in health-related quality of life among the elderly: The role of objective functional capacity and chronic conditions[J]. Social Science & Medicine, 2006, 63 (9): 2367-2380.
5 Federal Interagency Forum on Aging-Related Statistics 2016. Older Americans 2016: Key Indicators of Well-Being.

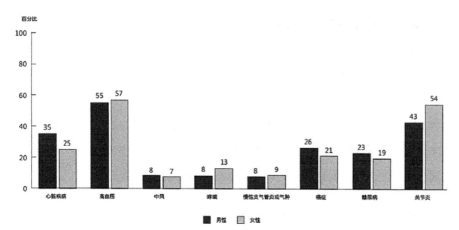

图 2-1 美国 65 岁以上男女老年人慢性病患病状况（2016 年）

较大 [1,2]。

也有学者从社会心理的视角出发采用症状感知理论（symptom perception theory）解释老年人慢性病和健康状况的性别差异。相关研究认为男性和女性的社会性别角色差异使得他们对疾病症状有不同的主观感知，男性通常会忽视或忍受生理上的不适感，就医意愿较低，而女性对病痛和不适感较为敏感，就医意愿较高。这种主观感知的差异一方面使得在学术调查和研究中女性老年人报告的健康问题会更多，主观健康评价会更低，使得研究者高估老年女性不良的健康状况；另一方面使得男性老年人的慢性病更容易发展恶化，在就医时通常已经达到较为严重的地步。

阿尔茨海默症及相关的老年痴呆症（Alzheimer's Disease or Related Dementias, ADRD）是近年来老年病学研究的热点领域。从统计上来看，女性老年痴呆症患者的数量远高于男性。美国阿尔茨海默症协会（Alzheimer's Association）2018 年的数据显示，美国有 2/3 的阿尔茨海默症患者为女性[3]。这一性别差异背后的机制学术界目前尚无定论，有可能是因为女性老年人的寿命普遍长于男性，也有学者认为受荷尔蒙、新陈代谢、遗传性和表观遗传学因素的影响，

---

1 徐婧. 我国老年健康的性别差异及其影响因素分解 [J]. 西北师大学报（社会科学版）, 2015, (1): 139-144.
2 李建民，李淑杏，董胜莲，陈长香. 不同性别老年人睡眠质量及其相关因素分析 [J]. 华北理工大学学报（医学版）, 2006, 8 (2): 159-160.
3 Alzheimer's Association 2018. 2018 Alzheimer's Disease Fact and Figures.

还有学者认为男女生命周期中的社会角色和机遇也是痴呆症性别差异的解释因素[1]。

除患病人数的性别差异外，痴呆症患者在照料过程中所表现出的行为与心理症状（Behaviour and Psychological Symptoms of Dementia, BPSD）的性别差异也非常值得关注。多数研究发现，女性痴呆症患者比男性表现出更多的抑郁和负面情绪，且出现妄想、幻觉、焦虑、冷漠、重复发声与异常运动等症状的频率更高。男性则表现出更多的攻击性和暴力行为。有数据显示，男性痴呆症患者在接受日常护理（助浴、穿衣和如厕）期间发生肢体暴力行为的频率是女性的两倍以上。接受护理期间男性痴呆症老人的暴力和攻击行为可能与护理员的性别因素有关。美国全国各类养老机构中的护理员超过三分之二为女性，相似的性别比例在其他国家的护理员构成中也普遍存在。女性护理员在为男性痴呆症老人提供助浴、穿衣和如厕等涉及身体隐私的护理服务时，可能引发男性老人的抵触情绪，进而激发出攻击和暴力行为。

男性和女性痴呆症老人行为心理症状的表观差异会进一步引发病情管理和护理方案的差异。对机构护理员的调查显示，相较于男性痴呆症老人的攻击和暴力行为，女性痴呆症老人在接受护理期间的负面行为通常表现为不当的言语表达。由于负面行为表达的激烈程度较弱，女性痴呆症老人的负面行为通常会被护理员容忍和忽视，而男性则通常会被评估和记录，并据此发展针对性的治疗和护理方案。在这样的情况下，女性痴呆症老人的负面症状相较于男性长期处于被低估和忽视的状态，缺乏针对性的症状管理和护理方案，长此以往造成生活品质的降低和病情的恶化。

2.2.2 日常生活能力差异

多数研究显示老年人在日常生活能力量表（ADL）、功能性日常生活能力量表（IADL）等评估中表现出性别差异。养老机构中老年女性的 ADL 障碍发生率高于男性和居家养老女性[2]。高龄期女性老年人无法独立完成的日常生活项目

---

[1] Andrew M. K, Tierney, M. C. The puzzle of sex, gender and Alzheimer's disease: Why are women more often affected than men?[J]. Women's Health, 2018, 14.
[2] 宋洁, 杜静, 刘金凤, 崔宁, 马翠翠. 居家养老和机构养老的老年女性健康状况的比较[J]. 解放军护理杂志, 2015, (7): 10-13.

要远远多于男性老年人。80岁以前的生活自理程度女性略高于男性,而80岁以后女性的自理程度要显著低于男性,尤其在外出、购物和看病等行为上[1]。

在导致丧失日常生活能力(ADL disability)的因素方面男女老年人有所不同[2]。有针对老年人中风的研究显示,中低年龄段(65~79岁)的男性老年人患中风后更容易导致日常生活能力的丧失,而高龄段(80~89岁)则相反。中低年龄段的男性老年人中风死亡的概率也显著高于女性。此外,男性老年人在中低年龄段患癌症和糖尿病,高龄段患肺病都更加容易导致丧失日常生活能力,这可能与男性吸食更多的酒精和烟草有关。而影响女性日常生活能力的多是关节炎、骨质疏松、贫血等非致命性慢性疾病。

此外,在听力上男性和女性老年人随着年龄的增长,其最小可听值的上限都有较为显著的下降,且男性老年人的下降幅度高于女性,这意味着男性老年人对声音(特别是高频声段)的敏感程度低于女性(图2-2)。女性老年人对居住环境中的噪声更为敏感,其休息和睡眠更容易受到干扰;而男性老年人则

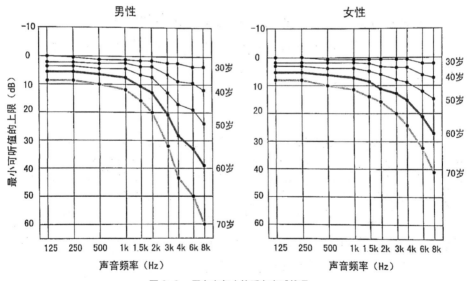

图2-2 男女老年人的听力衰减状况

---

1 张雨明. 中国女性老年人的生活现状与需求研究[D]. 上海:华东师范大学,2008.
2 Kim I.H. Age and Gender Differences in the Relation of Chronic Diseases to Activity of Daily Living (ADL) Disability for Elderly South Koreans: Based on Representative Data[J]. Journal of Preventive Medicine and Public Health, 2011, 44 (1): 32.

面临听不清声音的问题，特别是煮饭、烧水、门铃和警报声音，这有可能会带来生命危险[1]。

2.2.3 心理健康差异

老年人心理健康的性别差异在心理学和老年学的交叉研究中愈发受到重视。总的来说，女性老年人的负面情绪比例较高，抑郁评估和症状的出现率高于男性老年人，主观幸福感也较低[2、3]，例如美国的统计数据显示，各个年龄段女性老年人的抑郁症患病比例均高于男性老年人（图2-3）[4]。造成老年人心理抑郁的社会—心理因素多种多样，一般性因素如负面生活事件、认知应对技能（cognitive coping skills）、人格特征和社会支持，老年期特有的因素如丧偶/独居、健康状况和慢性疾病、认知受损和痴呆症、贫穷和照护

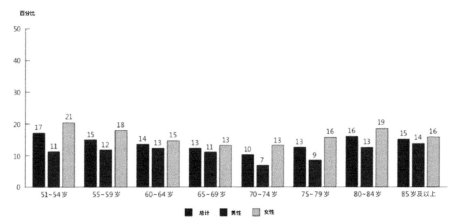

图 2-3　美国 52 岁以上不同年龄段男女老年人患有抑郁症的比例

---

1 周燕珉，程晓青，林菊英，林婧怡. 老年住宅 [M]. 北京：中国建筑工业出版社, 2011.
2 李德明，陈天勇，吴振云. 中国女性老年人的主观幸福感及其影响因素 [J]. 中国老年学, 2007, 27 (8): 778-780.
3 Zunzunegui M. V, Minicuci N, Blumstein T, Noale M, Deeg D, Jylhä M, Pedersen N. L. Gender differences in depressive symptoms among older adults: a cross-national comparison: the CLESA project[J]. Social Psychiatry & Psychiatric Epidemiology, 2007, 42 (3): 198-207.
4 Federal Interagency Forum on Aging-Related Statistics 2016. Older Americans 2016: Key Indicators of Well-Being.

负担等。这些因素对不同性别老年人的抑郁和心理健康影响的机制目前学界尚有争论[1]。

就一般性因素而言，认知应对技能被认为是老年人心理健康性别差异较为可靠的解释因素。认知应对技能是指负面事件或负面情绪发生时个体在认知层面上的反应和应对，一般可分为问题解决类（approach style）和问题回避类（avoidance style）。对青少年和成年期的研究显示，女性倾向采用问题回避的方式处理负面情绪。受到最广泛关注的是所谓的"思维反刍"（rumination）现象，即以一种"寄居"（dwelling）的态度面对负面情绪或事件，而非尝试问题解决[2,3]。这一现象被认为能够较好地解释青春期和成年期女性抑郁症发生率高于男性。有学者针对老年人的研究显示这一规律在男女老年人群体中仍然成立，女性老年人比男性更多地采用回避方式应对负面情绪和事件，这在一定程度上造成了抑郁症患病的性别差异。

社会支持被认为是心理健康的"缓冲剂"，好的社会支持状况能够抑制抑郁和负面情绪。一般认为男性老年人的社会支持状况要好于女性老年人，因而男性老年人的心理健康状况优于女性老年人。但社会支持的界定维度相对多重和复杂，例如工具性支持和情感性支持、主观感知支持和客观支持、社会网络的构成和规模结构、非正式支持和正式支持等。研究发现，男性老年人的主观感知支持度高于女性老年人，男性老年人能够获得更多的工具性支持，而女性老年人能够获得更多的情感性支持[4,5]。女性老年人参与社会交往的频率更高，

---

[1] Girgus J, Yang K, Ferri C. The Gender Difference in Depression: Are Elderly Women at Greater Risk for Depression Than Elderly Men?[J]. Geriatrics, 2017, 2 (4): 35.

[2] Simonson J., Mezulis A., Davis K. Socialized to Ruminate? Gender Role Mediates the Sex Difference in Rumination for Interpersonal Events[J]. Journal of Social and Clinical Psychology, 2011, 30 (9): 937–959.

[3] Johnson D. P., Whisman M. A. Gender differences in rumination: A meta-analysis[J]. Personality and Individual Differences, 2013, 55 (4): 367–374.

[4] Van Grootheest D. S., Beekman A. T. F, Van Groenou M. I. B., Deeg D. J. H. Sex differences in depression after widowhood. Do men suffer more?[J]. Social Psychiatry and psychiatric epidemiology, 1999, 34 (7): 391–398.

[5] Glei D. A, Goldman N, Liu I. W., Weinstein M. Sex differences in trajectories of depressive symptoms among older Taiwanese: the contribution of selected stressors and social factors[J]. Aging & Mental Health, 2013, 17 (6): 773–783.

虽然总体社会网络的规模低于男性，但日常有着紧密联系的社会关系的数量高于男性。因而，一些研究发现，丧偶的男性老年人心理状况不如女性，丧偶对男性老年人造成的心理影响大于女性老年人，女性老年人会通过各种非正式社会交往以适应丧偶后的生活转变。

就老年期特有的社会—心理因素而言，丧偶和独居受到的关注度最高。多数情况下女性老年人的丧偶和独居比例高于男性老年人，且丧偶和独居老年人的心理健康状况低于与配偶共同生活的老年人，但丧偶或独居老年人心理健康的性别差异目前尚无定论。一部分关于老年期丧偶的心理研究发现并不存在明显的性别差异，也有一部分认为女性老年人比男性老年人能更好地应对丧偶事件带来的负面影响。尽管独居生活的女性老年人多于男性，一些研究仍发现独居男性老年人比女性老年人更容易出现抑郁等心理问题[1,2]。

由于进入老年期后生理层面的退化以及与之相伴随的社会角色和地位的变化，男性老年人在敌对和偏执维度上显著高于女性，比较容易产生自我价值降低的感觉。而女性老年人更加敏感，对自身身体变化关注较多，更能体会到身体的不适感。因此在躯体化、恐惧感和其他维度上，女性老年人显著高于男性老年人。女性老年人更容易出现饮食和睡眠上的问题[3]。

照护负担是另外一个重要的影响因素。很多女性在进入老年期后需要承担照护家庭成员的责任，且这一照护负担在老年期持续时间较长，一般直至配偶去世。相比较而言，男性老年人承担家务照料的责任较少。潘基尔（Pinquart）和索伦森（Sorenson）对该领域的已有研究进行整合分析后发现，男性和女性老年人承担各类照护活动时所获得的其他社会支持无明显的性别差异，而照护负担的轻重（每周的服务时长）有显著的性别差异。控制其他社会人口变量后

---

1 D. H, Park J. H, Lee H. Y, Kim S. A, Choi B. Y, Nam J. H. Association between living arrangements and depressive symptoms among older women and men in South Korea[J]. Social psychiatry and psychiatric epidemiology, 2015, 50 (1): 133–141.

2 Russell D, Taylor J. Living Alone and Depressive Symptoms: The Influence of Gender, Physical Disability, and Social Support Among Hispanic and Non-Hispanic Older Adults[J]. The Journals of Gerontology Series B: Psychological Sciences and Social Sciences, 2009, 64B (1): 95–104.

3 曲海英，刘林林．新型城镇化中农村老年人心理健康影响因素[J]．中国健康心理学杂志，2016, 24 (8): 1233–1237.

发现，女性老年人因长久的家务照料负担而更容易产生压力和抑郁。

研究男性和女性老年人心理健康的影响因素有助于制定针对性的心理健康干预措施。目前较为明确的是男性和女性老年人认知应对技能的性别差异，即女性老年人的思维反刍和回避方式是导致抑郁的重要因素。这种应对方式使得女性老年人的心理问题更容易被家人、朋友或机构护理人员忽视，因而需要更积极地对女性老年人采取认知行为干预（cognitive-behaviour intervention, CBI）[1]，即通过心理教育辅导使其有能力了解并评估自己的情绪和想法，意识到负面情绪的发生和存在，随后采取相应的行为、活动对负面情绪进行疏导。

2.2.4 医疗和照料服务的差异

由于生理和心理健康状况的差异，男性和女性老年人在生活照料需求方面也存在相应的区别。有学者指出老年女性的身体、心理和认知护理需求均高于男性，而在家务照料需求上男性高于女性[2]。男性和女性老年人所偏好的照料模式存在性别差异，与男性相比，女性更倾向选择传统照料模式[3]。就照料成本而言，基于"全国老年人口健康状况调查"的数据[4]，有学者指出男性老年人每周的平均健康照料成本为145.60元，高于女性的136.35元，并认为老年女性处于"多重弱势"的地位，由于认知功能较差，慢性病发病率高等因素，老年女性的健康照料成本高于男性，且因社会经济地位方面的不足抑制了其日常健康照料的实际支出，因此女性老年人的日常照料需求没有被满足的程度更深。此外，丧偶能够显著增加老年人日常健康照料的成本。

就医疗资源的使用方式而言，女性老年人对预防性和诊断性医疗服务的使用率高于男性，男性对救护车等紧急医疗服务等使用率高于女性。虽然女性老

---

1 Girgus J, Yang K, Ferri C. The Gender Difference in Depression: Are Elderly Women at Greater Risk for Depression Than Elderly Men?[J]. Geriatrics, 2017, 2 (4): 35.
2 黄匡时. 中国老年人日常生活照料需求研究[J]. 人口与社会, 2014, 30 (4): 10-17.
3 陆杰华, 张莉. 中国老年人的照料需求模式及其影响因素研究——基于中国老年社会追踪调查数据的验证[J]. 人口学刊, 2018, (2): 22-33.
4 薛伟玲, 陆杰华. 基于性别差异的老年日常健康照料成本研究[J]. 中央财经大学学报, 2012, (4): 0-0.

年人比男性更多地使用医生的咨询和诊断服务，但其住院率却低于男性老年人[1]。对男女老年人医疗资源使用方式的差异解释的存在多个维度，在生理健康方面女性老年人比男性老年人的慢性病发病率高、自我健康感知和评价较低、失能率较高；在社会心理方面，女性老年人和男性老年人的个人经历、社会角色和信仰等因素会影响他们对疾病的判断、感受以及反应，一般而言，女性老年人对个人健康问题更加敏感。在一些医保水平较高，特别是免费医疗的国家，女性老年人对各种医疗服务（包括诊断咨询服务、住院服务和紧急医疗服务）的使用均远高于男性。

男性和女性老年人在生活照料资源的获取和使用上也有所差异。就正式的生活照料资源而言，例如各类养老设施，老年女性用户的数量远多于男性，多数情况下女性老年人的数量会占到设施总人数的三分之二乃至更高。但是考虑到男性和女性老年人经济收入和社会保障水平的差异，以及女性老年人，特别是高龄段女性老年人在数量上与男性的差异，女性在获取正式的生活照料资源方面仍然弱于男性。值得注意的是，在都具备必要的获取照料资源的能力的情况下，男性老年人在正式和非正式照料资源的使用上均低于女性老年人。

就非正式照料而言，有研究显示经历中风或局部失能的居家男性老年人对社区提供的生活照料服务的使用率低于女性老年人[2]；就正式照料而言，养老设施中男性老年人对穿衣、洗浴和其他生活照料服务的使用率也低于女性。有研究认为这背后的重要原因之一是护理员的性别构成。不论是正式还是非正式生活照料服务，护理员绝大多数由女性构成，据统计，美国各类机构中护理员 2/3 以上为女性，其他国家和地区也有相似的现象。失能或半失能男性老年人需要穿衣、助浴或如厕等涉及身体隐私的生活照护服务时，女性护理员通常会使其感到不便。因此研究认为，护理员的性别构成在一定程度上抑制了男性老年人的生活护理服务需求。

---

1 Redondo Sendino Á, Guallar Castillón P, Banegas J. R, Rodríguez Artalejo F. Gender differences in the utilization of health-care services among the older adult population of Spain[J]. BMC Public Health, 2006, 6 (1):

2 Gosman Hedström G, Claesson L. Gender perspective on informal care for elderly people one year after acute stroke[J]. Aging Clinical and Experimental Research, 2005, 17 (6): 479-485.

2.3 日常生活与社会参与

1999年世界卫生组织提出了"积极老龄化"倡议，并将积极老龄化界定为"尽可能增加健康、参与和保障机会的过程，以提高人们老年期的生活质量"。2002年，"积极老龄化"被联合国第二届世界老龄大会接受并写进《政治宣言》，成为21世纪应对人口老龄化的政策框架。老年人的社会参与被正式纳入"积极老龄化"的发展战略，成为国际社会解决人口老龄化问题的普遍共识，具有广泛的经济、精神和价值意义。

有关社会参与的概念国内外学者尚未达成共识，根据各自的研究角度和目的进行不同范围的界定。邬沧萍（1999）认为老年人的社会参与应包括一切有益于社会和自身发展的各项活动，其中包括参与政治活动、经济发展活动、社会文化活动、社会公益活动及家务劳动等[1]。杨宗传（2000）在此基础上归纳为五个方面：经济发展活动、家务劳动、社会文化活动、社会人际交往以及旅游活动、家庭范围内的文化娱乐活动[2]。段世江和张辉（2008）将老年人的社会参与定义为"参与者在社会互动过程中，通过对各种角色的扮演和介入，在社会层面上实现资源共享，满足自身需要并因应社会期待"。张恺悌和姚远（2009）指出社会参与是参与者在社会互动过程中，通过社会劳动或社会活动的形式，实现自身价值的一种行为模式。

有学者认为对社会参与的研究可以从四个角度进行分析[3]：①介入角度：社会参与是指人们对各种社会活动、社会团体的介入程度；②角色角度：社会参与是一个由正式的和非正式的社会角色所组成的多维建构；③活动角度：社会参与是指个人与他人一起参加的活动；④资源角度：社会参与是指社会层面对个人资源的分享。社会参与的主体是老年人，其社会参与的定义就是"老年人在社会互动的过程中，通过社会劳动和社会活动的形式，实现自身价值的一种行为模式。"

老年人群体社会参与状况的性别差异问题在国内外受到愈发广泛的关注，总的来说，多数研究显示女性老年人的社会参与度不如男性，大致表现为女性

---

1 邬沧萍. 社会老年学 [M]. 北京：中国人民大学出版社，1999.
2 杨宗传. 再论老年人口的社会参与 [J]. 武汉大学学报（人文社会科学版），2000, 1：61-65.
3 王莉莉. 中国老年人社会参与的理论、实证与政策研究综述 [J]. 人口与发展，2011, 17 (3): 35-43.

老年人对公共空间和公共服务设施使用频率低于男性[1,2]，女性老年人对休闲活动的参与度低于男性[3]，女性老年人的社会隔离状况高于男性[4]。造成男女老年人社会参与状况的性别差异的解释因素较为多样，常见的生活人口因素包括了社会性别角色与家务劳动负担、年龄、收入水平、家庭结构、健康状况与日常生活能力、受教育水平等。男性和女性老年人在具体社会参与内容、模式、影响因素与作用机制等方面存在较为复杂的差异特征，下面将进行详细的阐述。

男女老年人对经济活动的参与状况存在性别差异。经济活动是社会参与的重要组成部分，在我国，由于刚性退休制度的存在，城市老年人的经济活动参与度总体不高[5,6]。农村老年人由于壮年期工作性质、经济收入和社会保障水平等原因，进入老年期后仍有相当一部分老年人从事各类有报酬或无报酬的工作。

"第三期中国妇女社会地位调查"（2010）的数据显示，农村参与经济活动的老年人比例24.9%是城镇2.65%的9倍，其中男性老年人占到20.51%，女性仅占3.55%，性别差异较为悬殊[7,8]。但相对来说，国内相关领域的研究并未深入开展。相比较而言，在人口老龄化较为严峻的发达国家，特别是日本，老年人参与工作的现象较为普遍，且受到了学术研究领域的广泛关注。随着人口老龄化在我国的不断深入发展，劳动力短缺、人口抚养比上升和养老财政负担增大等问题开始凸显，未来势必会调整退休政策以适应老龄化社会的发展要求，参加工作的老年人口也将会增多，现有条件下对老年人经济活动参与的研究具有前瞻意义。

---

1 成志芬. 北京老年人户外文化活动空间差异分析——基于性别视角下的调查分析 [J]. 学理论，2012，(2)：33-34.
2 张纯，柴彦威，李昌霞. 北京城市老年人的日常活动路径及其时空特征 [J]. 地域研究与开发，2007，(4)：116-120.
3 栾文敬，韩福源. 社会性别视角下城市老年人的社会参与 [J]. 老龄科学研究，2015，3 (6)：21-30.
4 张硕，陈功. 中国城市老年人社会隔离现状与影响因素研究 [J]. 人口学刊，2015，37 (212)：66-76.
5 栾文敬，韩福源. 社会性别视角下城市老年人的社会参与 [J]. 老龄科学研究，2015，3 (6)：21-30.
6 王颖. 社会性别视角下老年群体社会支持现状和需求研究——基于第三期中国妇女社会地位调查数据 [J]. 2015，(4)：62-70.
7 王晶，苏中文. 社会性别视角下老年群体经济参与现状分析——基于"第三期中国妇女社会地位调查"吉林省数据分析 [J]. 东北师大学报：哲学社会科学版，2013，4：153-157.
8 刘燕，纪晓岚. 老年人社会参与影响因素的Logistic回归分析——基于311份个案访谈数据 [J]. 华东理工大学学报（社会科学版），2014，29 (3)：98-104.

根据日本东京地方老年人就业指导中心的调查[1]，除赚取生活费外，女性老年人参与工作的各项原因中，维持自己的社会参与、保持积极的生活态度并避免孤立感占了很大密度，而男性老年人参与工作的原因是为了偿还债务，或受到其他家庭成员的建议。相较于女性，男性老年人参与工作时具有更多的负担性和被动性。多项研究显示，工作参与对男性老年人产生的积极影响不如女性老年人。工作的强度特征也值得注意，女性老年人的工作时间大多属于非密集型，或间歇性的工作，男性老年人多属于密集型和持续型工作。这可能与女性老年人需要操持家务、工作时间相对零碎有关。但是在客观上，这种零碎和间歇性的工作参与方式对女性老年人的健康和日常生活能力指标都起到了很大的正面促进作用[2]。由于男性老年人的工作强度较大，工作参与对健康和日常生活能力指标的促进作用不明显。

在休闲活动的内容和参与方式上男性和女性老年人有所不同。就国内老年人而言，男性老年人对棋牌、锻炼、钓鱼、球类运动、外出旅行、书画、诗词和收藏等休闲活动的参与度要高于女性，一般认为这与老年人受教育水平和经济收入有关。书画和收藏类活动对文化水平和经济收入有一定的要求，而旅行、钓鱼和棋牌类活动都对经济收入有一定要求。在现阶段，我国男女老年人经济收入和受教育水平仍存在较大差距的情况下，这些活动在一定程度上提升了女性老年人的准入门槛。家务劳动负担对女性老年人的休闲活动参与也起到了较大的制约作用，我国女性老年人的平均家务劳动时间约是男性的 2 倍[3]。相比较而言，女性老年人则更倾向选择社交聊天、宗教、广场舞和戏曲歌唱等活动，这些活动对文化水平和经济收入几乎没有要求。另外，男性老年人的休闲活动时间较为灵活，且持续时间长，空间分布范围更广。女性老年人的休闲活动大多集中早上八点以前和晚上八点以后，活动空间集中在家庭或社区内。大多数

---

1 Minami U, Suzuki H, Kuraoka M, Koike T, Kobayashi E, Fujiwara Y. Older Adults Looking for a Job through Employment Support System in Tokyo[J]. PLOS ONE, 2016, 11 (7): 159713.
2 Tomioka K, Kurumatani N, Hosoi H. Age and gender differences in the association between social participation and instrumental activities of daily living among community-dwelling elderly[J]. BMC Geriatrics, 2017, 17 (1):
3 第三期中国妇女社会地位调查课题组. 第三期中国妇女社会地位调查主要数据报告 [J]. 妇女研究论丛, 2011, (6): 5-15.

女性老年人仍以家庭生活为中心，在不影响家务活动的情况下参与休闲活动[1]。

总的来说，男性老年人在休闲活动参与的丰富度上要高于女性老年人。国内外的多数研究都显示，男性老年人在活动选择上受到更少的社会经济因素制约，而女性老年人的参与机会通常受限于其掌握的社会资源和休闲时间[2]。在这样的情况下，女性老年人通常会选择适应其生活状况的、时间和金钱投入较少的活动。女性老年人在参与休闲活动时，更加希望从中获得社会关系或情感上的支持，而男性老年人则更加在意个人的成就感、满足感和其他精神意义。因此以广场舞为代表的，涉及更多肢体和情绪表现的，并且能够丰富个人社会网络和社会交往的团体活动更加受到女性老年人的青睐。

在社会交往方面，总体而言男性的社会交往要多于女性，但其差异在退休以后有不断缩小的趋势。一些研究显示，男性的退休后社会网络的缩减要快于女性，且在维系社会交往以及社会活动的安排方面比较依赖自己的女性配偶[3]。老年期的男性如果出现独居、丧偶或离异的情况，其社会交往活动会出现非常显著的下降[4]。而女性老年人比男性更多地经历寡居生活，生命历程中经历的消极事件也相对更多。当离异或丧偶发生后，女性老年人的社会支持网络会比男性的发挥出更重要和积极的作用[5]。女性老年人在丧偶后会更积极地向自身的社会网络寻求情感支持、向亲人朋友倾诉并主动参与社会活动[6~9]。女性老年人

---

1 陈静，江海霞. 城市老年妇女社会参与的特征、价值及对策——基于河北省保定市老年妇女的个案研究 [J]. 常州大学学报（社会科学版），2013, (3): 24-28.

2 Huang S. W., Yang C.L. Gender Difference in Social Participation Among the Retired Elderly People in Taiwan[J]. American Journal of Chinese Studies, 2013, 20 (1): 61-74.

3 Mclaughlin D., Vagenas, D., Pachana N. A., Begum, N., Dobson, A. Gender Differences in Social Network Size and Satisfaction in Adults in Their 70s[J]. Journal of Health Psychology, 2010, 15 (5): 671-679.

4 Bennett K. M. Longitudinal changes in mental and physical health among elderly, recently widowed men[J]. Mortality, 1998, 3 (3): 265-273.

5 Brenton M. Choice, Autonomy and Mutual Support: Older Women's Collaborative Living Arrangements[M]. YPS, 1999.

6 Sonnenberg C. M., Deeg D. J. H, Van Tilburg T. G, Vink D, Stek M. L, Beekman A. T. F. Gender differences in the relation between depression and social support in later life[J]. International Psychogeriatrics, 2013, 25 (1): 61.

7 Isherwood L. M, King D. S, Luszcz M. A. A longitudinal analysis of social engagement in late-life widowhood[J]. Int J Aging Hum Dev, 2012, 74 (3): 211-229.

8 Stroebe M. Gender Differences in Adjustment to Bereavement: An Empirical and Theoretical Review[J]. Review of General Psychology, 2001, 5 (1): 62-83.

9 赵忻怡，潘锦棠. 城市女性丧偶老人社会活动参与和抑郁状况的关系 [J]. 妇女研究论丛，2014, (2): 25-33.

的社会网络强度和持久性都要优于男性[1]。相关解释认为，男性在青壮年时期的社会参与和社会交往绝大部分与其工作和职业相关，青壮年期的女性除工作参与外，需要主持绝大部分的家务活动，其非工作类社会关系相对广泛。对于中国的老年人来说，参与隔代抚育的现象较为普遍。大部分中低龄的老年人会帮助子女照看孙辈，承担接送孩子上学、陪护小孩玩耍等工作，其中女性老年人在这方面扮演的角色尤其突出。虽然隔代抚育工作占用了女性老年人的个人时间，但不可否认的是，这些工作也会增加女性老年人的社会交往机会，儿童的聚集和玩耍也会带动照看儿童的老年人之间的交往和互动。退休以后职业身份的丧失使得男性老年人丧失其原本依赖的大部分社会交往的对象和机会，而女性老年人在退出职场后有仍然可以维系其原有的与家庭、邻里或朋友相关的社会关系，因而在退休后社会生活的过渡和转变方面，女性比男性老年人更加顺畅，适应性更强。

已有相当多的研究从理论或实证的角度强调了社会参与对老年人主观幸福感（subjective well-being, SWB）的影响，其中年龄、性别或其他差异因素可能会影响主观幸福感与社会参与之间的作用机制，不同群体的老年人对社会参与会产生不同的主观反应。就性别来说，积极的社会参与对男性和女性老年人的主观幸福感都有很强的促进作用，差异在于社会参与对女性老年人主观幸福感的贡献度高于男性。研究发现[2、3]，对于大多数女性老年人来说，社会参与的程度越高，主观幸福感的值也就越高。对于男性老年人来说，似乎中等程度的社会参与能最大化主观幸福感，或者说，其参与程度与主观幸福感关系的"拐点"早于女性。有关的解释认为，这可能与男女老年人所偏好的休闲活动类型的差异有关。相较于女性，男性老年人偏好的休闲活动需要更多的时间与精力投入，

---

1 第三期中国妇女社会地位调查课题组. 第三期中国妇女社会地位调查主要数据报告 [J]. 2011, (6): 5-15.
2 Zhang W, Feng Q, Lacanienta J, Zhen Z. Leisure participation and subjective well-being: Exploring gender differences among elderly in Shanghai, China[J]. Archives of Gerontology and Geriatrics, 2017, (59): 45-54.
3 宋艳丽, 张燕燕, 吴倩霞, 李若, 吴美琪, 战洋, 张宇航, 高悦洳. 社区老人社会参与和日常生活的工具性活动的关系 [J]. 管理观察, 2017, (18): 83-85.

这就使得活动的"质量"比活动的"数量"更为重要，过量的活动反倒会降低男性老年人的主观幸福感。

2.4 环境氛围与审美矛盾

男性和女性对空间的感知、经验和使用方式是不同的，20世纪50年代著名的心理学家皮亚杰[1]就发现这种差异在婴儿期的男性和女性上已经有所体现。虽然有女性主义学者反对这种差异的"先天决定论"，认为男性和女性对空间感知和体验方式的不同更多地来自后天的社会文化因素的影响——即性别社会角色的规训，但不可否认的是，成年期以后随着生活经验的积累，男女在空间体验和偏好方面已经表现出巨大的差异。

女性通常对空间的宏观结构缺乏兴趣，她们倾向以一种更加"亲密"的方式体验空间场所。相较于布局、功能等总体要素，她们更关注室内空间的装饰、氛围以及各种器物的细节，如材质和色彩等[2]。在儿童和青少年时期，男性和女性生活空间中的装饰、氛围和活动便开始出现差异。有学者对青春期男孩和女孩的卧室布置的研究显示，女孩喜欢在卧室中布置毛绒玩具和个人、朋友的照片，而男孩的卧室中更喜欢布置运动器材、图片以及他们自己制作的物件[3]。女孩喜欢更温暖的粉色，而男孩更喜欢蓝色、黑色和白色[4、5]。有学者利用眼动追踪仪发现男性和女性在室内空间中的注视点、注视时间、注视点的停留顺序以及注视点停留时的瞳孔大小上都存在差异，表明男女对室内装饰空间的认知过程和

---

1 Piaget J, Inhelder B, Langdon F. J, Lunzer J. L. La Représentation de L'espace Chez L'enfant. The Child's Conception of Space[M]. New York; Routledge & Kegan Paul: London; printed in Great Britain, 1956.
2 Morris J. Conundrum Harcourt Brace Jovanovich[J]. New York, 1974.
3 Jones R M, Taylor D E, Dick A J, Singh A, Cook J. L. Bedroom design and decoration: gender differences in preference and activity[J]. Adolescence, 2007, 42 (167): 539-53.
4 Pomerleau A, Bolduc D, Malcuit G, Cossette L. Pink or blue: Environmental gender stereotypes in the first two years of life[J]. Sex Roles, 1990, 22 (5-6): 359-367.
5 Cieraad I. Gender at play: décor differences between boys' and girls' bedrooms[M]. Ashgate Aldershot, 2007.

审美偏好不同[1]。也有学者利用虚拟现实技术评估和比较了男女在室内家具选择方面的偏好差异，发现男性在家具风格上更偏好简洁、几何形等能体现男性气质的风格，而女性更偏好材质、色彩以及舒适感[2]。需要指出的是，虽然男性和女性在幼儿期便表现出了对生活空间审美、要素或氛围的偏好差异，但幼儿和青少年对以上要素的控制通常是被动的，更多地受到成年人的影响，而成年人和老年人则具备主动建构性别空间的能力，且随着生活经验的累积，固有的社会性别角色对其空间氛围和审美观念的影响将更加显著。

美国的"老年生活博客"（Senior Living Blog）认为现有的养老设施对男性来说不够"性别友好"（gender friendly）。《弗吉尼亚先驱者报》调查发现多数男性老年人较为排斥养老设施中遍布的女性化装饰氛围。《华盛顿邮报》记者帕姆·格哈特（Pam Gerhardt）在2011年8月的专栏文章中描述了他的"困境"：在帮助父亲挑选养老设施时，由于绝大多数入住者为女性老年人，所以大部分养老设施都布满了女性化的装饰，蕾丝花的窗帘和桌布、毛绒玩具。美国人口老龄化咨询公司"老人潮"（AgeWave）的创始人马迪·戴奇沃迪（Maddy Dychtwald）认为，按照目前的通用设计原则所设计的绝大多数养老设施，在室内空间的美学设计上都缺乏足够的性别考量。

设施活动空间与活动内容问题。多数养老设施的公共活动空间通常不做性别区分，在这样的情况下，由于女性老年人人数较多，设施中有限的公共活动空间通常被女性老年人占据。男性和女性偏好的休闲交往方式不同，这种被女性所包围的氛围使得男性老年人在使用时感到不自在，这在客观上造成了女性老人对男性的空间剥夺。此外，设施中的护理员几乎全部都是女性，女性护理员组织的各类集体活动，如花艺课、歌唱和团体操等，也具有很强的女性色彩，降低了男性老年人的参与积极性。总的来说，缺乏差异化的休闲空间和休闲活动安排会使得男性老年人在养老设施中的休闲生活遭到抑制。

---

1 Song S. S, Wan Q, Wang, G. G. Eye movement evaluation of different wood interior decoration space[J]. Wood Research, 2016, 61 (5): 831–843.
2 Yoon S.Y, Oh H, Cho J. Y. Understanding Furniture Design Choices Using a 3D Virtual Showroom[J]. 2010, 35 (3): 33–50.

从心理层面来说，男性和女性面对"不适"环境时的反应不尽相同。女性通常倾向被动接受并努力适应，而男性往往选择抗拒甚至退出，老年期的男性心理偏执维度更强。因此多数情况下，吸引一位老年男性进入养老设施比留住他要困难和复杂得多。相关的市场研究显示，在空间环境氛围缺乏性别考量的情况下，说服男性老年人入住养老设施比女性要困难得多。

2.5 小结

2.5.1 经济收入与社会保障

女性老年人在经济收入和社会保障方面处于弱势地位，且这一现象在世界范围内具有普遍性。我国城乡女性老年人的平均收入仅为男性的一半左右，低收入老年人群体中女性的比例远高于男性。随着经济社会的发展，近年来我国老年人的社会保障参与水平有了显著的提升，城乡老年人中男性和女性的医疗保险覆盖率均超过90%，但男女老年人在参与的医疗保险类型上有所差异，在保障水平较高的职工医疗保险中女性的参保水平远低于男性。在养老保险方面，城镇老年女性的参保率比男性低约20个百分点，而农村社会养老保险在男性和女性老年人中均处于较低水平。从经济资源的获取途径上看，现阶段我国男性老年人有超过七成可以实现经济独立，依靠个人转移（经济和财产性收入）和社会转移（养老金）获取经济资源，而女性老年人则有超过六成需要依靠家庭转移获取经济资源。女性老年人的经济独立性差，尤其是高龄老年女性，丧偶后极容易陷入贫困。

与此同时，在城市化快速发展的过程中我国城乡居民的家庭结构迅速向规模小型化、结构扁平化和类型特殊化的方向发展，中国家庭的养老功能正在急剧丧失。独居老年女性群体不断扩大，依靠家庭经济转移养老的方式具有不可持续性，女性老年人，特别是高龄丧偶或独居女性老年人将在未来面临较为严峻的经济保障形势。受经济收入和社会保障水平的限制，女性老年人在健康照料资源的获取上面临制约。在基本的健康照料需求无法被满足的情况下，其休闲娱乐、社会参与等更广泛的精神需求通常也处于被抑制的状态。

2.5.2 疾病差异与医疗护理

男性和女性老年人在疾病健康和护理需求方面存在诸多差异。就慢性病的患病状况而言，男女老年人首先在患病种类上有所差异，女性老年人患关节炎、骨质疏松等骨质病的概率远高于男性，相应的，女性老年人的跌倒事故发生率也高于男性。而男性老年人则易患呼吸道、肺病和心脑血管类疾病。总的来说，女性老年人所患慢性病大多具有较低的致死率和一定的致残率，这些疾病通常会对女性老年人的日常生活能力造成一定影响，但女性老年人往往会伴随这些疾病生活较长的时间；男性老年人所患疾病则具有较高的致死率。此外，男女老年人对疾病的感知和因应方式有所差异，女性老年人对疾病更加敏感，就医意愿较高；而男性老年人的就医意愿较低，从而在一定程度上造成了男性老年人对急诊服务较高的使用率和较高的疾病致死率。

在认知症方面，女性阿尔茨海默综合症患者的数量要远高于男性，这在一定程度上与高龄老年人中女性数量较多有关。男女认知症老年人在接受护理服务期间的不良反应有所不同，女性以负面情绪和重复言语表达为主，而男性则以攻击和暴力行为为主，且男性的不良反应发生率远高于女性。有研究认为这与护理员的性别有关，女性护理员在为男性认知症老人提供助浴、穿衣和如厕等涉及隐私的护理服务时容易引发男性认知症老人的抵触情绪和不良反应。男女认知症老人行为心理症状的表观差异会进一步引发病情管理和护理方案的差异，由于女性老人的不良反应症状不如男性激烈，调查显示女性老人的不良行为症状容易被低估和忽略，造成针对性的症状管理和护理方案的缺乏，长此以往造成生活品质的降低和病情的恶化。

在心理健康方面，女性老年人的负面情绪比例较高，抑郁评估结果较差，抑郁状况的出现率高于男性老年人，主观幸福感也较低。有研究认为女性在面对负面情绪和事件时比男性更多地采用回避的方式，在一定程度上造成了抑郁症患病的性别差异。女性老年人对配偶和其他家庭成员的照护责任和负担也是造成负面情绪和抑郁的重要因素。也有研究认为女性老年人比男性老年人更善于利用其社会网络寻求情感性支持，更能适应丧偶后的生活转变。且进入老年期后男性在敌对和偏执维度上高于女性，更容易因生理健康的退化和社会角色与地位的变化而产生自我价值降低的感觉。总的来说，男性和女性老年人需要的心理干预措施有所不同。

最后，在医疗和照护资源的使用方面，女性老年人对预防性和诊断咨询性质的医疗服务的使用率远高于男性，而男性对紧急医疗服务的使用率高于女性，住院率也高于女性。就正式照料资源而言，养老设施中男性老年人对各类生活照料服务的使用率低于女性，有研究认为与养老设施中护理员的性别构成有关，女性护理员提供服务时会使男性老人感到不便，从而在一定程度上抑制了男性老年人的生活护理服务需求。在非正式照料资源方面，社区和居家上门服务的使用率上男性老人也低于女性。总的来说，虽然男性老人在经济收入和社会保障水平上好于女性，但他们对各类照护服务的实际使用率不如女性。

2.5.3 日常生活与社会参与

在经济活动的参与方面，由于刚性退休制度的存在，我国城镇老年人总体参与度不高，农村男性老年人具有一定的参与度，且比例远高于女性老年人。国外研究显示女性老年人和男性参与经济活动的内容、方式以及经济活动对生活质量的影响有所不同。在休闲活动的参与方面，国内男性老年人参与活动的内容丰富程度要高于女性，男性老人在活动内容的选择上更少受到经济因素和时间因素的制约，因而活动时间较为灵活，空间分布范围也更广。女性老年人倾向选择时间和金钱投入较少的活动。此外，女性老年人在参与休闲活动时更希望从中获得社会关系或情感方面的支持，而男性老年人则更在意个人的成就感、满足感和其他精神意义。在社会交往方面，男性老年人在退休后社会网络的缩减要快于女性，离异和丧偶事件会使男性老年人的社会交往活动出现显著下降，而女性老年人更擅长于利用自身社会网络寻求情感支持，适应生命历程中的消极事件。积极的休闲活动参与有助于促进男女老年人的主观幸福感，其对女性老年人主观幸福感的贡献度要大于男性，男性老年人对休闲活动参与的需求量低于女性。

2.5.4 环境氛围与审美矛盾

男性和女性感知和体验空间环境的方式有所不同，他们对空间环境要素的偏好也存在差异。这种差异在幼儿和青少年时期便开始显现，随着生命历程中各种生活经验的积累，以及社会文化中固有的性别观念影响，在老年期这种差异某种程度上达到了最大化。由于养老设施中女性老年人数量远高于男性，设施在空间氛围的营造上通常会迎合女性老年人的偏好，女性化的环境要素和空间氛围容易使男性老年人在考虑入住时出现抵触情绪。除此之外，由于设施中的护理员也多以女性为主，设施组织的日常休闲活动内容也具有很强的女性色彩，降低了男性老年人的参与积极性。由于缺乏差异化的休闲空间和休闲活动安排，男性老年人在养老设施中的休闲生活通常会受到抑制。

第 3 章 性别与空间环境研究的学理基础

3.1 女性主义运动的发展与性别诉求

女性主义（Feminism）通常涵盖了一系列为争取政治、经济、社会和个人生活领域的性别平权而开展的社会和政治运动。其概念起源于 19 世纪的欧洲，一般认为法国空想社会主义者傅立叶（Chales Fourier）最早在 1837 年创造了"féminisme"这一术语，19 世纪中后期该术语先后在法国、荷兰、英国和美国被广泛使用。不同历史和社会文化语境下女性主义运动通常拥有不同的缘起和目标，现代女性主义历史学家通常倾向从广义上将所有为女性争取权益的社会运动都归入女性主义运动的范畴。而狭义上的女性主义运动，通常指近现代以来主要发生的欧美社会数次女权运动浪潮。

根据时间和诉求的差异，现代西方女性主义运动通常被历史学家划分为三次浪潮（wave）。第一次女性主义浪潮又称妇女选举权运动（women's suffrage movements），发生于 19 世纪到 20 世纪初的多个西方国家，主要为女性争取投票权；第二次浪潮又称女性解放运动（women's liberation movement），主要发生在 20 世纪 60、70 年代的美国，在更为广泛的社会领域内为女性争取平等的权益；第三次浪潮起源于 20 世纪 90 年代初的美国，以拥抱个人主义和多元文化为特征，同时尝试在新的语境下对女权和女性主义进行重新定义；有女性主义研究者将 2012 年以来发生在全球社交网络平台上的以"MeToo"运动为代表的反性侵犯运动成为第四次浪潮。下文将主要对前三次女性主义浪潮展开介绍。

3.1.1 第一次女性主义浪潮

第一次女性主义浪潮的说法是由美国记者马莎·李尔（Martha Lear）1968 年在纽约时报杂志（*The New York Times Magazine*）的一篇文章中提出的，她也同时提出了第二次女性主义浪潮的概念。之所以使用"浪潮"（wave）的说法，是因为它并非特指某一次或某一场运动。第一次女性主义浪潮的时间跨度将近一个世纪，从 19 世纪 40 年代一直延续到 20 世纪 20 年代，包含了一系列为女性争取各类法律和政治权益的社会运动,其中以发生在 19 世纪末到 20 世纪初欧美各主要国家的女性投票权运动最具有代表性(图 3-1)。

图 3-1 美国(左)和法国(右)女性为争取投票权进行的游行

为女性争取平等政治权益的声音在 18 世纪的欧洲启蒙运动时期便已出现,当时著名的思想家如英国的边沁(Jeremy Bentham)、沃斯通克拉夫特(Mary Wollstonecraft)和法国的孔多塞(Marquis de Condorcet)均认为男女在各项政治权益上的平等,是实现人类普遍的自由平等的必经之路。到了 19 世纪,随着资本主义国家工业化和城市化的深入发展,女性就业人口激增,资产阶级妇女在知识和技能方面和男性的差距不断缩小,要求获得和男性平等的政治权利的呼声不绝于耳。

美国早期的女权运动在意识形态上受到 19 世纪 30 年代的废除奴隶制运动的影响,以 1848 年在纽约召开的女性权利大会(Women's Rights Convention)并起草"女性独立宣言"(Declaration of Independence for Women)为标志。与此同时,从 19 世纪 30 年代到 19 世纪末,英国通过了一系列法案以保障女性的财产权、子女监护权、受教育权等政治和经济权益。这一时期涌现出了一些有代表性的女权运动领袖,如英国的潘克斯特(Emmeline Pankhurst),美国的斯坦顿(Elizabeth Cady Stanton)和盖奇(Matilda Joslyn Gage)等,她们领导并成立了一大批女权组织,通过召开会议、发表演说、出版宣传和游行等形式开展运动。有些组织如美国全国妇女党(National Women's Party)、英国的女性社会与政治联盟(Women's Social and Political Union)至今仍在运作。到了 19 世纪末 20 世纪初,女性争取投票和参选权的运动(Women's Suffrage)席卷了各个西方国家。当时的英属殖民地新西兰和澳大利亚最早分别在 1893 年和 1895 年赋予女性投票权。英国在 1918 年通过"人民代表法令"（Representation of the People Act）赋予 30 岁以上有财产的女性以选举权，到 1928 年将年龄界线修改为与男性相同的 21 岁。丹麦、荷兰、瑞士和瑞典等国家也相继在这一时期赋予女性投票和选举的权利。有学者将美国国会 1920 年通过的"宪法第十九条修正案"（The Nineteenth Amendment to the United States Constitution）作为第一次女性主义浪潮的终结，大部分欧美国家女性的政治诉求都已得到了充分的法律保障。

3.1.2 第二次女性主义浪潮

第二次女性主义浪潮主要指发生在 20 世纪 60 年代早期到 20 世纪 80 年代晚期的美国的一系列女性主义运动，它鼓励女性着眼于更广泛的社会和文化领域，深入批判和反思男性主导的社会权利结构是如何渗透并勾连起社会与个人生活的方方面面，以制约女性的平等权益。与第一次女性主义浪潮仅仅关注女性的法律和政治权益不同，第二次女性主义浪潮从社会和文化领域出发，主张以更加系统的视角反思性别关系结构中的歧视和不平等。

第二次女性主义浪潮爆发的主要社会背景是"二战"后美国社会对女性社会角色的重新定义。20 世纪 40 年代末开始，美国社会进入经济的快速增长期，与此相伴随的是私家汽车的普及、城市的郊区化发展和婴儿潮（baby boom）现象。妇女一方面需要承担照看孩子等繁重的家务劳动，另一方面并不能像男性那样自由地使用汽车出行，这就造成了大量妇女被束缚在远离公共生活的郊区住宅内。这一时期美国女性的就业率相较于战前出现了显著下降，对政治、经济和其他社会生活的参与度也明显不足。当时的主流媒体通过杂志、报刊和电视等传媒工具将理想的家庭生活描绘为男性驾驶汽车往返于城区工作场所和郊区家庭住宅间，女性在家操持家务并照看孩子，强化了人们对男女性别角色的认知。

1953 年法国著名作家西蒙德·波伏娃（Simone de Beauvoir）的《第二性》（The Second Sex）被翻译成英文在美国出版（图 3-2）。波伏娃在书中考察了父权社会中的"女性"概念，认为男性中心化的意识形态被伪装成"常识"植入社会意识，并通过一系列社会规则与规范进行强化，男女在生理上的差异性并不足以解释女性在现有性别关系结构中的从属性地位,其更大程度上是男性主导的社会和文化建构的产物。

继波伏娃之后,贝蒂·弗莱顿(Betty Friedan)在1963年出版了百万发行量的畅销书《女性的奥秘》(The Feminine Mystique)(图3-3)。弗莱顿立足于美国社会,通过对其大学毕业15年后的女性同学生活状况的调查,展现了20世纪60年代女性对于大学毕业后社会角色被迫转变为家庭妇女的迷茫和不满。她同时也对心理学家、社会媒体和广告部门开展了采访研究,剖析促使美国女性的社会角色从战前的职场劳动力转变为战后的家庭主妇的根源及其驱动力。《女性的奥秘》挑战了20世纪50年代以来一个在美国社会被广为接受的信条,即"对于美国女性来说,女性价值实现的唯一定义是成为家庭主妇和母亲"。作者展现了美国女性对自身社会角色的普遍不满,同时却无力发出自己的声音。虽然《第二性》和《女性的奥秘》都并未号召女性开展行动与反抗,但它们共同促进了美国女性的意识觉醒。

图3-2 波伏娃和《第二性》英文版　　　图3-3 贝蒂·弗莱顿和《女性的奥秘》

在上述社会背景下,以贝蒂·弗莱顿和后来的斯坦纳姆(Gloria Steinem)为代表的白人中产阶级妇女和职业女性构成了第二次女性主义浪潮中的自由主义潮流(the liberal feminist movement),她们呼吁并希望通过立法改革的手段来改善女性在个人生活和职业领域的不公平待遇。与之相伴随的,还有另一股被称为激进主义的女权运动潮流(the radical feminist movement),其代表人物有凯西·海登(Casey Hayden)和玛丽·金(Mary King)。与自由主义潮流不同,激进女权运动诞生的社会背景是同时期在美国开展的各类民权、反战和新左翼学生运动。虽然这些运动以争取广泛的公民权益为己任,但在运动团体内部,女性成员遭受了严重的歧视和压迫。她们被要求服从男性成员，从事清洁、抄写和杂务等"低级"劳动，甚至为男性成员提供性服务。在这样的情况下，以女大学生为代表的激进主义女权运动者号召对现有的社会结构和秩序进行彻底的变革，甚至废除父权制度，以清除男性霸权（male supremacy）在社会和经济生活中的广泛渗透，而非像自由主义者那样，在现有的社会制度框架内通过法律途径为女性争取权益。

一般情况下人们将 1963 年《女性的奥秘》的出版以及同年美国总统肯尼迪成立的妇女地位总统委员会（Presidential Commission on the Status of Women）发表性别不平等报告作为第二次女性主义浪潮的起点。这两个事件在美国带动了从联邦到州再到地方层面的各类女性组织的成立。在这些女性组织的推动下，运动迅速取得了一系列法律成果，包括 1963 年取消工资性别歧视的"平等薪酬法案"（Equal Pay Act of 1963），1964 年反对性别和其他歧视的"民权法案"（Civil Right Act of 1964）等。1966 年成立了美国"国家女性组织"（National Organization for Women, NOW），弗莱顿被任命为组织的第一任主席。1968 年后，女记者斯坦纳姆因发表揭露男性俱乐部歧视女性的日记而成为女性主义者中最具影响力的人物。在她的推动下，争取合法堕胎和由联邦政府资助的儿童日间看护成为女性主义运动新的两大诉求。随着运动的深入发展，从 20 世纪 60 年代末到 70 年代，涉及社会生活方方面面的更多的性别平权法案在美国获得了通过，其中包括 1967 年将平权法案覆盖到女性群体的行政令（Executive Order extending full affirmative action rights to women）、1970 年的公共健康服务法案（Public Health Service Act）、1972 年的女性教育平等法案（Women's Educational Equity Act）、1974 年的信贷机会平等法案（Equal Credit Opportunity Act）和 1978 年的妊娠歧视法案（Pregnancy Discrimination Act）等。一般认为到 20 世纪 80 年代早期，第二次女性主义浪潮中的多数诉求已在很大程度上得到满足，女性主义者已成功改变了社会对性别角色的偏见，并废除了大量基于性别歧视的法律。

3.1.3 第三次女性主义浪潮

第三次女性主义运动是在反女权主义运动"刺激"下所产生的，是对反女权主义运动的反击，坚持和捍卫第二次女权主义运动的成果。其关注点在于第二次女性主义运动中忽略的问题，强调女性问题在种族、宗教和民族等方面的多元性,主张突破原有的女权主义思想架构,消除社会性别角色和偏见等。

沃克的文章回应了1991年美国黑人法官克拉伦斯·托马斯(Clarence Thomas)被女性指控性侵却仍获得最高法院提名及任命的事件,认为此事应被作为对新一代的女性的警示,即女性争取平权的斗争远没有结束。运动的参与者认为第三次浪潮的主要使命是"意识的唤醒"(consciousness-raising)。第二次浪潮在社会、经济、政治和文化等领域为女性争取到了广泛的权益,出生在20世纪70至80年代的女性成长在第二次浪潮的成果的荫庇之下,认为男女平等的目标已经通过前两次女性主义运动实现,将这些权益视作理所当然,忘却了斗争的历史并且逐渐忽略了性别不公仍旧广泛存在的事实。女性主义作家鲍姆加德纳(Baumgardner)和理查德(Richard)写道:"对于我们这一代来说,女性主义就好像自来水中的氟化物。它们就在我们日日饮用的水中,但却几乎从未引起过我们的注意。"

参与第三次浪潮的女性强调运动的时代性,认为新时代的女性需要定义属于自己时代女性主义。鲍姆加德纳写道:"我们将不会采用20世纪70年代的女性的方式来实践女性主义。被解放意味着应当去探索我们自己的道路,属于我们世代的道路。"她们在第二次浪潮的基础上,探讨新的思想、理论和方法。在她们看来,第二次浪潮最主要的局限性之一是参与人群的单一性,主要集中在白人、中产甚至精英的女性群体,忽略了其他族群和社会阶层的女性群体声音。因此第三次女性主义浪潮强调"多元性"(diversity),关注多种弱势女性群体的境遇和差异化的诉求。在多元性的基础上,通过"个人主义"(individualism)和"微政治"(micro-politics)挑战第二次浪潮的运动范式。第三次女性主义浪潮的支持者认为每个女性个体都可以定义属于自己的女性主义,反对以往运动中以统一口号、统一诉求为代表的"元叙事",将"个人叙述"(personal narrative)作为新形式的女性主义理论。她们认为个人叙述的方式可以使得在统一诉求和宏大叙事中被忽略的声音得到彰显,从而揭露更多的女性被压迫的事实、细节和体验。在意识形态上受到"后结构主义"(post-structuralist)思潮的影响,新时代的女性主义者主张突破已有的性别或女性主义思想架构,集中体现为对"男性—女性"二元认识结构的批判和反思。认为男女差异二分的认识结构,本身是一种人为建构,目的在于维系优势一方的主导性地位。换言之,既有的性别认识结构是男权社会的主动建构,用以维系男性对女性的主导性地位。在这样的认识结构下，女性主义斗争的终极目标，似乎可以被认为是取代男性成为男女关系结构中的主导性一方。因此20世纪90年代以后，在女性主义话语中"性别"的概念逐渐取代了"男女"的概念。

基于以上这些特征，第三次女性主义浪潮常被批评为松散而缺乏凝聚力，没有固定统一的动机、组织、目标和手段。因此有研究者也认为第三次浪潮并不足以单独构成一次浪潮，只不过是第二次的余波或延续——"第二次女性主义浪潮的第二部分"。

需要指出的是，"三次女性主义浪潮"的叙述方式并不被所有的女性主义研究者接受，其中最主要的反对声音认为这种叙述方式是以美国语境为中心的，忽略了世界其他地区的女性主义运动并割裂了女性主义运动本身的连续性。例如，欧洲的德语区国家，如德国、奥地利和瑞士，以及北欧国家，如丹麦、挪威和瑞典，自19世纪末以来就具有非常深厚的工人运动传统，与之相伴随，女性的平权运动也进行了充分的开展。特别是二战以后，起源于恩格斯的第二共产国际的左翼社会民主党在这些国家的长期执政进一步推动了各类性别平等政策的实施。除此之外，苏联以及"二战"以后的社会主义国家也开展了一系列促进性别平等的社会改革实践。以中国为例，中华人民共和国成立后女性的社会地位获得了空前的提升，毛主席的名言——"妇女能顶半边天"就很好的代表了社会主义中国对性别平等的追求。

3.1.4 唯物女性主义

从19世纪的美国南北战争时期到20世纪30年代的经济大萧条之间，美国有一批女性主义者立足于女性的家务劳动，希望通过对社会再生产环节，以及与之相关的从住宅、社区到城市的物质空间环境的变革来实现女性的解放。虽然在时间范畴上属于一般意义上的第一次女性主义浪潮，但他们在理论和实践领域的探索与同时代的以争取投票权为主要诉求的女性主义团体有显著区别，将作为物质生活基础的经济和空间问题作为实现女性解放和性别的出发点，因此后世将这种女性主义思想称为"唯物女性主义"（Material Feminism）。

唯物女性主义者关注与日常生活息息相关的家务劳动和空间环境问题，他们思想中的实用主义成分在当时的美国和欧洲产生了非常广泛的社会关注，并影响了一批20世纪的建筑师和城市规划师。但由于经济和政治环境的变化，

20世纪30年代以后他们的思想和著作在美国变得少有问津。直到20世纪60年代早期，吹响第二次女性主义浪潮号角的贝蒂·弗莱顿在写作《女性的奥秘》时，希望找寻合适的语言用来描述美国家庭主妇所遭受的"困境"。她重新发现了出版于1898年且已停印数十年的夏洛特·吉尔曼（Charlotte Perkins Gilman）的著作《女性与经济》。吉尔曼在书中阐述了无报酬的家务劳动是造成女性被压迫的根源，不但使得女性在经济上被迫依附于男性，而且扼杀了女性在经济、文化和科技等更加广泛的领域为人类社会创造价值的可能性。吉尔曼支持当时为女性争取投票权益主流女性主义运动，但她认为如果不改变女性在生产关系中的位置，仅仅赋予女性投票权并不能从根本上解决男女的平等问题。吉尔曼的思想和著作在20世纪60年代晚期的美国受到当时的女性主义者的推崇并产生了巨大的社会影响。以吉尔曼为切入点，到了20世纪70年代女性主义者和研究人员开始认识到吉尔曼所代表的当时代的唯物女性主义思想，更多的唯物女性主义者如梅卢西娜·皮尔斯（Melusina Fay Peirce）、玛丽·霍兰德（Marie Stevens Howland）、维多利亚·伍德海（Victoria Woodhull）、玛丽·利佛摩（Mary Livermore）、艾伦·理查兹（Ellen Swallow Richards），等等，他们的思想和著作被重新发掘出来。

唯物女性主义的思想起源于19世纪上半叶以罗伯特·欧文（Robert Owen）和查尔斯·傅立叶（Charles Fourier）为代表的社群社会主义（Communitarian Socialism）。欧文和傅立叶注意到了在资本主义工业生产中，小规模的核心家庭模式造成的家务劳动（household labor）和工业劳动（industrial labor）之间的矛盾。在资本主义的工业城市中，如果一个独立家庭由一对夫妇及其子女构成，就意味着在丈夫从事工业劳动的情况下，家务劳动必须由妻子承担。这不但造成了对女性人力资源的浪费（女性无法参与工业生产环节），而且每个独立家庭都要配备一整套的设施、空间和资源以开展家务劳动，造成了对社会资源的浪费。另外，无报酬的家务劳动使得女性难以实现经济独立，在家庭和社会中成为被剥削的群体。因而社群社会主义者主张抛弃独立核心家庭这种被认为是落后于时代的家庭结构模式，通过构建合作社区将餐食、清洁、幼儿抚育等传统家务劳动从家庭中分离出来，变成与合作社区中的其他工业劳动并列的劳动分工类别。他们将餐食、抚育等劳动专业化从而减少了参与这些劳动的女性人口数量，使得更多的女性可以参与到其他工业生产劳动中去。家务劳动社会化和专业化的另一个结果是，18世纪上半叶在英国和美国广泛出现的各类合作社区中开发了大量用于家务劳动的机械设备，如大型的洗衣机、冰箱、清洁器、机械化的烘焙房和厨房、电梯以及食物配送系统，这些机械设备进一步减少了家务劳动的成本并改善了女性的工作环境。

社群社会主义者的思想和实践影响了美国的唯物女性主义者，她们中的一些人就亲自参与过欧洲的合作社区实验，并致力于将其经验在美国进行推广，如皮尔斯曾于19世纪70年代前往英国和法国考察那里的合作居住社区，霍兰德在19世纪60年代前往法国吉斯的社会宫，在那里考察生活了一年时间。相较于19世纪早期社群社会主义的思想和实践，唯物女性主义者的一大进步在于他们主张对构成社会物质空间环境的家庭、社区和城市进行系统的变革以提升女性的社会地位。社群社会主义实践的最典型特征是合作社区的孤立性和自足性。合作居住的成员生活在社区中，社区包含了居住、娱乐、教育和各类生产劳动用房，形成一个几乎不需要与外界交流的自给自足的综合体。傅立叶的法伦斯泰尔就是典型代表，他们认为合作社区完美融合了城市和乡村生活的优点。这种合作社区带有很强的乌托邦色彩，这也就是为什么后世习惯将之称为乌托邦社会主义的原因。而唯物女性主义者则抛弃了独立自足的乌托邦社区的想法，把目光对准了19世纪下半叶的工业资本主义城市，认为技术的进步和居住的密集为改造物质空间环境以实现女性解放提供了绝佳的条件。工业资本主义的发展带动了城市化进程，19世纪末20世纪初美国大城市的人口快速增加，土地价格飞涨，体量巨大的多层住宅取代维多利亚时代的独立联排住宅成为城市中产阶级的主要居住方式。唯物女性主义者认为居住形态的密集化和复杂化自然而然的为实现家务劳动的社会化提供了必要条件。与此同时，由于获得就业机会的女性数量增加，很多女性需要兼顾工作与家庭，这进一步加剧了社会生产和再生产领域的矛盾。物质和经济两个层面的变化使得唯物女性主义者坚信，高密度的工业资本主义城市的继续发展必然呼唤家务劳动的社会化，必然推动女性的独立和解放。

唯物女性主义的思想与同时代的社会主义和主流女性主义对女性解放的观点均有所差异。到了19世纪末20世纪初，以马克思和恩格斯为代表的科学社会主义已经取代了19世纪初欧文和傅立叶为代表的乌托邦社会主义，成为主流的社会主义思想。在方法论层面，"阶级分析"以及社会生产环节成为科学社会主义方法的核心，这就使得女性所代表的家务劳动和社会再生产环节受到忽视。马克思主义成功地唤醒了工人阶级，组织了工会开展工人权益的斗争，但这里的"工人阶级"实际上成为男性的代名词，工会组织也几乎没有女性成员。

此外，唯物女性主义者认为阶级分析的性别盲点使得科学社会主义理论在解释女性问题时面临困难，因为它无法反映和解释同一阶级内部男性和女性在经济社会地位、生产关系和政治权益上的差异。社会主义者如恩格斯和列宁都主张性别平等和女性的解放，他们的主要观点是使女性从事和男性相同的劳动生产，社会化的餐食服务和幼儿抚育工作由从事低等劳动的女性承担。唯物女性主义者认为他们的观点虽然在客观上有利于女性的解放，但本质上仍是以男性为出发点的，因为他们并未将代表社会再生产的（社会化）家务劳动和生产性劳动放在平等的位置上。

与同时代的以争取女性投票权为主要目标的主流女性主义相比，唯物女性主义者认为仅仅获得投票权不足以从根本上改变女性的不利地位。主流的女性主义者将改善女性生活状况的诉求寄望通过政治手段调整政府政策。唯物女性主义者认为争取女性平等权益的基础是充分认识女性所从事的社会再生产劳动对资本主义工业生产和整个社会的经济价值，而非一般的女性主义者所强调的女性家务劳动的社会文化和道德意义。19世纪末的唯物女性主义者如皮尔斯已经认识到，虽然男性主导了社会生产中的农业和工业制造业，但彼时的服务业并未得到充分的发展，她认为通过家务劳动的社会化和专业化可以使女性主导未来的服务业发展。这不但可以提升女性的经济地位进而提升社会和政治地位，也可以成为农业与工业以外带动整合社会经济发展的新动力。从20世纪后期以来资本主义国家的经济形态发展演化历程来看，唯物女性主义者在19世纪末的思想无疑具有很强的前瞻性和进步性。

到20世纪20年代末，多方面的政治、社会和经济因素使得美国唯物女性主义者的思想和实践遭受重大打击。在社会经济方面，20世纪20年代末美国的工业资本主义开始向垄断资本主义转变，金融业和管理业开始越来越多地从工业生产环节中剥离出来，催生出了一大批银行家、投机资本家和职业经理人。城市中心被各种垄断集团总部、大型政府机构、咨询机构、法律机构和金融机构占据，工厂则迁往郊区。相应地，工人也随着工厂前往郊区居住，这进一步带动了大批投机地产商前往郊区开发成片的独栋住宅以及城市的低密度郊区化发展。低密度、郊区化和独栋住宅的居住模式与唯物女性主义者所设想的高密度城市居住模式完全背道而驰。

与此同时，受资本家广告宣传的影响，中产阶级、工人阶级的意识形态和社会文化趋向保守化，传统的"男主外、女主内"的核心家庭模式与道德、价值相捆绑，被塑造成美国社会的理想家庭形态。唯物女性主义所主张的女性解放和合作持家等观点被认为与美国人的理想家庭和价值观相对立。此外，20世纪20年代苏联成功地开展了社会改造和国家工业化，国家实力得到了突飞猛进的发展。苏联社会主义模式的成功给欧美资本主义社会带来了巨大的冲击。代表垄断资本家的欧美统治阶级感受到了来自社会主义的意识形态威胁，于是开始在国内掀起反共、反社会主义的意识形态宣传。包括唯物女性主义在内，一切与社会主义思想相关联的社会思潮和社会活动开始被资本家描述成所谓的"红色诱饵"，并贴上"反动"标签。在这一系列政治、经济和社会因素的影响下，20世纪20年代以后美国的唯物女性主义思潮和相关的社会运动丧失了赖以发展的社会基础并逐渐趋向沉寂。

19世纪后期到20世纪初的英国唯物女性主义思潮在多个方面产生了深远的影响。例如，唯物女性主义者的合作持家理念以及其社区和城市空间形态的思考影响到了英国著名政治活动家埃比尼泽·霍华德 (Ebenezer Howard)，即著名的《田园城市》一书的作者。霍华德的田园城市理论是英国现代城市规划体系的基础之一，他本人也在英国的田园城市实践中亲自探索基于合作持家的新型居住形态。瑞典著名的女性政治活动家阿尔瓦·米达尔 (Alva Myrdal) 也是唯物女性主义思想的支持者，她在20世纪30年代致力于推动瑞典国家福利体系的建立，以促进社会弱势群体，特别是女性的平等待遇。她尤其关注幼儿的教育问题，因此支持通过合作持家的措施将幼儿的抚育工作社会化。瑞典在20世纪30年代开展的一系列女性住宅规划和建设的背后都有米达尔的贡献。德国著名的女性主义者莉莉·布劳恩 (Lily Braun) 也受到美国的唯物女性主义思想的影响，最早在德国提出对住宅餐厨空间进行改造以改善女性的状况。虽然唯物女性主义的思想在20世纪20年代以后的美国趋于沉寂，但在20世纪60年代被新一代的女性主义者重新发掘，他们对女性无报酬家务劳动的系统批判启发了弗莱顿写就《女性的奥秘》，带来了席卷更广泛社会领域的第二次女性主义浪潮。

3.2 性别视角下空间研究的多学科范式

性别是空间研究的传统视角之一。早期的东西方建筑文化中均包含了关于性别和建筑关系的讨论与实践，建筑（或城市）通常被作为一种符号系统，通过特定的空间和形式意义，再现男性和女性的身体构造特征以及相应的社会关系结构。早在原始社会时期，人类便有意识地通过屋舍、坟墓和其他构筑物来隐喻性别关系。芒福德通过对新石器时代人类聚落中房舍、炉灶、谷仓和畜棚等的考察指出，各类构筑物形态是女性身体和意识的放大。父系社会建立以来，居住空间中的区域和方位直接与性别、主从和尊卑相联系，不论是我国传统住宅中女性"闺阁"空间的布局，还是蒙古包中神位、男位和女位的划分，抑或是穆斯林家庭中更为复杂的社会性别空间，都利用空间再现和强化社会性别与伦理关系（图3-4）。在建筑史上，古罗马建筑师维特鲁威直接将多立克、爱奥尼克和柯林斯等古希腊柱式归结为男性和女性身体的指代。维特鲁威这种论点在文艺复兴时期仍被各种建筑评论和理论所广泛采纳，建筑的性别气质被认为是众多类型的空间秩序的源头。

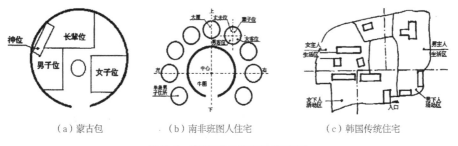

（a）蒙古包　　　（b）南非班图人住宅　　　（c）韩国传统住宅

图3-4　传统建筑中的性别空间关系

近代以来，在女权运动的影响下，性别逐渐成为西方各人文学科的重要研究领域和学术增长点，并发展出不同层次的空间讨论。男性主导下的性别权力体系，通过空间手段（隔离和制约）剥夺女性获取知识、财产和社会参与的权利，巩固和强化社会性别关系。随着女性运动的发展和性别平权意识的普及，19世纪末以来，西方城市中的集会、议事、教育和休闲娱乐等空间场所开始逐渐向女性开放。20世纪70年代西方社会的经济发展陷于停滞，各种社会矛盾日益凸显。与种族解放和反战运动等以权利平等为基本诉求的社会运动相同步，第二次女性主义运动主张反思现有社会结构，在更广泛的社会领域进行变革并赋予女性和男性相同的机会和权利。以1963年贝蒂·弗莱顿《女性的奥秘》在美国的出版为标志，第二次女性主义运动推动了社会科学领域的变革，性别在多个学科领域成为新的研究维度。在这样的背景下，性别理论开始与建筑学、地理学和城市规划等传统的以空间研究为核心的学科相结合，发展出女性与住宅、交通、公共建筑和城市空间等一系列"性别—空间"议题。这些研究多从女性经验、体验、性别权利和关系结构入手，针对既有学术视野中的性别盲点发起女性主义批判，揭露空间中的性别不平等现象，并在各自学科领域内发展出质疑与抵抗男性权威的女性主义话语。

3.2.1 女性主义建筑学

（1）19世纪上半叶的社群社会主义实践

女性主义建筑的话语和实践可以追溯到19世纪初的欧洲和美国，其早期的代表人物、思想和理论与罗伯特·欧文和查尔斯·傅立叶代表的社群社会主义（Communitarian Socialism）[1]思潮有很深的历史渊源，"女性主义"（féminisme）这一术语最早就是由傅立叶在1837年提出的。社群社会主义者批判的核心是分散而独立的核心家庭模式，他们注意到在资本主义的生产模式中，男性和女性因核心家庭模式而被迫进行社会生产和再生产的分工，即家庭中的男性成员（丈夫）在外出参与社会生产的情况下，女性成员（妻子）就必须担负起餐食、抚育和清洁等家务劳动所代表的社会再生产领域。小规模的核心家庭结构被认为是落后和保守的，它将近一半的社会总人口（女性）束缚在日复一日的低效、重复的家务劳动中，不但阻碍了生产力的进一步发展，也造成了女性与男性之间的不平等。社群社会主义者认为对经济活动参与机会的差异构成了性别不平等的基础，而家务劳动负担又称为限制女性参与社会生产的最主要因素。傅立叶认为女性的解放是衡量一个社会自由和解放程度的基础指标，女性权益的扩展是推动社会进步的核心动力。因此，社群社会主义者认为只有对社会的最基层细胞——家庭和社区进行改革才能推动更加广泛层面

---

[1] 以欧文和傅立叶为代表的社群社会主义后来也被马克思批判性地称为"空想社会主义"或"乌托邦社会主义"，以区别于马克思和恩格斯的"科学社会主义"。

的社会变革。

在居住形态方面，早期的社群社会主义者追求一种在生产和消费方面自给自足的社区模式。他们于 18 世纪晚期在尚未得到充分开发的美国中西部开展了上百个模范社区实践，以探索可行的模式。19 世纪早期的欧洲社群社会主义者在这些实验的基础上开始总结发展出较为系统的社群社会主义理论，其中的关键是通过合作的家务劳动和幼儿抚育实现男性和女性之间的平等。英国的罗伯特·欧文在 1813 年左右出版了一系列关于理想社区的方案，包括了集体厨房、餐厅和托儿所。作为一名纺织工厂主，欧文在 1800 年到 1824 年间在苏格兰的新拉纳克 (New Lanark) 开展了"人格塑造学院" (Institute for the Formation of Character) 的实验（图 3-5），帮助在工厂工作的已婚女工进行幼儿的看护与教育。欧文曾向工厂女工描述人格塑造学院："学院的创立是为了提供一种新的接收并抚育幼儿的方式。有了这种方式的帮助，你们中的大多数，即家庭母亲们，就可以有更多的工作时间和工作收入，从而为孩子将来的生活和发展提供更多支持。你们不必再为照护孩子而感到疲惫和焦虑，孩子们在学院里会受到良好的教育并远离一切陋习[1]。"人格塑造学院也被誉为世界上最早的幼儿园。

在 1825 年，欧文的建筑师斯特德曼·惠特威尔 (Stedman Whitwell) 设计了理想社区的模型方案。欧文将之命名为 "平行四边形"（parallelogram），并在美国印第安纳州购买了土地准备修建。它包括了社区厨房、儿童照护中心、家庭公寓和女性协会，是最早的经过设计的拥有公共设施的多家庭社区方案（图 3-6）。建筑由四边的独立家庭住宅围合成一个庭院，公共设施布置在庭院中和场地的四个角部。

与欧文同时代的法国的傅立叶是更加坚定的女性解放支持者。傅立叶认为核心家庭及其住宅模式是阻碍女性提升社会地位的最大障碍，他认为改变工人阶级的住宅和社区居住模式是推动男女平等以及社会进步的基础。傅立叶构想出了 "法伦斯泰尔" (phalanstery) 这一独立自足的理想社区居住方案。法伦斯泰尔中居住 500 到 2 000 位居民，在核心结构上由三部分构成：中心部分和左右两翼。中心部分为 "静区"，设置了公共餐厅、会议室、图书馆和学习

---

[1] Owen R. A new view of society: Or, Essays on the principle of the formation of the human character, and the application of the principle to practice: Essay 2[M]. Cadell & Davies, 1813.

室等功能。两翼为"动区"，其中一翼设置各类工作车间，另一翼设置各类公共活动室。居民则居住在私人公寓中（图3-7）。法伦斯泰尔中的居民从事不同的社会分工的劳动，家务劳动也从家庭中剥离出来，居民公共劳动并分享劳动的成果。傅立叶认为这种新的建筑发明克服了城市和乡村居住形态之间的矛盾，同时也克服了富裕和贫穷、男性与女性之间的矛盾。

图 3-5　罗伯特·欧文在苏格兰新拉纳克的人格塑造学院[1]

图 3-6　欧文的理想社区方案——Parallellogram, 1825 年

傅立叶思想的追随者们在实际建造了多处法伦斯泰尔社区，如 1843 年在美国新泽西州修建的方阵（Phalanx）社区，建筑包含了有大概 125 户居民，

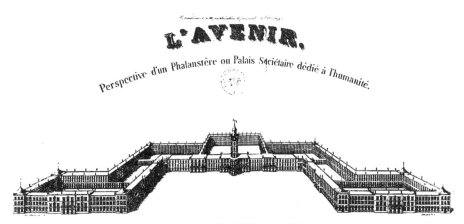

图 3-7　傅立叶的法伦斯泰尔建筑构想

---

[1] 图片来源：Lambert, c."Living Machines": Performance and Pedagogy at Robert Owen's Institute for the Formation of Character, New Lanark, 1816–1828[j].The Journal of the History of Childhood and Youth, 2011, 4:419–433.

图 3-8 法国吉斯 Familistère（社会宫）中的儿童日间照料中心（左）和中央大厅（右）

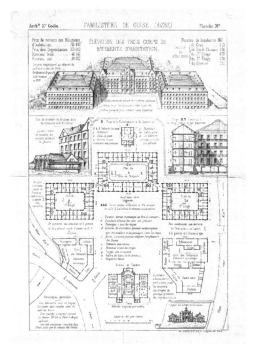

图 3-9 法国吉斯 Familistère（社会宫）的设计图纸

除了无厨房的私人公寓和宿舍外，还配备了公共厨房、洗衣房和烘焙房，相似的案例在新泽西州的其他地区和马萨诸塞州都有出现。最著名的是 1859 年由法国的傅立叶主义者戈丁(Jean-Baptiste André Godin) 在法国吉斯 (Guise) 创立的 Familistère（又称"社会宫"，Social Palace）[1]。社会宫是一个精心设计的大型建筑综合体，它为 350 位炼钢工人及其家属提供居所。在建筑中配备了集中供暖系统、儿童日间照料中心、公共厨房、学习、餐厅和剧院等公共设施，居住组团以围合庭院的方式布局。社会宫被认为是历史上最成功也是持续时间最久的社会主义乌托邦社区（图 3-8、图 3-9）。

(2) 19 世纪下半叶到 20 世纪初美国唯物女性主义的探索和实践

19 世纪早期的社群社会主义者中产生了很多唯物女性主义者，她们采用

---

1 https://www.atlasobscura.com/places/familistere-de-guise.

社会主义的思想和方法，从资本主义社会生产和再生产等角度对男女性别关系的不平等问题展开反思和批判，认为家务劳动的社会化是提升女性社会地位的最本质途径。同时代的其他女性主义运动通常透过哲学、道德和社会文化视角为女性争取以投票权为主的政治权益，而唯物女性主义者则关注与物质生活的基本面最息息相关的经济和空间环境问题。他们认为城市、社区和家庭的物质空间环境是社会关系结构的反映，物质环境同时也强化或影响社会关系结构。就性别关系来说，他们主张变革城市、社区，特别是家庭的物质空间结构，以促进女性社会地位的提升。现代建筑学中的早期女性主义话语就这样在唯物女性主义者的推动下发展起来。她们中的代表人物有凯瑟琳·比彻 (Catharine Beecher)、梅卢西娜·皮尔斯 (Melusina Fay Peirce)、玛丽·霍兰德 (Marie Livermore)、夏洛特·吉尔曼 (Charlotte Perkins Gilman) 等。

傅立叶的著作在 1840 年被翻译成英文在美国出版，傅立叶构想的法伦斯泰尔社区中无阶级差异、充满先进机械设备的居住方式深刻影响了美国在随后 60 年间的社会主义和女性主义运动。凯瑟琳·比彻于 1800 年出生在美国，自 1831 年出版首部著作以来，她终生致力于论述女性因在家务方面的牺牲而本应具备的道德和社会地位方面的优势。在 1841 出版的《论家庭经济》(*Treatise on Domestic Economy*) 中，她首次推出了充满机械设备的传统哥特式乡村别墅设计方案。与傅立叶希望通过社会化的家务服务解放女性的观点不同，比彻认为女性在道德、社会和政治领域地位的提升应源自其对家庭的贡献。傅立叶及其思想的支持者认为女性应该与男性共同参加社会生产，而比彻认为专业化的家务工作具有很高的价值和不可替代性，其本身就可以成为女性权力和地位提升的根源。比彻认为实现男女平等的途径应来自男性和女性的天然差异性，而非让女性从事与男性相同的工作。女性应成为以家庭空间为代表的社会再生产领域的主宰，而男性则控制社会生产领域，进而实现差异化基础上的"平等"。比彻的思想因此也称之为家庭女性主义 (domestic feminism)。

尽管比彻的家庭女性主义思想与傅立叶的思想有诸多不同之处，但他们都致力于提升女性的权力地位，且都认为在工业资本主义社会中提升女性社会地位的关键在于利用最新的技术手段变革家庭空间。她主张借助现代工业技术对住宅空间进行改造，使女性的家务劳动更加明确化和专业化。女性对家务劳动的专业性对应于男性对工业生产劳动的专业性，因而"职业"女性应该获得和职业男性同等的社会地位。作为一位建筑师,从 1841 年开始比彻就陆续提出各种住宅空间改造方案,并跟随工业技术的进步不断改进自己的方案设想。她在 1869 年出版了影响深远的著作《美国女人的家》(The American's Women's Home),书中的住宅方案总结了她在该领域多年以来的探索。住宅的在外观和功能类型上与 17 世纪美国典型的清教徒住宅相似,但内部进行了简化和改造(图 3-10)。厨房被改造为单一平面的线性设计以优化工作流程,住宅的中心除了垂直交通外,还集合了水、热和通风设备,包括盥洗室、锅炉和通风管。住宅平面进行了简化并利用可移动隔墙最大化布局的灵活性。比彻希望借助机械设备和空间改造,使女性真正成为家庭领域的主人。她的工作在当时具有很强的开创性,并影响了后世的克里斯汀·弗雷德里克(Christine Frederick)、弗兰克·赖特(Frank Lloyd Wright)和莉莲·吉尔布雷斯(Lillian Gilbreth)等人继续开展优化女性家务劳动的住宅空间改造工作。

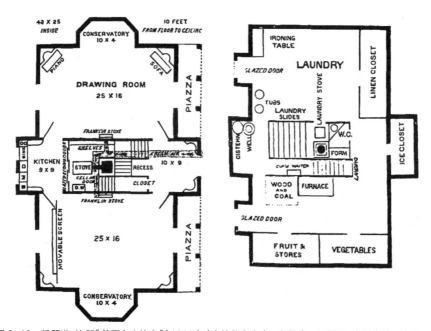

图 3-10 凯瑟琳·比彻《美国女人的家》(1869 年)中的住宅方案。左图为一层平面,右图为地下室平面。

比彻的家务女性主义思想以及她提出的家庭改造方案主要针对居住在 19 世纪中期美国乡村地区独栋别墅中的家庭主妇。独立战争以后美国城市人口开始增加，由于战争导致男性人口减少，租住于城市廉价公寓中的单身女性群体数量增多。比彻同时也提出了针对贫困的城市女性的社区居住构想。19世纪50年代大型商用的蒸汽洗涤装置和燃气熨铁等设备相继被发明出来，比彻认为居住于城市社区中的女性家庭可以由10到12户组成一个邻里单元，单元中的住户共同分享一处装备了机械设施的公共的洗衣房和烘焙房。这样可以节约女性的家务劳动以便使她们有更多的时间前往工厂劳动，增加收入。比彻反对由邻里社区中的女性共同劳动以维持公共服务供给的方案，她主张雇佣两到三名技术娴熟的女工，在机器设备的帮助下服务多户家庭。尽管比彻关于城市社区的改革方案尚不够全面和深入，但她的工作同样具有开创意义，启发了梅卢西娜·皮尔斯和玛丽·霍兰德等后来者。

梅卢西娜·皮尔斯是最早的从经济领域对资本主义城市女性的家庭生活展开系统而详细批判的女性主义者，她坚信女性的家务劳动应该获得经济回报，这是提升女性社会地位的基础，并尝试通过"合作持家"（cooperative housekeeping）的方式将女性组织起来以实现这一目标。皮尔斯1836年出生于美国东北部的佛蒙特，母亲的早逝引发了她对女性受压迫问题的思考。她坚信正是日复一日的繁重而重复的家务劳动摧毁了她富有音乐天赋的母亲。皮尔斯1862年结婚，她的丈夫是哈佛大学的一名科学家。生活在哈佛大学所在的马萨诸塞州剑桥镇，由社会精英和知识分子构成的社交圈促进了皮尔斯对女性问题的深刻思考和研究。1868—1869年间，她在《大西洋月刊》上发表了一系列文章，提出并详细论述了无报酬、非专业化的家务劳动是女性面临经济和知识压迫的最主要原因的观点。皮尔斯认为殖民地时期女性曾广泛参与社会经济生活的方方面面，以家庭为单位的农业种植、畜牧养殖、纺织以及其他生活用品的手工制造业中都有女性的身影，她们因而更加独立于男性且对整个社会而言富于创造价值。然而工业资本主义的发展彻底改变了女性的命运，从19世纪早期开始，工厂和机器制造完全剥夺了家庭式手工生产，女性开始退出社会生产领域，底层女性变成了富裕阶层的佣人，中产阶层的女性变成家庭主妇整日忙于家务，社会上层的女性在家中无所事事，过着慵懒而空虚的生活。皮尔斯认为工业社会的女性必须重新组织起来，参与社会生产、创造经济价值以获得在经济和情感上的独立。通过对当时社会经济结构的分析，皮尔斯认为工业化推动下的制造业和农业已经为男性所主导，而消费与服务业尚处于初级发展阶段。她相信凭借组织、分工和技能的专业化，女性有机会在未来主导社会服务业，并以此为经济基础提升社会地位和贡献价值。这一观点就是皮尔斯合作持家倡议的思想基础。

什么是合作持家？皮尔斯所设想的合作持家方案由 12 ~ 50 位女性组成一个合作协会，合作协会的女性会员通过集体投资或赞助的方式筹集资金，用以租赁或修建一处服务中心，并购置相关的办公设施和开展烹饪、烘焙、洗衣、缝纫等家务服务的机械设备。女性会员通过一定的组织分工来共同管理和运营服务中心，少数从事管理工作，大多数从事专业化的劳动。服务中心向周边的家庭提供各类家务服务并收取费用，收益用于向组织内的女性会员发放工资和利润分成。这样一来，女性就可以像男性一样凭借自己的职业技能获得工资收入。并且皮尔斯认为，随着女性会员劳动技能的专业化程度的不断提升和先进机器设备的应用，服务中心可以凭借更少的女性劳动力服务更多的家庭。这不但可以减轻周边家庭女性的家务劳动负担，也可以增加合作持家会员女性的收入，实现经济上的规模效益。

合作持家的社区组织方式将会改变现有社区和家庭的物质空间结构，皮尔斯因而提出了与合作持家相适应的社区规划和住宅设计构想（图 3–11）。一个邻里单元由服务中心（A）和周围服务半径以内的 36 栋无厨房住宅（B）构成，服务中心内提供了商店、公共厨房、公共餐厅、洗衣房、裁缝铺、阅览室、健身房等功能空间，由合作持家协会的女性会员负责运营并向周边住户出售商品和服务。1869 年 5 月 6 日，皮尔斯利用其在剑桥镇知识分子中的广泛影响力，联系了大量哈佛大学和麻省理工学院的教授们的妻子和女儿，以及一批自由主义者和社会活动家，召开了剑桥镇合作持家协会 (Cambridge Cooperative Housekeeping Society) 的第一次会议。皮尔斯在 6 月 10 日的一场宣讲吸引了上百名当地女性到场，并受到波士顿、纽约和伦敦等大城市报纸的报道，随后有附近 9 个城镇的女性表示她们希望开展相似的实验。1869 年的 10 月合作协会的首批 32 位女性会员签署了合作协议并成立了委员会，她们在 11 月份经过投票决定租赁位于镇上弯弓街（Bow Street）的一栋房子作为合作协会的服务中心。在 1870 年协会开始组织服务中心内各种劳动的分工，然而到了夏季，镇上很多家庭开始外出度假，女性成员的离开使得协会的工作被迫停止。到了秋天的 10 月份，皮尔斯已经意识到协会中的大多数女性成员并没有足够

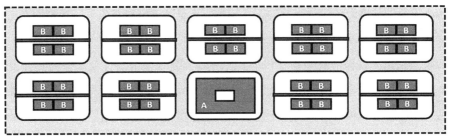

A 合作大楼　B 无厨房住宅单元

图 3-11　皮尔斯提出的基于合作持家的社区规划构想

的决心和毅力坚定地维持服务中心的运转。很多丈夫无法接受自己的妻子去为镇上的其他家庭提供家务服务,并且认为妻子过于频繁地参加协会的活动影响了自己的家庭生活。在男性的压力下仅有少数几位女性真正前往服务中心工作。1870 年冬天剑桥镇上的一些男性社会精英成立了"晚餐俱乐部",抵制并羞辱女性协会提供的餐食服务。到 1871 年 4 月,在多重困难和压力下,合作协会的服务中心最终关门。在 40 户注册家庭中前后仅有 4 户家庭真正购买了合作协会提供的洗衣服务。

到 19 世纪末,资本主义的发展已实现了从早期的商业资本主义向工业资本主义过渡,工业资本主义的发展给人类的城市物质环境带来了深远的影响。首先,大量人口向大城市聚集,各个欧美社会的城市化水平在这一时期都得到了显著提升,城市的人口和建筑密度不断提高。相应地,城市地价也飞速上涨。于是 19 世纪末的美国大都市中开始大量出现高层建筑,多层甚至高层公寓开始取代独栋住宅成为城市中产阶级的主要居住形态。其次,在 19 世纪末的美国大城市中,以电气革命为标志的第二次工业革命中工业技术的进步使得电梯、燃气管道、供暖设备、供水设备和电冰箱、蒸汽洗碗机、洗衣机和吸尘器等家用电器开始出现。这些设备在早期通常体量较大,价格也较高,因而通常在大型企业、酒店、公寓和一些大型集合住宅中应用。这在客观上促进了工业资本主义城市的居住形态向高密度化和集约化的方向发展。

马克思和唯物女性主义者都看到了工业资本主义城市和技术进步为变革城市和家庭空间带来的巨大潜力。他们相信在技术进步和生产方式的影响下,资本主义社会的居住形态必然向高密度化和集约化的方向发展,并最终发展出社会主义。维多利亚时期的独栋住宅代表了落后的居住形态,因为独立、分散和小家庭的住宅无法应用最新的工业技术。正是在这样的背景下，唯物女性主义者认为借助最新的工业技术变革居住空间，可以将女性从家务劳动的束缚中解脱出来，实现男女的平等。19世纪末的美国的唯物女性主义者开始逐步抛弃早期乌托邦社会主义的远离城市、独立自足的合作社区的居住形态，转向在城市高密度的居住形态中利用工业技术实现家务劳动的社会化。到19世纪90年代，皮尔斯开始转变由独栋住宅构成的合作社区的想法，她在1903年设计了拥有公共厨房的城市合作居住综合体并申请了专利。虽然皮尔斯在19世纪60年代的合作持家实验很快就失败了，但她的工作影响了一大批女性主义的社会改革家，其中就包括霍兰德和奥斯汀。

霍兰德在1836年出生于美国的新罕布什尔州，她在19世纪50年代就加入了纽约的傅立叶主义团体——"联合之家"（Unitary Home）。19世纪60年代她前往法国吉斯（Guise），在社会宫中生活了一年。作为社会主义合作聚落的探索，在1874年美国墨西哥州合作聚落（cooperative colony）——多波罗班波镇（Topolobampo）的方案设计中，霍兰德提出了基于家务劳动社会化的居住形态构想。她设计了市区联排住宅社区（图3-12）和郊区独栋住宅两种形态的合作居住社区。城市联排住宅单元由两排12户围绕中心花园的两层住宅构成，单元中配置了公共的厨房、餐厅、洗衣房、会客厅和图书馆。对于那些偏好郊区和独栋住宅生活的人，霍兰德设计由四户乡村别墅构成的居住单

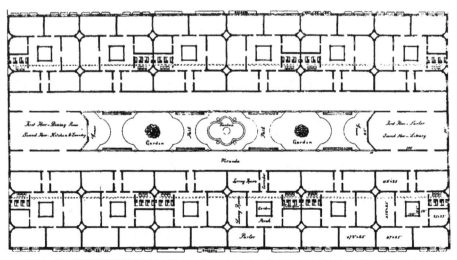

图3-12　霍兰德设计的配备共享厨房、餐厅、洗衣房、会客厅和图书馆的12户联排住宅方案

元，单元中心布置了公共服务用房。别墅中配备有家庭餐厅，单元服务用房配备了公共合作厨房、洗衣房和面包房和佣人房（图3-13）。

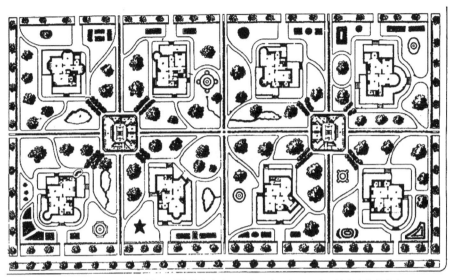

图3-13 霍兰德设计郊区独栋住宅方案，服务用房配备了厨房、洗衣房和佣人房

尽管受各种政治和经济因素的影响，霍兰德的设计方案并未最终实施，但她将其设计构想进行了系统总结，并于1885年出版了论文《整体合作》(Integral Co-operation)。论文在美国和英国产生了广泛的社会影响，女性解放、合作持家的理念开始出现在当时的各种未来主义的文学作品中。美国作家贝拉米 (Edward Bellamy) 在其1888年的畅销书《回望：2000—1887》(Looking Backward: 2000—1887) 中描绘了2000年无厨房的家庭公寓和合作处理家务的家庭生活。贝拉米的书启发了很多小说家、发明家和建筑师，探讨合作持家的建筑空间表达。比较有代表性的有英国建筑师拉德 (Leonard E Ladd) 在1890年设计并申请专利的中央厨房城市住宅组团方案（图3-14），单元组团由24户无厨房的联排住宅构成，配备了中央厨房和洗衣房，一条有屋顶的廊道连接了中央厨房和廊道两侧的各户住宅的私人餐厅。

另一位受到贝拉米和霍兰德影响的作家，是英国花园城市运动 (Garden Cities movement) 的创始人霍华德 (Ebenezer Howard)。霍兰德和贝拉米的著作唤起了霍华德对社会主义、女性主义、合作持家和住宅改革的极大兴趣。他在1898年出版了在城市规划领域产生深远影响的著作《明日：通往改

图 3-14　建筑师拉德 1890 年设计的中央厨房城市住宅组团方案

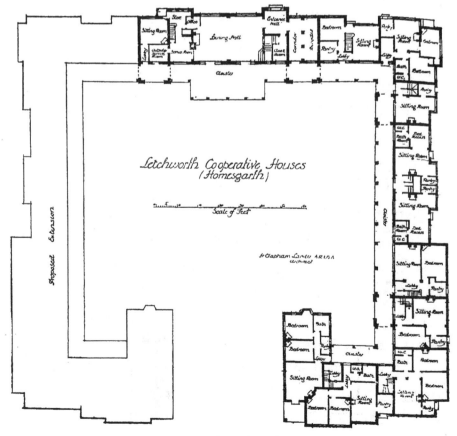

图 3-15　林奇沃斯合作住宅平面

革的和平之路》(To-Morrow: A Peaceful Path to Real Reform)，后来又以《明日的田园城市》(Garden Cities of To-Morrow) 为题再版。在花园城市理论提出后，霍华德和他的妻子在英国的花园城市林奇沃斯 (Letchworth) 和维恩 (Welwyn) 开展了持续 20 多年的合作持家实验。他们于 1909 年在林奇沃斯修建了"Homesgarth"项目（又称"林奇沃斯合作住宅"，Letchworth Cooperative Houses）。项目由 32 户公寓住宅构成家务合作单元，公寓住宅中不设置厨房，公寓通过连廊与中心部位的公共餐厅和厨房相连（图 3-15）。霍华德和妻子亲自居住其中，部分实现了霍兰德等乌托邦女性主义者的构想。

需要指出的是，19 世纪末到 20 世纪初基于乌托邦社会主义和女性主义的家务劳动社会化运动以及相应的居住建筑改革不仅仅发生在英美国家，在北欧和德语区国家也有广泛的探索和实践。苏黎世、维也纳和柏林等德语区大都市中均出现了"Einküchenhauser" (one-kitchen buildings) 的居住建筑形态。相似地，在北欧的斯堪的纳维亚国家，特别是瑞典，中央厨房 (central kitchen) 的概念也受到了广泛的关注和讨论，以实现家务劳动的社会化。

(3) 20 世纪上半叶

到了 20 世纪上半叶，经过第一次女性主义浪潮（19 世纪中后期到 20 世纪初）的影响，欧美社会越来越多的女性获得了投票、财产、工作和接受高等教育的机会，并获得建筑和规划的职业许可，开始出现女性建筑师和规划师。女性建筑师和规划师尝试通过自己的设计实践改善女性在社会中的生活状态，成为推动女性主义建筑构想成为现实的决定性力量。另一方面，俄国十月革命的成功和苏联的建立使得社会主义平等、合作的观念在欧美国家的影响力进一步扩大，苏联对社会和生活模式的改造对西方国家的左翼社会团体具有很强的借鉴意义，家务劳动的社会化和合作化不再只是空中楼阁。在这样的背景下，19 世纪末以来的乌托邦女性主义者对居住建筑和生活模式的构想开始被变为现实。

首先，一些女性建筑师尝试通过改造优化住宅内的餐厨空间以缓解女性的工作负担。德国著名的女性主义和社会主义社会活动家布朗（Lily Braun）在 1901 年的著作《女性的劳动和家务经济》[1] 就提出要对厨房空间进行彻底的

---

1 Braun, L. Frauenarbeit und Hauswirthschaft. Berlin: Vorwarts.1901.

改革以促进女性和男性的平等。美国女性家庭经济学家 (home economist) 弗里德里克 (Christine Frederick) 主张将著名管理学家泰勒 (Frederick Winslow Taylor) 在工业生产领域提出的"泰勒主义"(Taylorism) 方法应用到家庭领域，以提升家务劳动的效率并改善女性的生活状况。弗里德里克从 1912 年开始在纽约建立实验室，对包括橱柜、工作台、灶台、座椅等超过 1 800 种家用器具的尺寸和使用过程以及食物处理方法开展实验，以探讨最为节约劳动时间的厨房用具以及其布局方法。弗里德里克还于 1912 年在《女士之家》(*Ladies' Home Journal*) 杂志发表了系列题为"新的家务管理" (New Housekeeping) 的文章，随后将文章整理为专著《新的家务管理：家庭管理的效率研究》(*The New Housekeeping: Efficiency Studies in Home Management*)。弗里德里克在书中展示了她借鉴"泰勒主义"在工厂生产环境中的研究方法对家庭厨房展开的动线研究（图 3-16）。通过调整厨房设备和器具的布局，减少备餐过程和清洁处理过程中的动线交叠和动线总长度，从而减轻女性的劳动负担。

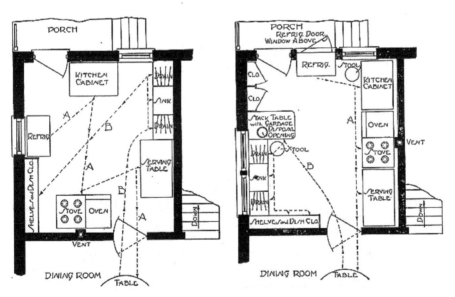

图 3-16　弗里德里克对厨房动线的研究。左图为低效率布局，右图为高效率布局。
A 为备餐流线，B 为清洁和废物处理流线

弗里德里克的著作在 1922 年被翻译成德文出版，极大地影响了奥地利女建筑师利霍茨基 (Margarete Schütte Lihotzky)。利霍茨基是奥地利历史上的首位女建筑师，同时也是维也纳应用艺术大学 (University of Applied Arts in

Vienna)的首位女性学生。她的设计师生涯非常成功,为德国、奥地利、俄罗斯和土耳其等国家设计了一系列大型公共住宅项目。利霍茨基也是泰勒主义的支持者,作为一位女性建筑师,她致力于通过优化建筑设计改善女性的生活状态。在1926年法兰克福的公共住宅设计项目中,她和同事需要在预算极为紧张的情况下设计10000户住宅。为优化厨房设计,利霍茨基对家庭主妇和各类女性组织的成员进行了大量的采访调研,以充分了解女性的诉求,同时开展了非常消息的时间和动线研究。利霍茨基最终提出的厨房设计方案综合了卫生、效率和成本等多方面的要求,成为现代整体厨房设计的原型,被誉为"法兰克福厨房"(Frankfurt Kitchen)(图3-17)。

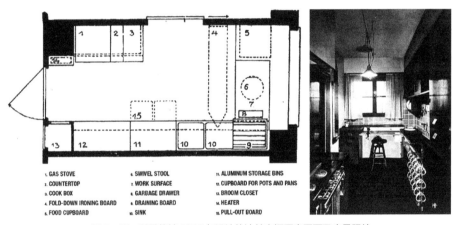

图3-17 利霍茨基1926年设计的法兰克福厨房平面及内景照片

除了对住宅内餐厨空间的优化以降低女性的劳动负担外,"二战"以前,合作持家理念下为降低职业女性家务负担的"合作住宅"(collective house)也开始在欧洲国家被实际建造出来。欧洲的首个合作住宅被认为是1903年修建于丹麦首都哥本哈根的"中央建筑"(Centralbyggningen),1906年瑞典首都斯德哥尔摩也修建了首个合作住宅项目赫姆格尔登(Hemgården)。这两个早期项目均设置了独立公寓和合作厨房,且专门为进入职场的年轻女性而打造。赫姆格尔登项目包括了60套2~5居室不等的公寓,配置了中央厨房、餐厅、公共洗衣房和烘焙间,公共餐厅提供每日三餐。公寓配备了在当时先进的中央供暖系统,同时装备了内部呼叫系统和中央电梯,可以为不愿前往公共餐厅就餐的住户提供送餐服务(图3-18)。

图 3-18　Hemgården 合作住宅项目。
左：外景；中：配备了电梯的楼梯间；右：配备了中央供暖的卧室

到 20 世纪 30 年代，在瑞典"职业女性俱乐部"(Professional Women's Club) 以及著名的社会民主党女性政治家麦尔道 (Alva Myrdal) 的推动下，合作住宅被纳入到瑞典国家层面的政策中来，策划了一系列合作住宅建设项目。在瑞典著名建筑师马克利乌斯 (Sven Markelius) 的协助下，麦尔道在 1932 年规划了奥尔维克（Alvik）合作住宅项目，该项目主体由三栋 100m 长，10 层高的高层住宅构成，由低层服务用房环绕，服务用房包含了公共餐厅、图书馆和各种俱乐部。由于土地和财政问题，奥尔维克项目最终并未实施。1935 年由马克利乌斯设计的位于斯德哥尔摩约翰·爱立信加坦（John Ericssonsgatan）的另一处合作住宅项目得以实施（图 3-19）。项目包含 18 户一居室公寓、35 户两居室公寓和 4 户四居室公寓。底层的公共区域包含了公共餐厅、公共厨房和儿童日间看护中心，底层配置了公共露台、游泳池、沙坑和淋浴室，每层都

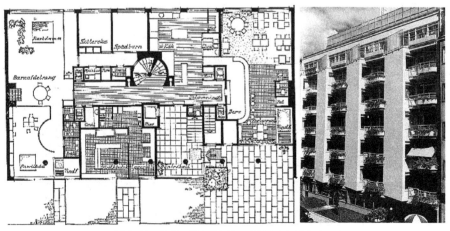

图 3-19　约翰·爱立信加坦项目的底层平面和立面

配备有公共洗衣房。此外，在公共走廊的四个角部配置了四个食物配送电梯，为希望在自己公寓中就餐的住户提供送餐服务。约翰·爱立信加坦项目在建筑设计上贯彻现代功能主义建筑的设计原则，通过公共空间的配置最大化的减小公寓户型面积，从而在一定程度上降低了居住的成本（图 3-20）。

在约翰·爱立信加坦项目之后，瑞典在"二战"以前又修建了其他几处旨在为职业女性提供理想家居生活的合作住宅项目，如 1938 年为单身职业女性修建的女性住宅（Kvinnornas hus）项目、1939 年由"职业女性俱乐部"修建的 YK 住宅（YK House）项目，以及 1944 年建成的玛丽博格斯集体住宅（Mariebergs Kollektivhus）项目等（图 3-21）。

图 3-20　约翰·爱立信加坦项目的公共餐厅（左）和儿童看护中心（右）

图 3-21　女性住宅项目（左）、YK 住宅项目（中）、玛丽博格斯集体住宅项目（右）

这些项目具有以下共同特征：首先，在服务对象上以社会中上层知识分子女性为主。在 20 世纪 30 年代的瑞典乃至其他欧美社会，能够参加工作并独立生活的女性往往出身社会上层且受过良好的教育，社会中下层的女性仍然需要依靠男性和家庭才能维持生活；其次，在服务供给上采用购买服务的方式而非"合作服务"。由于居住其中的女性成员大多经济条件优渥，合作住宅通常雇佣相当数量的服务人员为女性住户提供餐食、洗衣、清洁等各类服务。这种"合作"模式被称为不同劳动分工的合作，而非住户之间的合作。因而在当时这种女性合作住宅也被批判为"特权人群的特殊方案 (special solution for privileged people)",普通的中产阶级乃至社会下层的女性根本无法享受这类服务。而服务于更广泛的社会中下层女性,通过住户合作服务而非购买服务的合作住宅则到 20 世纪 70、80 年代才出现;最后,虽然在服务人群上相对较为局限,但这些合作住宅都提供餐食和幼儿抚育看护服务,部分甚至提供了办公和图书阅览空间,这些服务在客观上确实将女性从繁重的家务劳动限制中解放了出来。

(4) 郊区化运动

到了 20 世纪 20 年代的美国,资本主义不断发展,工业资本主义开始向垄断资本主义转变。资本主义生产方式的变革再次带动了城市空间和人类居住形态的变化。经济学家戈登 (David Gorden) 认为这一时期的美国城市开始从工业城市 (industrial city) 转变为公司城市 (corporate city)。金融和管理开始越来越多地从工业生产的环节中分离出来,城市中心被大公司总部、银行金融机构、贸易服务机构和政府机构所占据,代表工业生产环节的工厂则被重新分配到了城市外围或郊区。工厂的郊区化布局带动了工人居住空间的郊区化,企业和政府开始倡导郊区独栋住宅的居住模式,并通过规划法规和分期贷款等政策和金融工具促进郊区化居住的发展。一些学者认为,这一时期资本主义城市向郊区化发展的内在动机之一,是在空间上分散劳工阶层。在居住密度极高的工业城市中,工人阶级由"集体"居住而带来的集体意识更加突出,更容易发展工会组织并开展各类罢工运动,并且各类工人运动互相之间容易相互影响。郊区化和独栋住宅的分散居住模式赋予了工人阶级住宅和土地产权,被认为是为了培养工人阶级形成一种稳定和保守的政治观念,避免激进的左派政治思想和团体的发展。

美国从 20 世纪 20 年代末到 20 世纪 70 年代持续了将近半个世纪的郊区化运动被认为是女性主义运动的极大退步。与郊区化的独栋住宅居住模式相适应的,是"男主外,女主内"的家庭分工模式。男性外出工作,女性在家承担家务和抚育工作的家庭模式在这一时期甚至被赋予了很强的道德意味,被塑造为美国中产阶级的理想居住形态,女性主义的思想受到批评和攻击。与此同时,由于大量已婚妇女成为全职家庭主妇,家用电器生产商开始开发适合核心家庭使用的小型化家用电器,并鼓吹宣传这些家用电器对家务劳动的节省。从 20 世纪 20 年代末到 20 世纪 50 年代,广告业、家用电器业和汽车业成为美国消费市场最重要的三大产业，它们共同服务于郊区的美国人"梦想住宅"。

然而现实情况却是，一方面，这一时期在投机地产商带动下的大量郊区住宅建设缺乏足够的规划和建筑考量，住宅仅仅成为"装满消费品的盒子"，居住区周围缺乏商业、绿地、社区服务和公共交通设施。另一方面，量大面广的独立住宅建设的背后是对能源的巨大消耗，以小家庭为单位分散供给的自来水、燃气和电力为未来能源危机的爆发埋下了种子。到 20 世纪 60 年代，美国郊区居住的人口数量已经超越了老城区人口数量。郊区独栋住宅虽然赋予了核心家庭独立的住宅产权，但这种权利在很大程度上仅仅属于在外工作的男性主人，由于缺乏工作机会，在住房资源的获取方面女性成为男性的"附庸"。

二战后的 50、60 年代，整个欧洲百废待兴。在美国经济援助的刺激下，欧洲国家也开展了大规模的城市重建运动。伴随着私家汽车的普及，城市居住区的郊区化发展在欧美社会成为普遍现象，形成了城市与工作、郊区与家庭的二元结构。在职住空间完全分离且女性并不掌握家庭汽车使用权的情况下，"家庭主妇"在战后的欧美社会文化中被塑造成已婚女性的理想生活形态，二战后欧美社会的女性就业率远低于战前水平，郊区的家庭空间再次成为"禁锢"女性的场所。相应的，郊区或半郊区的独栋住宅成为主流居住形态，服务于职业女性的合作住宅开始式微。直到 20 世纪 60 年代中期以后，随着女性重返劳动力市场，第二次女性主义运动对女性平等诉求进行全面争取，女性住宅或女性主义建筑才再次回归。

（5）20 世纪 70 年代以来

真正意义上的女性主义建筑学产生于 20 世纪 70 年代。一方面，第二次女性主义运动催生了女性在更为广泛的社会生活领域的平等诉求，女性在家庭、工作和各种城市公共空间内的独特使用体验和需求开始引起一些建筑师或建筑师团体的关注，各类关注女性与设计的会议、展览和建筑组织相继出现。另一方面，受多元、去中心化的后现代思潮的影响，建筑学科内部萌生出对现代主义乃至西方传统建筑体系的性别批判。自维特鲁威始的西方传统建筑体系和历史被认为是男性中心化的，无论是女性的意象、感受还是女性建筑师，长久以来被排除在建筑体系之外。虽然现代主义建筑对功能主义和理性的强调尽可能模糊了建筑性别特征，但仍因理性、单调和冷漠等特质忽视了女性的心理感受而遭到批判。

到了20世纪80、90年代，女性主义建筑学的发展进入高峰期。在实践方面，一系列基于女性需求和体验的建筑组织和空间设计实践在欧美城市推出，如1986年成立于英国的"女性设计服务组织"（WDS, Women's Design Service）对城市中天桥、楼梯入口、厕所等一系列公共空间中女性面临的不便与制约展开研究，推动了英国法律对公共空间中设立必要的育婴设施的规定；1984年多伦多市政府成立"妇女儿童反暴力地铁行动委员会"（METRAC: Metro Action Committee on Public Violence Against Women and Children），系统性评估与改进了地铁空间中安全设计，以提升女性在使用城市公共空间中的安全体验；1980年成立于英国的女性主义建筑组织MATRIX，在伦敦南部的斯托克韦尔社区健康中心（Stockwell Health Centre）、伦敦北部的达尔斯顿儿童中心（Dalston Children's Centre）以及伦敦东部的雅格纳尼教育资源中心（Jagonari Educational Resource Centre）等（图3-22）方案设计过程中，MATRIX发展出了一套适应于女性的、全过程覆盖的参与式建筑设计方法，通过设立女性筹备小组、召开公共会议审议方案、开设设计培训的短期课程、改进方案表达方式等一系列措施促进女性对社区公共建筑的设计参与，以更好地服务于女性和儿童。

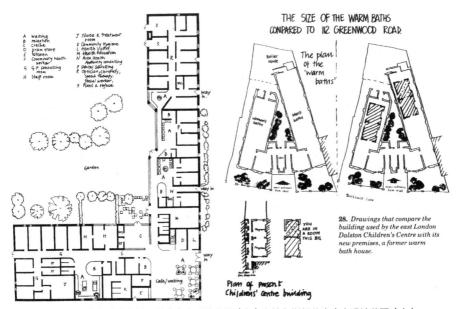

图3-22 斯托克韦尔社区健康中心设计草图（左）和达尔斯顿儿童中心设计草图（右）

在实践之外，女性与建成环境的相关研究也在八十年代大量涌现。1980年《迹象杂志：文化与社会中的女性》（Signs: Journal of Women in Culture and Society）推出了"女性与美国城市"专刊，首次较为全面地探讨了女性与多维度城市物质环境的关系问题。《建成环境》（Built Environment）杂志在1984年出版了"女性与建成环境"（Women and the Built Environment）专刊，探讨了女性主义分析视野下的建筑学、女性的家庭空间、城市空间中的女性以及工作领域的女性等议题，1990年又出版了《女性与环境设计：差异的处理》（Women and the Designed Environment: Dealing with Difference）专刊，关注男性/女性、工作/家庭等一系列差异二分的原则给环境设计带来的问题。《人的行为与环境》（Human Behavior and Environment）系列丛书在1994年出版了《女性与环境》（Women and the Environment）专辑，探讨了：①不同社会与文化语境下女性的生活，以及她们的活动与物质环境之间的关系；②传统的公共/私密领域差异二分理念的变化及其衍生出的传统与制约；③针对女性的社会与物质环境变革的必要性，包括变革的社会-物质单元（家庭、邻里、社区和工作）、变革的领域以及变革的过程等。此外，一系列在女性主义建筑学话语中具有影响力的书籍相继出版，如海顿（Dolores Hayden）的《伟大的家务革命：美国住宅、社区和城市的女性主义设计史》（The grand domestic revolution: A history of feminist designs for American homes, neighborhoods and cities）(1982)，《再造美国梦：住房、工作和家庭生活的未来》（Redesigning the American dream: The future of housing, work, and family life）(1984)，以及英国女性主义建筑设计小组 MATRIX 的《制造空间：女人与人造环境》（Making space: Women and the man-made environment）。这些研究逐渐汇集，形成了建筑学中的女性主义话语。

20世纪90年代后期以来，随着社会思潮的变化，女性主义视角逐渐被"性别"视角所取代，特别是2000年以后，更为泛化和包容的"差异""平等"和"共享"等概念愈发成为主流。经过数十年的发展，女性主义建筑学的研究内容已涵盖了建筑历史、建筑理论、建筑评论、建筑实践和建筑职业教育等多个领域。其贡献主要表现在以下几个方面：

就建筑历史与理论而言，女性主义建筑学从后现代思潮出发对传统建筑学体系中的男性主导进行了批判，认为西方古典建筑体系和现代建筑体系本质上都是"性别化"的，长久以来女性和女性的身体被替换和排除在建筑体系之外；需要指出的是，女性主义建筑学并非一味消极地批判和解构建筑历史理论，它从更加广阔的历史视野出发梳理并重构了建筑学的边界和关键概念，例如将视野延伸至父系社会以前更加久远的母系社会，通过对建筑文化遗迹的考察，重新唤醒埋藏在人类认知体系深处的女性化的对空间的理解、需求和感知，进而为建筑学提出新的问题和思考向度。

就设计理念和实践而言，女性主义建筑学在很大程度上拓展和丰富了现代主义以来的建筑设计原则和标准。女性的认知和体验方式注重身体对日常生活的主观感知、接受复杂和灵活、敏感而关注细节。这些特点引申出了所谓的女性设计原则，德国建筑师玛格丽特（Margrit Kennedy）将其概括为社会和使用者导向、注重人体工学、功能灵活、有机而全面、复杂、缓慢生长。这些原则丰富了现代主义以来的抽象、系统化、形式化的男性气概建筑文化，赋予建筑以"温情"和人的关怀。性别平等的理念业已泛化为种族、年龄、阶层等多维度的平等，建筑设计从对女性的关切，到对男女性别的平等，进一步发展为通过对普遍的"差异"和"多样"的关切来实现平等。相较于古典和现代主义时期，当代建筑已变得愈发包容、灵活和富于适应性。与此同时，在平等理念的倡导下，传统建筑师高高在上的、独立却又封闭的设计过程受到批判，与使用者建立沟通的参与式设计得到提倡。经过女性主义建筑者的探索，参与式设计目前已被广泛接纳。

3.2.2 女性主义地理学

地理学是较早也较为全面深入的吸纳性别理论的空间学科，并较为系统的发展出了女性主义地理学这一人文地理研究的分支领域。女性主义地理学源于20世纪70年代部分地理学者对学科内部性别盲点的批判，认为传统的地理学研究忽视女性经验、缺乏女性参与。20世纪50年代西方社会的女性开始大量进入劳动力市场，相应的，早期性别地理研究主要采用人本主义地理学和福利地理学的理论思想，关注女性通勤与就业的可达性，以及薪酬的地区差异等问题，分析女性在就业领域所面临的空间机会不平等。20世纪80年代初出版的由英国地理学家协会"妇女与地理研究小组"（Women & Geography Study Group of the IBG）编著的《地理学与性别：女性主义地理学导论》（*Geography* and Gender: An Introduction to Feminist Geography)最早地将性别问题系统纳入地理学的研究视野(图3-23)。

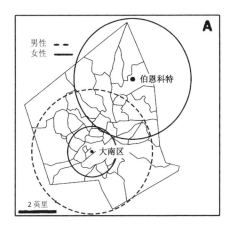
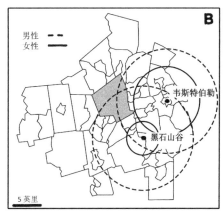

图3-23　早期女性主义地理学对职住空间性别差异问题的研究

(1) 资本主义城市空间结构和男女职住关系的演化

对资本主义城市空间结构和男女职住关系的演化研究,是女性主义地理学的发展所提供的新的空间分析视角。通过资本主义社会生产的变化,研究近代以来城市空间结构的演化是地理学的传统视角和方法。但不论是基于自由主义经济学框架,还是马克思主义政治经济学的框架,在处理城市空间结构和职住空间分离问题时,原有模型中默认最小的分析单元为"家庭",更确切地说,是已婚的职业男性,即基于男性的居住和行为模式,分析城市职住空间结构和公共资源的配置等问题。将家庭作为最小分析单元的方法,模糊了家庭内部男性和女性在就业、家务和公共资源使用方面的差异性。以卡斯特(Manuel Castells)和哈维(David Harvey)为代表的马克思主义城市地理学者以"阶级"为主要分析对象,也忽视了同一阶级内部男性和女性之间的不平等与差异。在这样的背景下,受20世纪60、70年代第二次女性主义浪潮影响的女性主义地理学,在城市空间结构与职住关系的分析中引入了性别视角,关注城市用地功能结构的演化与资本主义产业发展、男性和女性的就业和社会角色之间的内在联系。

受交通移动能力的限制,前资本主义时代欧洲的城市规模在今天看来是比较小的,被称作"步行城市"。城市中的主要居民分为四大类:拥有土地的贵族、商人、技术工匠和无专业技能的一般体力劳动者。城市用地不存在严格的居住、商业和工业等分区，人们的居住空间、商业空间和手工业作坊混合在一起。社会地位较高的人和贵族倾向居住在靠近市中心的地区。职业空间和居住空间的关系在前资本主义城市中是互相交叠的，典型的技术工匠家庭中，居住空间和手工作坊往往混在一起或互相毗邻。多数妇女帮助丈夫操持家务，并管理生产和售卖环节。孩子在家中和作坊中接受教育，学习生存技能。城市技术工匠家庭的这种职住混合、男女协作的生活工作模式与乡村地区的小农家庭类似。但随着资本主义的发展，这种生活模式很快就消失殆尽了，以一般体力劳动者和富裕阶层为代表的家庭关系成为未来的主要形态。

这一时期无专业技能的一般体力劳动者家庭通常居住在城市外围或近郊。在贫困的驱使下，所有家庭成员都要尽可能地外出工作。已婚妇女通常前往裁缝铺工作，或者在富人家庭里做佣工，而丈夫则外出从事各类体力劳动。在男女职住关系方面，这类家庭与技术工匠家庭有着显著的区别。男性和女性通常在远离家庭且互相分离的场所中工作，男女各自为他人出卖劳动力，而非协作运营自己的家庭产业。富裕商业和贵族家庭则呈现出另一种模式，不仅工作和家庭空间出现分离，男性与女性的"工作"内容和方式也出现分异。这种家庭中的女性成员通常具有相对显赫的身份背景，通过婚姻为丈夫带来相当的财富和产业。她们在家中承担管理家务和教育幼儿的职责；在家庭以外则通常在地方慈善和宗教团体中担任一定的职务，协助开展一些公益活动。尽管这类女性因自身的财富而在家庭中具有相对较高的地位，但在富裕阶层中女性被认为不适合从事家务以外的社会工作。这种观念在17世纪英国的贵族和富裕商人阶层中十分流行，但随着资本主义工商业和贸易的发展以及贵族的没落，这类富裕家庭中男性的地位越来越高。相较于男性的工作，贵族女性为家庭财富所做出的贡献越来越小。再加上不能外出工作，女性在家庭中越来越成为男性的依附者。值得指出的是，上层富裕家庭的这种男女职住关系逐渐演变成一种社会风尚，新兴的中产家庭、小资产阶级和富裕的技术工匠家庭纷纷效仿，被认为是一种"体面"的家庭工作模式。

随着科技和基础设施的进步，新的道路网络、运河和铁路将更大范围的经济活动整合在一起，贸易得到了快速发展。新兴的机器工厂出现了，但规模仍然较小，原有的工匠作坊也并未被取代，他们都需要大量的劳动力以扩大生产，这一时期被称为资本主义的过渡时期。过渡时期的城市在市民构成上最显著的变化就是无专业技能的一般劳动力人口数量飞速增长，直到几乎占据城市将近一半的人口数量。拥有土地的贵族阶层继续没落，以工厂主、专业技能人才和商人为代表的新兴资产阶级成为城市经济生活的主宰。在这样的背景下，服务于富裕资产阶级的城市居住区首次从原本混杂的城市用地功能中分离出来了。这些居住区通常在城市郊区开发建设，配备教堂、学校和医疗机构。与此同时，这些中产和富裕阶层居住区中最早开始实施了用地功能分区理念，为维持整洁体面的住区氛围，法令禁止在居住区内开设商业零售设施以及手工作坊。这一时期的城市中心区虽然仍被富人占据，但在用地功能上越来越被商业和工业用地所主导。随着城市的扩张，数量众多的一般劳动力人口不断向城市外围迁移，这些家庭中几乎所有的成员都要外出从事工作。由于工厂通常位于市中心，他们通常需要花费较长的通勤时间，并且主要依靠步行。

随着富裕和中产阶层数量的不断增加，以及他们对经济和社会发展的绝对影响力，资产阶级的价值观念和家庭伦理也成为所有社会群体的楷模。在这一时期的一系列文学和艺术作品中，女性被描述为内敛、温柔、安定等一系列美德的化身，女性被认为在道德上先天优于男性，但同时又不够理性、情绪化、多愁善感。故而女性应该远离冷酷而理性的商业、贸易、政治、科学和生产活动，家庭才是属于女性的场所。男性和女性在家庭中需要建立明确的层级和分工，由内部稳固的男女秩序所构成的家庭单元，是整个社会维持稳固的道德秩序的基础。一个理想、体面而稳固的中产家庭被认为应当由外出工作的丈夫、管理家庭的妻子、孩子和操持家务的仆人所构成。这种家庭价值理念深刻影响了 19 世纪后半叶资本主义城市中的女性就业结构。由于富裕和中产家庭中的妻子不再直接从事家务劳动，家庭仆佣成为英国和北美地区劳动阶层女性的最重要就业方向。整个 19 世纪后半叶英格兰和威尔士地区有将近 40% 的女性就业人口从事家政服务，同时期的美国相关数据最高达到 66%。直到 1901 年，英国的人口统计仍显示家政服务是数量最大的就业群体之一，也是乡村前往城市的女性移民的最主要就业途径。世界主要的资本主义大城市中从事家政服务的劳动力人口数量（绝大多数为女性）在 19 世纪 80～90 年代达到了历史峰值。

随着工业资本主义的进一步发展，到 19 世纪后半叶的英国、19 世纪 80 年代和 90 年代的美国和德国，城市中大工厂已经成为主导型的生产模式，城市的人口和空间体量进一步扩张。商业和工业制造业已经成为城市中心区的主要用地功能，居住功能用地的郊区化成为主要的发展趋势，居住与就业空间的分离成为大部分中产和富裕阶层的常态。大量社会中下层的工薪阶级受制于通勤方式和成本，通常选择租住在城市中心的多层集合住宅中。但只要条件允许，人们仍会尽可能搬往郊区居住。郊区的独栋住宅被认为是体面和受人向往的家庭居住模式。到20世纪20年代，英国和美国大部分的工薪和中产阶层都已经居住在城市郊区。

城市中心区居住条件的恶化是居住郊区化的主要驱动力之一。一方面麇集在工厂周边的大量低收入人口、恶劣的卫生条件和治安条件以及传染病的盛行，都使得中产阶级无法维持"体面"的生活。此外，工人阶级的快速增长和工会组织的发展使得资本主义城市中的社会结构面临诸多挑战，罢工和骚乱不停发生。统治阶级和社会精英都希望通过郊区化来"疏解"城市社会问题，以确保工业生产和劳动力供给的稳定。另一方面，女性就业形势的变化挑战了长期以来的资产阶级家庭伦理价值。经济的发展为工薪和中产阶层的女性提供了越来越多的工作机会，相较于被长期禁锢于家庭中从事日复一日的家务劳动，多数女性更偏好外出工作并独立赚取收入。就业女性群体的壮大推动了女性解放和女权思想和女权运动的发展。女性对投票、财产和受教育等权利的诉求不断增加。外出工作的女性无法再为男性提供充足的家务服务，且女性的结婚率和生育率在这一时期均出现下降趋势。男性对这一变化表现出不满，他们认为家庭中男女性别角色的变化将会动摇社会稳定和伦理价值的根基。以男性为主体的工会组织成为女性运动的主要反对力量。郊区化被男性认为可以使女性远离工作场所和工作机会，维系既有的家庭结构和社会性别角色。此外，郊区化发展的另一股主要推动力量是地产开发商和相关的城市改革家，他们通过游说和政策建议等方式影响了政府的决策，使得开发商在郊区修建道路交通、铺设各类管线等基础设施中获得了大量政府补贴，以及大量低密度住宅所赚取的高额利润。

居住空间的郊区化进一步分离了职业和家庭之间的空间关系，它带来的另一大影响是以整体厨房和家用电器为代表的家庭居住空间变革。早在19世纪末20世纪初，美国和德国就出现了以布朗（Lily Braun）、弗里德里克（Christine Frederick）和利霍茨基（Margarete Schütte Lihotzky）等为代表的一批希望通过科学优化和改进家庭空间设计以缓解女性家务劳动负担的女性主义者。

19世纪末的美国大城市中，电梯、蒸汽洗衣机、冰箱、烤箱等电器都已经出现。只不过一开始这些机器设备通常体积较大且价格昂贵，往往在城市的多层住宅、公寓和酒店中作为公共设施供多人使用。工薪、中产和富裕阶层的居住空间迁往郊区后，原本吸纳了大量女性劳动力的家政服务业就难以维系了。从事家政服务的女性难以花费大量的通勤时间前往居住密度极低的郊区住宅中提供家务服务，劳动力价格的上涨也使得大部分中产及以下家庭难以支付起常驻家中的仆佣费用。在这样的情况下，家庭妇女必须承担起家务劳动的责任。随着郊区化水平的不断提升，整体厨房和各类小型化的家用电器成为20世纪20年代美国的最主要消费市场之一。

城市的郊区化发展所造成的职住分离进一步强化了女性的家庭角色和社会从属地位。第二次世界大战以后，特别是20世纪60年代中后期，郊区化生活对女性的孤立和禁锢成为西方大众媒体和学术研究的热点话题，并最终催生出了第二次女性主义运动。女性从自己的视角出发，提出了对郊区化的"理想"居住社区的社会构成、物质形态、交通以及公共服务设施结构的质疑，这些质疑催生出了地理学、建筑学、城市社会学和规划学等空间学科中的性别分析视角。

（2）区域和城市空间中的女性就业

第二次世界大战以后西方社会劳动力市场出现的一系列重大变化以及其表现出的空间特征均与女性有着千丝万缕的联系。女性就业人口数量出现了快速增长。女性所从事的工作种类与男性有着显著的差异，且女性所从事的工作类型也在不断发生变化。地区之间和区域内部女性就业的模式都出现了不同类型的演化。这些变化不但对女性的日常生活和家庭产生了影响，也影响到商品和服务的生产和配置方式。但由于政策和学科研究中性别盲区的存在，这些问题在一开始并未受到政府决策人员和学者的广泛关注。欧洲国家20世纪50、60年代的战后经济恢复期间，各类经济、产业和规划政策都会受到很强的政府干预和主导。产业投资以及住房、交通、教育和其他公共基础设施的选址建设无不以政府自上而下的方式进行。在此过程中，女性在大多数情况下仍然被当作家庭主妇来看待，即便参与就业的女性人口，也被认为是边缘和微不足道的。到了20世纪70年代初期，随着发达国家制造业的发展变化和服务业的兴起，市场对女性劳动力的需求越来越大。一些产业的空间布局和地区经济发展越来越与女性人口的就业结构发生关联，既有城镇空间结构与女性就业的增长模式之间的冲突也愈发突显。于是，20 世纪 70 年代以后应用女性主义视角的地理学者们开始着手对女性的就业空间问题展开分析，尝试理解其背后的机制以及产生的影响。

女性的家庭角色一直处在不断变动之中。虽然在 20 世纪 70 年代西方社会对女性的普遍印象和社会定位还停留在主要负责家庭生活的"家庭主妇"这一角色上，但事实上很多女性已经需要外出接受全职工作以和丈夫共同维持家庭支出并供养孩子。英国在 20 世纪 80 年代初的数据显示，丈夫外出工作、妻子负责家务和小孩的"理想家庭"模式在英国仅占到了 5%。毫无疑问，这已经是一种非典型家庭模式了。除此之外，约有 1/8 的儿童生活在单亲家庭，其中主要是全职工作的单身母亲供养孩子的家庭模式。1951 年时英国女性占到劳动力总量的 31%，到 1978 年已经达到了 42%，其中的增长大部分来源于已婚妇女，且多数已拥有孩子。已生育女性人口的就业率从 1951 年的 15% 增长到了 1980 年的 54%。总的来说，20 世纪 70 年代以后西方社会的大多数女性都需要承担起家务和职业的双重责任。

除了就业人口的增长，女性在就业方向上显著地集中于服务业。以英国为例，商店、办公室、酒店、餐厅、医疗和教育等服务产业占据了女性就业人口的约 75%。制造业的停滞不前使得其对女性就业人口的吸纳能力也十分有限，主要集中在衣物纺织、食品生产、烟草、电子装配等为数不多的几个行业。总的来说，女性的就业大多集中在几乎不需要专业技能的服务行业，即便在少数的制造业行业，女性从事的也大多是重复性的装配劳动。因此，女性的收入水平在各个方面都显著低于男性，且工作稳定性差。

在空间特征上，研究者发现女性通常选择靠近家庭的、步行范围以内的或公共交通可达的地点工作。其最主要的制约因素，毫无疑问就是家务活动。因为需要兼顾家务活动，女性的工作机会和职业成就都会受到很大的限制。除了需要照顾孩子，英国 20 世纪 60 年代的一份报告中指出 35～64 岁的女性中有一半会为自己的老年亲属提供照料服务。为了在家务和职业之间寻求妥协，很多女性会从事兼职工作。由于老年人生病或其他突发状况，女性经常会因家务照料活动而辞职，因此更换工作的频率也较高。在 1981 年的英国，孩子未成年的女性母亲中有 70% 在从事兼职工作，孩子的年龄被认为是影响女性从事兼职或全职工作的最主要因素。

在更大的空间尺度上，不同地区家庭性别关系的差异与特定产业布局模式存在内在联系。在第二次世界大战后的 20 世纪 60、70 年代，发达国家劳动力市场的增量部分主要由女性构成。相较于男性，女性劳动力更为廉价、数量更多，并且由于缺乏长期稳定的工作经历，大部分女性劳动力没有组建或加入相关行业工会组织，受雇佣后的管理成本较低。这些因素对于战后发达国家新兴的电子装配和其他劳动力密集型产业来说，都是巨大的利好。地理学研究者发现，战后女性就业率的增长在不同地区间表现出明显的差异，这种差异与一个地区女性劳动力的储备量直接相关。那些女性劳动力储备高的地区往往成为新兴产业和投资聚集的地区。

一个地区的女性劳动力储备水平与该地区的既有产业布局和社会性别关系有关。以英国为例，研究者发现战后女性就业增长最快的地区集中在战前以造船、冶金、矿产和其他重工业为主导产业的地区。这些地区的产业工人以男性为主，工作长期稳定且工会组织发达。家庭中往往以男性工作为主要收入来源，女性以家庭主妇为主，就业率较低。这些地区在价值观和政治理念上也偏保守，更加认可男性在家庭和社会中的主导地位，女性的社会地位较低。相比较而言，以伦敦和南英格兰为代表的"发达地区"，产业分布较为多样，女性就业率一直较高，且女性维权和女权运动发展较为充分，性别关系较为平等，因而并未在战后受到新兴产业资本的青睐。

20 世纪 70、80 年代对女性就业空间的区域性差异的研究表明，社会性别关系和女性劳动力的地区间差异已经成为研究产业迁移和布局的一个重要空间指标。20 世纪 90 年代以后，随着经济全球化的发展，跨国公司将劳动密集型制造业向拉丁美洲、东亚、东南亚和南亚等新兴市场国家转移，地理学中女性就业空间的研究热点也转向以上发展中国家。

（3）女性与公共服务设施可达性

公共设施和服务的可达性问题是女性主义地理学研究的核心议题之一。近代以来资本主义工商业的发展使得教育、健康、幼儿看护和老年人照料等原本属于家庭单元内部的各种服务功能被不同程度地分离出来，出现了专业化和社会化趋势。在高度发展的工业化城市中，政府、市场和非营利性或慈善社会组织共同承担了原本属于家庭的社会服务职能，各类服务设施和机构也都是近代城市化发展的产物。随着就业和家庭空间的进一步分离以及女性对劳动力市场参与度的提升，能否便捷、高效地获取高质量的公共服务成为影响家庭生活品质的关键因素。而现代城市女性，由于在大多数情况下需要承担就业和家务的双重社会角色，公共服务的支持对她们而言无疑更加重要。女性主义地理学尝试透过性别视角的分析，回答女性需要什么样的公共服务、女性在获取公共服务方面有哪些障碍和如何提升女性的公共服务可达性等问题。

在 20 世纪 70 年代以前，可达性问题是地理学研究中最为传统和经典的议题之一。已经有大量的地理学研究者，提出了各种模型和变量，用以度量公共交通站点等公共服务设施或资源的可达性水平，并尝试针对其空间布局进行优化。这些数学模型的关注面大多聚焦于物质空间和经济维度，例如时间成本、距离成本、人口资源等。性别、种族和阶层等社会变量由于可量化水平难以被整合进特定的数学模型，因而关注度也较低。20 世纪 70 年代早期，借助福利经济学研究框架的"福利地理学"兴起。福利地理学为地理学研究引入了新的研究方法和路径，它关注社会资源在城市不同空间和群体中分配的公平性问题。在福利地理学的影响下，性别作为一种全新的研究视野和变量维度，被纳入公共资源分配的地理学研究中。性别研究的独特之处在于，它并非仅仅是一个用来划分数据的二值变量，更牵扯到了家庭结构、社会角色和分工等一系列社会性因素，它使得公共服务和资源的空间公平性研究更加全面、解释维度更加多样。

应用女性视角的地理学研究者质疑了主流规划和地理研究中公共设施的服务半径和出行能力问题。第二次世界大战以后，欧美国家普遍进入到一段经济高速发展的时期，居住空间郊区化发展，私家汽车的普及率快速提高。大部分学者和政策制定者认为借助汽车的使用，人们的出行能力得到了空前的提升。基于这种认识，医疗服务中心、购物中心、公园游乐场、幼儿园和学校等各类公共服务设施出现集聚化的趋势，表现为规模和服务半径的不断增大。以美国为例，这些大型的服务设施往往如飞地一般设置在远离居住区的地方，居民通常驾车前往使用，设施周边则配备数量众多的停车空间。这种布局模式造就了美国人典型的购物模式，即每次驾车前往购物中心购买一整个月或数周的生活必需品。然而，这种布局模式的合理性是建立在"家庭出行能力"（household mobility）概念的基础上的。如果采用女性主义的视角，将"家庭"这一分析单元拆分，就会发现所谓的家庭出行能力更多情况下其实指的是男性的出行能力。因为即便在欧美发达国家，家庭中的妻子和孩子对汽车的使用也是有限的，尤其是工作日，汽车更多地属于男性使用。因此，基于汽车出行的公共设施空间布局模式被认为是男性化的。多数家庭中，女性和孩子是各类公共服务设施的主要使用者，其生活品质的高低对这些设施的依赖性远高于男性，车行导向的公共设施布局增加了女性和儿童使用设施的空间和时间成本，加剧了性别的不平等。

除了距离因素，时间也是限制女性使用公共服务资源的重要因素。"时间地理学"（Time-geography）关注时间因素对人的各类行为和活动产生的限制，并广泛应用于女性行为模式的研究。通过对女性公共设施使用的时间分析，有学者提出了"有用资源"（functioning resources）的概念[1]，即城市中的公共服务设施和资源不应仅仅满足于"存在"和"被提供"，能否"被使用"才是关键。相较于男性，女性在工作的同时需要兼顾接送孩子上学、课外活动和补习班、购物、带老人和小孩就医等活动，这些活动多数需要各种类型的公共设施的支持。然而很多公共设施在开放和使用时间上通常与上班时间重叠，缺乏灵活性，使得女性的工作时间与完成其他家务活动的时间相冲突。这一方面使得很多女性为了兼顾家务活动而放弃一些更好的工作机会，被迫选择时间表更为灵活的工作；另一方面使得很多公共设施并不能很好地被女性所使用。

设施费用问题对女性设施可达性的影响也受到了学者们的关注。虽然在发达国家，相当一部分公共服务设施依靠公共财政的投入为居民提供免费或包含补贴的服务，但是也有很多设施需要支付相当的费用。费用问题对女性设施可达性的影响主要涉及老年女性和单亲母亲群体，前者对养老照护设施有需求，后者对幼儿看护设施有需求。这两种人群对服务设施的需求度更高，其共同特点则是经济收入上处于更低的水平，服务购买力低。在这样的情况下，即便服务设施在空间上对于她们而言是可达的，实际使用中却是不可达的。政府和公共部门应当关注这些对服务需求度较高的弱势群体，提供差异化的补贴方案。

最后，信息和机会的可达性也值得关注，在居民无法感知和知晓设施存在的情况下，对设施的使用也就无从谈起，人们对设施的感知能够在很大程度上决定设施的使用。对于居住于郊区住宅区、缺乏汽车使用的家庭主妇而言，受

---

1 Boccia T. Time Policies and City Time Plan for Women's Everyday Life: the Italian Experience [M].England: Ashgate Publishing Limited, 2013.

出行能力的限制，其可感知的外部空间范围是十分有限的。例如，研究者发现很多女性和老年人对基层政府机构提供的各类社会服务和保障服务知之甚少，这不但造成了政府所投入的公共资源的浪费，也限制了女性群体对公共服务资源的获取。

总之，女性主义地理学从福利地理学的研究架构出发，将性别作为变量和解释维度纳入到公共服务资源的可达性与公平性研究中来，尝试对女性需要什么样的公共服务、如何获取公共服务以及如何优化公共服务资源的配置问题进行分析，以揭示原有以家庭、阶层（阶级）为分析单元的研究中所产生的性别盲区。女性对公共服务资源的可达性并不仅仅是空间距离问题，更包括了时间的有效性、费用的可负担性和信息的可获取性等方面，这些维度大大提升了地理学中资源配置分析的全面性。

随着西方社会转型的加速，20 世纪 80 年代的性别地理研究进入多元期。一方面，除工作领域外女性在非工作领域的健康、住房、福利、安全和日常休闲等问题上面临的空间制约和不平等受到了更为广泛的关注；另一方面逐步从对男女差异的关注转向女性群体内部的异质性，少数族裔女性和老年女性群体开始进入研究视野，并取得了大量的研究成果。20 世纪 90 年代以来，在全球化和自由主义思潮的影响下，经济全球化、跨国界的政治和跨区域移民等问题中的性别议题成为新的研究热点。

从理论和研究视角上来说，性别地理研究主要包括了时空行为视角、身体视角和社会文化视角，它们与人文主义地理学、结构主义地理学和后现代主义地理学这三大思潮互相交织。时空行为研究多从女性主义和后现代主义出发对男性和女性在工作、休闲和家庭等领域的时空间行为特征进行归纳，关注性别在城市空间行为和空间演化过程中的作用机制；身体视角的研究承袭福科和布迪厄等人的后现代思想，将身体视为与权力和知识交织变化的客体，认为身体问题是认识性别关系的关键，通过对不同空间和场所中男性与女性身体的行为、装束、姿态和感受的研究，揭示空间如何透过对身体的影响来强化社会性别关系，以及女性对于空间与地方的形塑作用。社会文化视角关注不同社会文化语境要素，如家庭文化、职业文化和社会习俗等，对男性和女性的空间使用的制约和影响，关注女性的情感体验和身份认同。这些研究视角与地理学既有的理论思想互相影响作用，提供了以性别为出发点分析地理学问题的新的发展领域。

目前中国国内女性主义地理学者已对城市女性流动人口的家庭地位、女性就业地理、女性人才地理、女性旅游地理、女性社会融入、女性主义下的住房供给等方面开展了广泛的研究[1]。但由于我国独特的"城乡二元对立"结构，国外研究经验于国内女性主义地理学可供借鉴的内容相对有限，国内女性主义地理学视角对性别差异的研究仍处于起步阶段。另外，就中国疆域广阔、文化多元、区域发展不平等，决定了女性贫困问题的空间异质性与独特性并存[2]。此外，在老年学与地理学的交叉领域"老年地理学"（geographical gerontology）中，也包含了对我国老年人口多种差异属性空间影响效应的初步探索。

3.2.3 性别与城市规划

性别在人类城市规划的历史中是长期缺位的。根植于现代主义思想传统，现代城市规划学科长久以来致力于发展统一的普世化的规划理论和策略解决城市问题，而非根据特定的归属将人群进行差异化区分。20 世纪 70 年代以来女性主义理论在社会科学领域的广泛渗透不可避免地对规划学科产生影响。20 世纪 70 年代末期一批规划师开始认识到规划领域性别视角的缺失及其影响。1978 年《城市与区域研究》（*International Journal of Urban and Regional Research*）杂志出版了"女性与城市"（Women and the City）特刊，以跨区域的研究视野开启了女性与合作住房、交通以及照护等一系列问题。不久后的 1980 年，《迹象杂志：文化与社会中的女性》（*Signs: Journal of Women in Culture and Society*）推出了"女性与美国城市"专刊，成为性别与规划研究中最具有影响意义的事件。其中的议题包含了郊区化的原因以及对女性的影响、规划职业中的女性角色、家庭工资观念及其与妇女经济地位的关系、女性对城市的贡献、城市赋权或制约女性的方式和无性别歧视的城市愿景，这些议题在很大程度上奠定了日后规划领域性别研究的核心。

从 20 世纪 80 年代开始，性别开始与一系列城市规划的子领域结合，发

---

1 Ajibade I, Mcbean G, Bezner-Kerr R. Urban flooding in Lagos, Nigeria: Patterns of vulnerability and resilience among women[J]. Global Environmental Change, 2013,23(6):1714–1725.
2 李紫晴，袁媛，梁璐，牛通. 国外女性贫困研究进展与启示——基于地理学领域的研究 [J]. 人文地理，2020，35(1):19–27.

展出女性与住房、女性与交通、女性与经济发展等"女性与……"议题。性别视角的规划研究主要通过对女性与城市结构以及男造环境的关系、性别和社区及都市政治的关系的研究批判并反思现有规划体系。根据国内学者的研究，本书将其具体研究内容归纳为：①批判并反思规划学科现有的功能分区和空间结构理论的男性主义色彩；②结合女性和男性的差异重新思考郊区与内城的城市发展模式；③结合女性的时空行为特征反思现有城市的交通体系；④结合女性的心理和生活需求反思居住区的选址、设计与管理问题；⑤批判并反思现有城市公共设施的规划与建设。同时将女性主义的空间规划思想概括为：①以混合功能区为基本单元的模糊空间结构形式；②以质的提升而不是量的扩大为目的的空间增长方式；③以居民的生活行为而不是技术行为为线索的空间联系网络；④以具有差异性特征的社会个体或群体为主体的空间服务系统；⑤以空间交流推动社会交流的空间发展目标。

性别与城市规划研究的深入发展对规划实践产生了广泛的影响。欧盟将"公平"（justice）作为可持续空间发展的核心概念之一，性别平等被视作实现社会公平的重要领域。欧盟在1996年开始推动探索基于性别平等的市镇、住房和公共空间体系规划营造策略，成立了欧洲女性主义组织（the EuroFem Network），于1996—2000年间在各成员国实施60余个具体项目以开展性别敏感型空间规划和营造策略的探索。这些项目不仅关注空间规划和营造的结果，也注重规划设计过程中居民参与、项目监管的性别平等。2001年以来欧盟各主要成员国已陆续将性别要素纳入到各自的空间规划体系中。

3.2.4 性别—空间的研究范式

20世纪90年代以后，随着社会思潮的变化，女性主义研究逐步消解并突破男女二元论的认识结构，"女性"议题的研究开始被"性别"研究所取代，并进一步发展为"差异"研究。"性别—空间"问题的研究视野开始拓展至女性群体内部、少数族裔、儿童、老年、残障和贫民等其他弱势群体，在更广阔的维度上探讨空间中的差异与平等。经过数十年的发展，"性别—空间"研究已经成为一个跨学科的复杂领域，研究理论、方法和议题纷繁。借鉴韦克勒等人的观点，既有"性别—空间"研究主要在公私二元模型、环境行为模型和空间公正模型这三种研究范式的基础上展开。

公私二元模型是指在认识论层面上将性别结构划分为男性和女性，将空间结构划分为公共和私密的二元结构，着重分析性别与空间的双重二元结构互相联系、作用机制、驱动因素，以及如何在不同的历史时期内发展变化。空间的公共领域一般指代由男性主导的工作、政治和其他社会空间，而私密领域一般指代对应于女性的家庭空间。如前文所述，性别—空间的公私二元模型产生的社会背景是近代以来资本主义工业化和城市化的快速发展所引起的男女社会分工的大变革。相较于传统社会的农业和手工业生产，资本主义工业化的生产方式空前强化了男性的主导地位，女性对社会生产的参与度极大地降低，进而造成了女性从公共生活领域的快速退出，生产和生活空间很大程度上被局限在家庭内部。在这样的条件下形成了男性主导公共空间、女性主导家庭空间的二元性别—空间结构。在方法论层面上公私二元模型的性别—空间分析多受到马克思主义女性主义或唯物主义女性主义的影响，将男女在社会生产与再生产过程中劳动分工的变化，作为公共与私密的二元性别—空间关系演化的核心解释因素，认为空间结构表征并强化社会化的性别关系结构，具体即指男性和女性在社会中的性别劳动分工。例如以海顿（Dolores Hayden）和赖特（Gwendolyn Wright）为代表的一些建筑学者通过对近代以来西方家庭结构、女性劳动力市场参与度、住宅空间布局、要素、家务分工和家务技术的演化进行历史溯源和类型考察，揭示男女在公共和私密领域社会劳动分工的变化如何反映在家庭空间形态或要素中，以及物质空间如何强化这种二元关系。有学者通过对家务劳动社会化运动的研究，关注两次世界大战战前与战后女性就业状况的变化如何影响欧美国居住社区中生活服务空间的配置与布局。也有学者在公私二元模型下考察不同历史时期女性对城市公共空间领域的使用状况。近来有学者开始强调模糊化公私二元模型中社会生产与再生产的二分属性，将其统一整合入资本主义社会生产的链条进行分析，认为由女性主导的社会再生产其实是社会生产中的一个不可或缺的环节。

环境行为模型又称环境适应（environmental fit）模型，它来源于多学科的环境行为和环境心理研究，旨在揭示男性和女性在空间使用、感知和体验上的差异性及其与特定空间环境要素之间的影响关系。环境行为模型下的性别—空间研究多采用实证主义的研究方法，对不同性别使用者的行为或心理进行定量及定性考察。基于在认识论和方法论层面上对"性别"概念的不同理解，相关研究可以大致分为两个大的方向。第一类研究多从"生物"或"生理"性别的概念出发，关注男性和女性身体和生理构造的客观差异，以及由此造成的空间使用和体验的不同。例如通过对男性和女性某些人体工学指标的差异的考察来优化室内外空间的设计、基于男女空间感知能力的差异性优化空间辨识度和路径设计、基于男女疾病和照护需求差异优化护理空间设计，等等。第二类研究多从"社会"性别的概念出发，从社会和文化建构的角度解释男女在空间使用和体验上的性别差异。这类研究认为性别关系是男女社会权力关系的反映，空间结构亦是社会结构的映射，因而男女空间行为和心理的差异以及造成这种差异的空间特征，都是男女性别权力关系建构下的产物。例如关注战后欧美国家的"新城市运动"对男女出行模式、社会参与等行为的差异化影响，城市广场、公园等公共空间布局对男女使用的影响，城市步行空间的设计对男女出行的制约，社区服务设施的布局对男女生活满意度的影响等。

空间公正模型（environmental equity）关注住房、交通和其他公共服务资源的空间分配与布局，以及男性和女性在获取各类公共资源上的可达性和公平性问题。空间公正模型下的性别—空间分析多采用马克思主义地理学或城市社会学的研究路径，探究城市资源在空间中的分配机制及其对男女经济收入、生活品质、机会和行为等的影响。例如在交通出行方面，认为城市公共交通系统的规划是以职住地之间的工作通勤为导向的，遵从效率优先的原则。但在这种规划原则下服务的是大多数男性劳动力，忽略了女性，尤其是职业妇女出行链的复杂性。在出行资源的获取上，包括城市公共交通和私家汽车，女性均处于不利地位，制约了其出行的便捷程度，进而影响其工作地和职业选择的自由度、收入水平、生活品质和个人发展。在居住空间方面，女性在住房资源的获取上面临的制约高于男性，尤其是单身、孤寡和单亲家庭女性，她们在房屋租赁和房贷申请等方面面临广泛的歧视，这在很大程度上造成了弱势女性群体在欧美城市中心区劣质住房资源中的空间集聚现象。

三种模型分别在认识论、方法论和价值论层面上各有所侧重，共同展现了"性别—空间"研究的理论视角和结构路径。需要指出的是，在针对具体性别—空间议题的研究中，三种模型在应用层面并不一定存在绝对的分野，它们往往互相交叠，以更加全面地把握性别要素在空间形塑和日常生活过程中的结构性作用。

3.3 小结

在三次女性主义运动的逐步推进中,"女性特征""性别差异特征"已经成为泛社会关注的议题。女性主义运动的最终诉求是创造平等的社会环境,在逐步得到社会认可及阶段性的权利目标之后,其自身由女性视角转变为性别差异视角。除了为女性争取性别平等权利、去除性别歧视等成就,女性主义运动的另一巨大影响在于促进了"女性"或"性别"研究在多个学科体系内的发展。1970 年"女性学"作为一个新的学科开始在美国大学中出现,至 1973 年美国的多所高校已开设了 2 000 多门女性研究的相关课程并设立了 80 个女性研究中心。涉及的专业从最初的历史、社会学和文学扩展到人类学、心理学和教育学等多个学科。20 世纪 90 年代伴随着女性问题新的倾向和动态,女性主义开始破除男女二元对立的话语体系,"女性研究"逐渐被"性别研究"所取代,在研究的广度和深度上有了新的突破,性别开始成为与种族、阶层和地域等要素并列的一个全新的研究维度。

在性别研究和女权运动的趋势中,20 世纪 70 年代以来,空间研究的潮流日益强大。女性主义者在对家务劳动、公私领域二分、工作场所的性别歧视和身体政治等议题的研究过程中发现,社会对男性与女性的区分可以在容纳两性各类社会活动的物质环境——建筑、城市或地理空间中找到清晰的痕迹,因而逐渐发展出对不同层次空间中性别问题的讨论。意识到建筑或城市空间常常扮演着直接或间接剥夺女性社会权利的角色后,女性主义者开始在人文地理、城市规划、建筑、景观以及都市社会学等传统空间研究学科内,针对既有学术视野的性别盲点,发起女性主义的批判。女性主义空间研究的核心是"性别"和"平等",以及其背后潜藏的差异观念,其目的在于通过空间手段改善多种环境下女性的生活品质并提高女性的社会地位。

女性主义建筑学受到社会主义、现代主义、工业运动等多方思想因素、社会因素变革的冲击,合作住宅、法兰克福厨房等多项以提升女性权益为目标的设计成果应运而生。20 世纪 80 年代之后这一探索由具体的建筑实践逐渐上升至系统地关注各类与女性相关的环境设计问题。地理学通过对城市空间结构和男女职住关系的演化、区域和城市空间中的女性就业、女性与公共服务设施可达性等具体议题的系统研究,逐渐衍生出"女性主义地理学"分支。一方面关注不同尺度地理形态下女性在多种空间中的生存状态；另一方面聚焦于女性内部，研究不同职业、家庭、年龄、教育背景等差异条件下女性的地理空间表征。城市规划层面也逐渐出现对性别敏感的关注，并于20世纪90年代起在欧洲开展了大规模的城市专项改造实践。

公私二元模型、环境行为模型和空间公正模型是"性别—空间"研究的三种主要范式，三种模型分别在性别空间认知、实证研究方法和目标价值导向上有所侧重，从而为"性别—空间"研究构建起较为完备的学理基础和多学科融合的框架结构。

第4章 老年人环境行为与感知的性别差异

4.1 老年人环境行为与感知的一般特征与性别差异特征

学术和实践领域对老年人环境行为问题的广泛关注可以追溯到20世纪70年代，受到当时兴起的环境行为和环境心理研究的影响，也与西方国家人口老龄化状况的不断发展有关。研究认为，老年人在特定环境中的行为或感知，以及行为与环境之间的关系与儿童和成年人有显著的不同。美国著名的环境老年学家劳顿（M. Powell Lawton）的"环境顺从假说（Environmental Docility Hypothesis）"[1]认为，人的年龄越大，各项身体机能越弱，环境要素对其行为的牵制力和影响力也就越强。随后劳顿又提出了在老年人环境行为研究中被广泛引用的"环境刺激模型"（Environmental Press Model）[2]，从个体生活能力（Degree of individual competence）、环境刺激（Environmental press）、适应性行为（Adaptive behaviour）、情绪反应（Affective responses）和适应水平（Adaptation level）五个方面对老年人的行为、感知与环境之间的关系进行了理论建构（图4-1）。模型认为老年人的身体机能越弱，能够产生积极适应性行为的环境刺激的强度范围越小（图4-1阴影部分），相应地，产生消极行为的环境刺激的强度范围也就越大。同时，适应水平的斜率（图4-1虚线）表示，老年人的身体机能越弱，可适应的环境刺激的强度也越小，强刺激比弱刺激更能引起老年人的不适反应。在劳顿之后，环境行为和心理研究领域出现了各种理论、框架和模型，用以建构和解释老年人的行为心理与环境之间的复杂关系，包括环境负担模型（environmental load）、适应层级理论（adaptation level theory）、环境线索（environmental cues）和功能承受理论（Affordance

---

1 Lawton M P, Simon B. The Ecology of Social Relationships in Housing for the Elderly[J]. The Gerontologist, 1968, 8: 108–115.
2 Lawton M P, Nahemow L. Ecology and the aging process[M]. Washington, DC, US: American Psychological Association, 1973.

Theory）等。

自 20 世纪 70 年代以来，经过数十年的积累，对老年人环境行为与心理的研究已经发展成为一个庞大且复杂的跨学科领域，涉及行为学、心理学、社会学、建筑学、城市规划、地理学和人机工程等多个学科，并产生了环境老年学和老龄地理学这样的交叉学科。综合研究的对象、内容、方法和理论背景，大致可以将既有研究划分为三种范式：环境适应范式（Environmental adaptation）、机会结构范式（Opportunity structure）和社会文化（Socio-cultural paradigm）范式[1]。

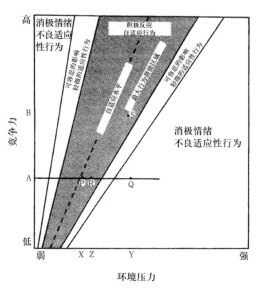

图 4-1 劳顿的环境刺激模型图示

环境适应范式多应用心理、生理和人机工程的视角，在研究尺度上倾向老年人个体以及个体周边的微观环境，关注老年人的客观生理和心理属性，将环境视为物质实体或客观信息，将老年人的行为心理视为对客观环境的适应性反应；机会机构范式多应用人文地理、城市社会学或规划视角，在研究尺度更偏重中观和宏观的城市或社区环境，以及其中的老年人群体行为，将环境视为由用地功能和服务设施等构成的机会结构，将老年人的行为视为在一定机会结构中为完成个人目标而采取的途径；社会文化范式多应用建筑学、人类学和社会学的视角，在研究尺度上既包含微观建筑环境，也包含中观和宏观的城市环境，它将环境视为社会规则或文化习俗建构下的产物，将老年人的行为视为社会和文化因素驱动的产物，行为模式通过环境的影响再现了社会文化模式。这三种范式基本涵盖了老年人环境行为和心理研究的全部内容。考虑到本书的研究目的，笔者将从"环境"的角度出发，根据环境尺度和性质的不同对老年人环境行为和心理特征进行归

---

1 Saegert S, Winkel G H. Environmental psychology[J]. Annual review of psychology, 1990, 41 (1): 441–477.

纳，大致可分为户外环境和室内环境两大部分。

户外环境主要包括了城市尺度的空间，社区邻里空间以及重要的开放空间（如公园、广场和开放绿地等），研究对象主要为身体相对健康的居家生活的老年人。针对户外环境中老年人行为研究的内容包括了交通出行、休闲活动、购物活动、家务活动以及社交活动等，研究者多关注各类行为的时间、空间特征以及背后的影响或解释性因素。针对户外环境中老年人的环境感知研究包括了可达性、安全性、舒适性和可识别性等维度，并关注不同群体老年人的感知差异以及背后的环境影响因素。此外，对户外环境的行为与感知研究也包括了养老设施的户外空间部分。这部分研究多从康复景观理论出发，关注如何通过景观环境设计促进老年人生理和心理功能健康。

就室内环境而言，可进一步划分为养老设施室内空间、家庭室内空间和其他公共建筑（设施）室内空间。老年人在养老设施室内空间中的行为研究包括了就餐、入浴、如厕、康复训练、休闲活动和交往等内容，关注设施的物理环境（空间结构和功能布局）和社会环境（空间管理）特征对老年人的行为影响。在家庭室内空间方面，环境行为研究多关注餐厨、卫浴、起居和卧室等家庭空间对老年人日常生活行为的支持，以及老年人在年龄或身体健康状况不断变化的过程中，为维持独立生活而对家庭空间进行的适应性动态调整。在各类其他公共设施的室内空间方面，研究主要关注建筑空间对老年人顺利开展各类生活行为的支持状况，例如无障碍和通用设计原则。值得指出的是，人机工程的数据和方法在老年人室内空间行为的研究中扮演了重要和基础性角色。就老年人对室内空间环境的感知而言，养老设施的室内空间环境受到了较多的关注，尤其是设施空间的公共性与私密性问题，例如公共空间与个人空间的领域和边界感知。除此以外，对室内空间的美学特征、光环境、声环境、安全性和可识别性的感知也受到了学者们的关注。下文将对以上各类型空间中老年人的环境行为与感知的相关研究进行详细介绍。

4.1.1 老年人户外环境行为与感知的一般特征

学者多从时间和空间两个方面对其户外活动特征进行研究。从时间特征上来说，老年人休闲活动往往持续时间较长，活动时间的规律性较强，一般都有早晨锻炼，午间休息和晚间散步的习惯，且活动时段大多集中在上午 7 点到

10点,下午2点到5点[1];从空间上来说,老年人日常活动的空间范围较为局限,多集中在离家0.5~1km的社区内部,分布于家中、楼道口、宅间空地以及附近的菜场超市和广场公园[2],有学者根据距离将其划分为市域活动圈、扩大邻里圈、基本活动圈和集域活动圈四个圈层[3];就活动类型来说,以休闲、购物和办理个人事务为主,且静态活动较多,动态活动较少[4]。但是以上特征在老年人群体内部不同年龄段,不同性别、不同收入水平和不同家庭结构的老年人之间又有所差异。

老年人的对户外环境的感知是指在各类户外环境要素刺激下的感觉和知觉反应。由于各项生理机能的下降和心理状态的变化,老年人对户外环境的感知通常有别于其他年龄群体。因此对老年人户外环境感知的研究有助于理解老年人的感知特征并探索针对性的设计措施。由于户外环境要素本身包含的范围较为广泛,因此既有研究的关注面也较为多样,例如有学者从可达性、舒适性、安全性和视觉景观的丰富性等方面考察老年人对居住区步行环境的感知,认为步行道宽度、机动车速度和人行道地面平整度等要素对老年人环境感知满意度的影响较为显著[5];也有学者认为户外环境中老年人关注空间的可交往性、景观的乐趣性和氛围的舒适性等要素[6];此外,由于老年人智力和注意力的下降,对住区环境安全性的感知值得关注,应当提升空间的可识别性,设施的易操作性以及邻里间的交往娱乐生活[7];有学者认为老年人的视、听、嗅觉等感知能力下降,户外景观设计中应使用更鲜明的色彩以弥补老年人的感官缺陷[8]。

---

1 张纯,柴彦威,李昌霞. 北京城市老年人的日常活动路径及其时空特征 [J]. 地域研究与开发, 2007, (4): 116-120.
2 李泉葆. 南京市老年人口日常活动的时空特征探析 [D]. 南京:东南大学 2015.
3 万邦伟. 老年人行为活动特征之研究 [J]. 新建筑, 1994, (4): 23-30.
4 丁志宏. 我国老年人休闲活动的特点分析及思考——以北京市为例 [J]. 兰州学刊, 2010, (9): 89-92.
5 王莹亮. 老年人宜步行住区空间环境研究——以重庆市江北地区为例 [D] 重庆:重庆大学, 2015.
6 黄韵. 老者安之——在宅养老模式下的住区户外环境感知设计研究 [D]. 杭州:中国美术学院, 2013.
7 朱亮. 基于心理因素的老年人居住环境安全性设计研究 [D]. 齐齐哈尔:齐齐哈尔大学, 2012.
8 王洪羿. 养老建筑内部空间老年人的知觉体验研究 [D]. 大连:大连理工大学, 2012.

4.1.2 老年人室内环境行为与感知的一般特征

与户外环境相似，老年人对室内环境的感知关注是指在各类室内环境要素刺激下的感觉和知觉反应。由于室内环境，特别是大型养老设施室内环境的封闭性和复杂性，老年人更容易出现一系列认知困难。由于视力水平的下降，对室内光环境的感知会影响到老年人的居住安全，对色彩环境和声环境感知会影响到老年人心理情绪的稳定与愉悦[1]；另有学者关注大型养老设施内老年人对空间知觉体验的感知，认为视知觉的下降对老年人的行为和交往影响最大，主张通过改变路径方向、空间的层次以及光线和色彩的方式产生连续性的知觉刺激，以提升老年人的环境感知力和知觉活力[2]；也有学者关注老年人对室内热工环境的感知，认为随着血管收缩能力下降，老年人对温度的敏感性降低，热感觉不敏感[3]。

关于养老设施的功能空间配置，国家已出台各类相关标准和规范对其做强制性的要求（《老年人照料设施建筑设计标准》JGJ450—2018），但普适化的指标在一定程度上仍无法完全适应老年人的多样化需求，因此学者对老年人功能空间需求的问题展开过一系列研究，例如认为老年人的失能程度和掌握的照料资源对于设施服务和功能的需求产生影响，老年人对社区养老设施中老年餐厅的配置有较高的需求[4]；从健康状况出发，不同类型的老年人对功能空间的需求状况不同，护理等级较高的老年人对床位周边的空间需求较大，设计应力争在有限的空间内容纳多种类型的功能需求；而设施中各种公共和共用空间的设计，要满足健康状况较好的老年人的休闲娱乐需求。此外，设施公共空间的位置、功能也要结合设施的管理制度进行考虑。也有学者提出身心机能相差较大的老年人对功能空间的需求差异也较大，应当避免大规模混居[5]。

---

1 朱亮. 基于心理因素的老年人居住环境安全性设计研究[D]. 齐齐哈尔：齐齐哈尔大学，2012.
2 王洪羿. 养老建筑内部空间老年人的知觉体验研究[D]. 大连：大连理工大学，2012.
3 姚新玲. 上海养老机构老年人居室热环境调查及分析[J]. 暖通空调，2011, 41 (12): 66–70.
4 李斌，王依明，李雪，李华. 城市社区养老服务需求及其影响因素[J]. 建筑学报，2016, (S1): 90–94.
5 李斌，李庆丽. 养老设施空间结构与生活行为之扩展的比较研究[J]. 2011, 153–159.

4.1.3 老年人环境行为与感知的性别差异特征

性别作为差异要素在老年人环境行为与心理的研究中多有提及，但从目前已有的文献来看，深入分析老年人性别差异特征的研究相对较少。在日常休闲和出行方面，男性老年人的活动范围大于女性，出行半径更大，移动能力更强，对城市公共空间的使用率高于女性，女性老人多偏好在居住小区内从事休闲活动（图4-2）[1]。此外，男女老年人在户外活动时段、持续时间、频率、内容和空间偏好上存在差异。男性老年人偏好棋牌、锻炼、钓鱼、球类运动、外出旅行、书画、诗词和收藏等休闲活动，而女性老年人偏好社交聊天、宗教、广场舞和戏曲歌唱等活动。男性老年人的户外活动地点的分布呈现出多元化、分散化的特点，而女性老年人的活动地点较为集中[2,3]。在室内空间方面，对养老设施中公共浴室的研究表明男女老年人在隐私需求、卫生要求、洗浴时间和洗浴行为上存在差异[4]。此外，受已有生活习惯和性别角色的影响，养老设施

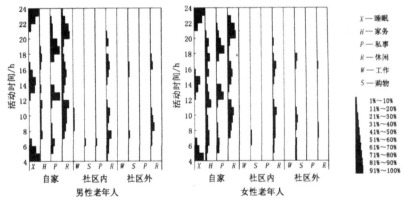

图4-2 北京男性和女性老年人日常活动的时空结构特征

---

1 孙樱，陈田，韩英. 北京市区老年人口休闲行为的时空特征初探[J]. 地理研究，2001, (5): 537-546.
  张纯，柴彦威，李昌霞. 北京城市老年人的日常活动路径及其时空特征[J]. 地域研究与开发，2007, (4): 116-120.
2 张允. 和而不同——性别差异对老年人户外活动的影响分析[C]// 多元与包容——2012中国城市规划年会. 昆明, 2012.
3 成志芬. 北京老年人户外文化活动空间差异分析——基于性别视角下的调查分析[J]. 学理论，2012, (2): 33-34.
4 钟琳，张玉龙，周燕珉. 养老设施中公共浴室类型和设计研究[J]. 建筑学报，2017, (4): 100-104.

中男性和女性老年人的休闲活动偏好有所不同，男性喜欢群聚型的棋牌、保龄球，以及书画活动，而女性老人偏好花艺、歌唱、手工等活动。多数养老设施中女性人数多于男性，因为休闲活动的安排往往偏向女性的需求。有研究显示，这在一定程度上导致了设施男性老年人在精神性和功能性满意度方面低于女性[1]。男女老年人与护理员的交往行为有所不同[2]，男性老年人主动发起的与护理人员的社交行为多于女性老年人，女性老年人几乎不会主动与男性护理员进行社交互动。女性护理员比男性护理员更主动地与老年人进行交往互动，由男女护理员主动发起的互动中对象都以男性老年人为主。在失智症老人照护设施中，男性和女性老年人的不当行为反应有所差异，所需的康复训练内容和空间不同，男性需要的多是行为训练而女性大多需要认知训练。在紧急状态下，男性和女性老年人的心理和反应特征不同，女性老年人多体现出认知能力下降、意识狭窄的特点，呈现出退缩、依附和服从等心理倾向，较多的表现为哭泣和哭喊，而男性则大多表现为固执和情绪化[3]。

4.2 老年人人体工学特征的性别差异

人体工学是研究人体多种行为状态所占据的空间尺度的学科，身体尺寸是人体工学的基础指标，也是建筑、室内和工业设计等众多设计专业的基本依据。成年男女身体尺寸的差异是男女生理特征的基本性别差异之一，男性的多数身体部位的尺寸指标高于女性。医学资料显示，人体尺寸在 40 岁之后开始出现衰减，进入老年期后人体身高相对于年轻时缩减 2.5%～3%，且女性老年人的衰减幅度一般大于男性，最高可达 6%，这就使得男性和女性在老年期的身体尺寸差异相较成年期进一步扩大（图 4-3）。

由于身体机能的下降，老年人对家具部品和空间尺度等环境要素更加敏感，

---

1 Haugan G, Hanssen B, Moksnes U K. Self-transcendence, nurse-patient interaction and the outcome of multidimensional well-being in cognitively intact nursing home patients[J]. Scandinavian Journal of Caring Sciences, 2013, 27 (4): 882–893.
2 Lindesay J, Skea D. GENDER AND INTERACTIONS BETWEEN CARE STAFF AND ELDERLY NURSING HOME RESIDENTS WITH DEMENTIA[J]. International Journal of Geriatric Psychiatry, 1997, 12 (3): 344–348.
3 李茜. 闽南地区养老设施在应急状态下的疏散设计研究 [D]. 厦门：华侨大学，2014.

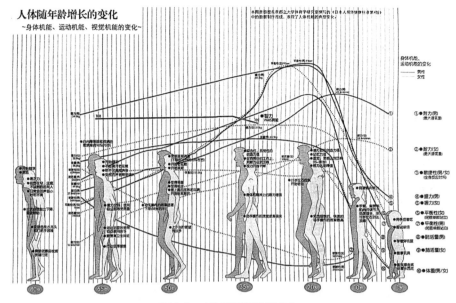

图 4-3　人体随年龄增长的变化

身体尺寸的变化及其性别差异特征对现有居住和其他生活空间的设计提出了新的要求。依据成年人身体特征设计的空间和家具，在使用过程中会给老年人带来疾病和安全隐患。

4.2.1 人体工学的性别差异及其设计影响

由生理因素所决定的男性和女性身体特征的差异能够给男性和女性的社会生活带来意想不到的深远影响。丹麦经济学家埃斯特·博塞拉普（Ester Boserup）曾经提出过一个著名的"耕犁假说"，即传统上使用耕犁的农耕文明中女性的社会地位要弱于那些不使用耕犁的文明[1]。前者往往在同一块土地上持续耕作，利用犁地来恢复土壤的养分，典型的如中国和中东欧地区的农业区；后者在一块土地上收获之后进行休耕，下一季会转移到其他土地上耕种，典型的如印第安人。两者的区别在于前者会使用到重型农器具和大型动物如牛马来辅助耕种，而后者主要使用手持的轻型农具如锄、铲和镰刀等，几乎不使

---

[1] Alesina A, Giuliano P, Nunn N. Traditional farming practices and the evolution of gender norms across the globe[J/OL]. 2013-06-05. https://blog.oup.com/2013/06/agriculture-gender-roles-norms-society/.

用动物来辅助人力。操控重型农器具和大型动物辅助耕种使得女性对农业生产环节的参与度和重要性降低，因为这些工具对上肢力量、抓握力和爆发力有更高的要求，女性由于生理上的先天缺陷而无法如男性一般驾驭这些工具。

男性体重在上肢的积聚度比女性高出75%，而女性有相当的身体重量被分配到下肢和臀部，这就使得男性的上肢力量平均比女性高出40～60个百分点[1~4]。女性的抓握力量平均比男性低41%[5~7]，并且这种差异几乎不随年龄而发生显著变化，即便到了70岁，男性的抓握力量仍然要强于25岁的女性[8]。即便接受专业训练，这种男女生理上的先天差异也难以被抹平。有研究显示，即便是接受过专业训练的女性运动员，在上肢和抓握力量上也难以超过一般男性运动员，甚至从未接受过专业训练的男性。总的来说，90%的女性在上肢和抓握力量上低于95%的男性[9]。因此博塞拉普认为，在应用以耕犁为代表的重型农器具的农业社会中，男性毫无疑问地主导了农业生产的过程，从而进一步占据了财富、权力和优越的社会地位。

---

1 Leyk D, Gorges W, Ridder D, Wunderlich M, Rüther T, Sievert A, Essfeld D. Hand-grip strength of young men, women and highly trained female athletes[J]. European journal of applied physiology, 2007, 99 (4): 415-421.

2 Lewis D. A, Kamon E, Hodgson J. L. Physiological differences between genders implications for sports conditioning[J]. Sports medicine, 1986, 3 (5): 357-369.

3 Rice V. J. B, Sharp M. A, Tharion W. J, Williamson T. L. The effects of gender, team size, and a shoulder harness on a stretcher-carry task and post-carry performance. Part II. A mass-casualty simulation[J]. International Journal of Industrial Ergonomics, 1996, 18 (1): 41-49.

4 Miller A. E. J, Macdougall J. D, Tarnopolsky M. A, Sale D. G. Gender differences in strength and muscle fiber characteristics[J]. European journal of applied physiology and occupational physiology, 1993, 66 (3): 254-262.

5 Zellers K. K, Hallbeck M. S. The effects of gender, wrist and forearm position on maximum isometric power grasp force, wrist force, and their interactions. 1995. SAGE Publications Sage CA: Los Angeles, CA, 543-547.

6 Bishu R. R, Bronkema L. A, Garcia D, Klute G, Rajulu S. Tactility as a function of grasp force: effects of glove, orientation, load and handle. 1994. SAGE Publications Sage CA: Los Angeles, CA, 597-601.

7 Puh U. Age-related and sex-related differences in hand and pinch grip strength in adults[J]. International Journal of Rehabilitation Research, 2010, 33 (1): 4-11.

8 Azhar A. Time to end male bias in office design[J/OL]. 2016-06-02. https://www.ft.com/content/1d73695a-266b-11e6-8b18-91555f2f4fde

9 Leyk D, Gorges W, Ridder D, Wunderlich M, Rüther T, Sievert A, Essfeld D. Hand-grip strength of young men, women and highly trained female athletes[J]. European journal of applied physiology, 2007, 99 (4): 415-421.

当然，农耕方式的选择也同时受到资源禀赋、人口和气候等其他自然地理因素的左右。耕犁假说的案例说明了工具的设计和使用机制与男性和女性身体生理特征之间的匹配度会产生深远的社会影响。换句话说，如果工具的设计可以弥补女性在某些人体工学特征上的劣势（相较于男性），那么女性势必会获取更多的权益和机会。从整个人类的角度上来说，也就意味着更多的人力资源得到了开发。在工业设计领域，人体工学指标的性别差异以及与其相关的设计影响问题已经受到越来越多的关注和讨论。将男性的人体工学数据视为"默认值"开展产品设计会给女性使用者带来诸多不便，影响其长期的健康、甚至威胁其生命安全。

一个典型的案例是传统钢琴键盘的尺寸问题。1998年，一位名为克里斯托弗·多尼森的钢琴家写道，"人们可以大致将钢琴家划分为两个阵营：那些手掌大的和剩余的手掌小的。"作为一名手掌尺寸较小的男性钢琴家，多尼森需要付出比一般钢琴师多得多的努力以提升自己的演奏技巧，原因仅仅在于传统钢琴键盘的尺寸设计。虽然已经有足够多的数据显示，绝大多数情况下男性的手掌尺寸大于女性，但数百年来钢琴键盘的设计从未因此而做出改变。欧洲女性的平均手掌宽度在8～9英寸之间，在48英寸的传统钢琴键盘上，跨越一个八度的键位有7.4英寸宽，有研究发现对超过87%的成年女性来说，在这样的键盘上演奏充满挑战。另有2015年的一项研究调查了473位钢琴师的手掌尺寸与其个人荣誉之间的关系，发现其中享有国际声誉的12位钢琴师的手掌尺寸都达到了8.8英寸以上。在这12位钢琴师中仅有两位女性，而她们手掌宽度分别为9英寸和9.5英寸。传统的标准键盘尺寸设计使得大量具有音乐天赋的女性因手掌尺寸的不足而无法充分施展才能，扼杀了她们音乐领域寻求上升的机会。除此之外，20世纪80～90年代有一系列研究发现，女性钢琴师比男性面临更高的健康风险，在音乐演奏生涯中，她们的手掌出现疼痛和受伤的概率比男性高出50%。有研究数据显示，女性钢琴师的手掌和手腕骨骼出现重复性劳损（Repetitive Strain Injury）的比例达到78%，男性为47%[1]。仅仅因乐器的尺寸设计问题而阻断多数人，特别是女性的音乐梦想是

---

1 Boyle R, Booker E. Pianist Hand Spans: Gender and Ethnic Differences and Implications for Piano Playing. 2015.

不可接受的，乐器应该为人服务，而非人以牺牲精力和健康为代价"适应"乐器，改变钢琴的键盘尺寸比改变人的手掌尺寸要容易得多。虽然还未被纳入主流，但近年来小尺寸键盘的钢琴受到了越来越多人的欢迎，钢琴标准键盘尺寸问题的讨论也愈发受到关注。

与人体工学尺寸的性别差异相关的另一个重要话题是汽车座舱的标准尺寸设计。交通事故调查数据显示，在男性和女性都参与的交通事故中，女性受重伤的概率比男性高 47%，中等程度受伤的概率比男性高 71%[1]。研究者发现，即便控制了撞击烈度、安全带类型、汽车类型等其他变量，女性的死亡率仍比男性高出 17 个百分点[2]。近来的研究和实验显示，这与汽车座舱的尺寸设计缺乏性别考量有关。由于女性的身高通常矮于男性，在驾驶汽车时女性司机的坐姿和身体位置与男性不同。为了使足部充分接触油门踏板和发力，女性在座舱中的体位比男性更靠前；由于上肢高度的限制，为了顺利观察仪表盘和前方路面信息，多数女性司机的坐姿更直，甚至前倾，而男性则向后倚靠在座椅上，获得充分的背部支撑。这样一来，不论是下肢还是上肢，多数女司机完全偏离了"标准驾驶位置"，这使得她们在撞击过程中面临更高的风险。就前部撞击而言，由于女性的坐姿更靠前，她们的上肢和头部与汽车方向盘和前挡风玻璃之间的缓冲距离更小，碰撞过程中极易受伤；另外为了在油门踏板上充分发力，女性的腿部通常处于近乎伸直的状态，而男性的腿部关节则在多数情况下处于弯曲状态，在前部撞击发生时，女性腿部关节因缺乏缓冲而极容易发生骨折。在后侧撞击时，女性也比男性更容易受伤害。女性的上肢和脖颈处的肌肉含量远低于男性，现代汽车座椅的设计会放大女性在后部撞击发生时的劣势。瑞典的一项研究显示，汽车座椅在硬度和支撑度方面的安全设计以男性体重为标准，在后部碰撞发生时，座椅无法为身体重量较轻的女性提供足够的缓冲和保护，女性的身体会被以更快的速度向前抛射，进而造成伤亡。

---

1 female dummy makes her mark on male dominated crash tests[J/OL]. 2012-03-25. https://www.washingtonpost.com/gdpr-consent/?next_url=https%3a%2f%2fwww.washingtonpost.com%2flocal%2ftrafficandcommuting%2ffemale-dummy-makes-her-mark-on-male-dominated-crash-tests%2f2012%2f03%2f07%2fgIQANBLjaS_story.html.

2 Schiebinger L, Klinge I, European C. Gendered innovations. How gender analysis contributes to research[M]. Publications Office of the European Union, 2013.

造成女性在交通事故中高伤亡率的主要原因，就是现代汽车在设计和碰撞实验中使用的假人是依据标准男性身体数据打造的。假人模型最早在 20 世纪 50 年代被引进汽车碰撞测试，数十年来，标准假人通常代表了不同地区的五十百分位的男性身体。最常用的测试假人模型高 177cm 重 76kg，显然比绝大多数女性更高更重。随着技术的进步和测试精度的提升，假人增加了对人体肌肉和骨骼构成的模拟，然而这些数据仍然以男性身体为标准。早在 20 世纪 80 年代就有研究者呼吁在碰撞测试中引入女性假人模型，但该建议一直被各个国家的交通安全部门和汽车制造企业所忽视。直到 2018 年，瑞典国家道路交通研究协会的交通研究部主任阿斯特丽德·林德（Astrid Linder）对欧盟汽车上市前所需的碰撞测试标准进行梳理，发现五大项主要的碰撞测试中没有一项包含女性假人。仅有一项次要测试中包含女性假人，但却以五百分位的女性身体尺寸为标准，非常不具有代表性，并且测试假人仅用于乘客位置，而非司机。虽然美国交通部于 2011 年在碰撞测试中引入了女性假人[1]，但值得注意的是，与欧盟测试中的女性假人相似，这些模型仅仅采用了男性模型的等比缩放版本，而非详细采集女性身体数据后重新建构的假人模型[2]。众所周知，女性的身体并非男性身体的等比缩放，女性肌肉质量分布、骨骼结构、骨骼密度、脊柱间距等人体工学指标均与男性不同。使用男性的等比缩放模型代表女性身体不仅显得非常"不专业"，也使得假人模型在实验中产生的数据效力大大降低。在科技水平飞速发展的今天，实验人员并非没有构建女性假人模型的能力，原因仅仅是对性别差异问题的忽视和对女性的不重视。

通过以上案例我们可以了解到人体工学与工业设计领域的性别差异问题以及其对男性、特别是女性群体的影响。不仅仅是乐器和汽车设计，新一代的家具、办公设备、电子设备如手机、虚拟现实（VR）设备和增强现实（AR）设备等领域中的性别差异问题正受到越来越广泛的关注和讨论。老年人由于身体

---

1 United States Government Publishing Office. U.S. Code of Federal Regulations. 49 CFR U, – 2re Side Impact Crash Test Dummy, 50th Percentile Adult Male[J/OL]. 2011-10-01. https://www.govinfo.gov/app/details/CFR-2011-title49-vol7/CFR-2011-title49-vol7-part572-subpartU.
2 Linder A, Svedberg W. Review of average sized male and female occupant models in European regulatory safety assessment tests and European laws: Gaps and bridging suggestions[J]. Accident Analysis & Prevention, 2019, 127, 156–162.

机能的全面下降，对家具部品和生活辅助设备的安全性、舒适性和宜用性要求高于一般群体，身体尺寸的性别差异对产品设计的影响效力势必增大。传统上，老年人群体属于社会边缘群体，在一般消费品市场中受重视程度较低，因此老年人身体指标的性别差异问题并未受到足够关注。进入 21 世纪，随着人口老龄化在全球范围、特别是发达社会的深入发展，老年人问题在政治、文化和经济各领域愈发主流化，针对老年人群体的工业产品和消费品设计构成了"银发经济"的重要组成部分，各类"适老化"产品层出不穷。在这样的背景下，老年人人体工学指标的性别差异问题在未来势必愈发受到重视，对其开展学术研究具有前瞻和现实意义。

4.2.2 人体工学指标体系

就人体尺寸这一基础指标而言，一般分为人体的静态结构尺寸和动态功能尺寸（图 4-4）。静态结构尺寸是指人在身体支撑点不移动，保持自然静止状态下测量的身体尺寸。静止的人体可以采取不同的姿势，统称静态姿势，一般分为立姿、坐姿、跪姿和卧姿。常见的人体静态结构尺寸指标有身高、眼高、肘高、坐高、坐姿肩高、坐深和坐姿膝高等。动态功能尺寸是指人在进行某种功能活动时肢体所能达到的空间范围。它是由关节的活动、转动所产生的角度与肢体长度协调产生的范围尺寸。动态功能尺寸又可以进一步分为四肢无力活动尺寸和身体移动尺寸两类；四肢活动是指人体只活动上肢或下肢，而身躯位置并没有变化；身体移动包括姿势改换、行走和作业等。静态结构尺寸构成了人体尺寸指标的基础，而动态功能尺寸在设计中有更加广泛的用途。

我国现有的人体工学标准体系对老年人群体关注不足（表 4-1）。在静态结构尺寸方面，我国现有的标准体系中包括了《中国未成年人人体尺寸》GB/T 26158—2010（4～17 岁）和《中国成年人人体尺寸》GB/T 10000—88，其中成年人身体尺寸中男性年龄范围为 18～60 岁，女性为 18～55 岁，排除了老年人群体。在动态功能尺寸方面有《工作空间人体尺寸》GB/T 13547—92，其中男性年龄范围为 18～60 岁，女性为 18～55 岁，也排除了老年人群体。目前，欧美和日本等发达国家都制定了适合其国情的老年人身体尺寸指标，而我国现有的老年人建筑设计研究中大多以国外标准为参考。

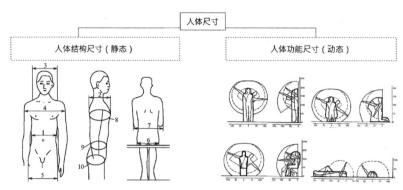

图 4-4 人体结构尺寸和功能尺寸示意图

我国不同年龄段的人体工学标准　　　　　表 4-1

	年龄段	人体结构尺寸（静态）	人体功能尺寸（动态）
儿童	4~17 岁	《中国未成年人人体尺寸》GB/T 26158—2010	无
成年人	男：18~60 岁 女：18~55 岁	《中国成年人人体尺寸》GB/T 10000—88	《工作空间人体尺寸》GB/T 13547—92
老年人	男：61 岁及以上 女：56 岁及以上	无	无

4.2.3 我国老年人身体指标的测量

由于我国老年人口的不断增长，从 20 世纪 90 年代起，国内一些学者陆续开展了针对老年人静态身体结构尺寸的测量研究工作，从而为居住空间的适老化设计提供必要的依据。其中有东南大学胡仁禄[1]等在 1995 年对江浙皖闽地区的部分老年人样本的身体尺寸进行了测量；清华大学周燕珉[2]教授团队在 2004 年对以北方人为主的 100 位老年人样本进行了身体尺寸测量工作（图 4-5）；胡海滔[3]等 2006 年对北京地区的 113 位老年人进行了身体尺寸测量；老龄科学研究中心"适老环境与人体工程学实验室"[4]于 2016 年对华中和华南地区共 95 位老年人样本进行了测量，对比了性别和地区间差异。总的来看，虽然这些测

---

1 胡仁禄，马光. 老年居住环境设计 [M]. 南京：东南大学出版社，1995.
2 周燕珉，程晓青，林菊英，林婧怡. 老年住宅 [M]. 北京：中国建筑工业出版社，2011.
3 胡海滔，李志忠，肖惠，严京滨，王晓芳，郑力. 北京地区老年人人体尺寸测量 [J]. 人类工效学，2006, (1): 39-42.
4 余漾，王羽，郝俊红，苗文胜，伍小兰. 老年人人体尺寸测量数据应用报告 [J]. 住区，2016, (3): 107-112.

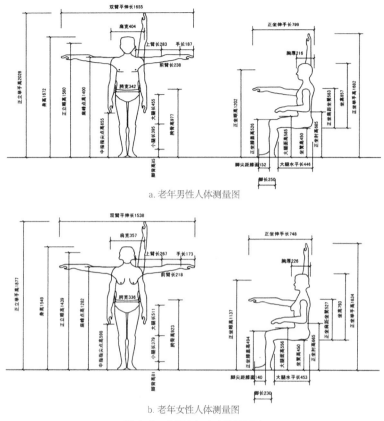

a. 老年男性人体测量图

b. 老年女性人体测量图

图 4-5 中国老年人人体测量图

量工作的时间跨度较大，样本容量较为有限，样本采集的地域也有所差异，但汇总多次测量结果显示，我国老年人的身体尺寸存在较为显著的男女性别差异。

笔者对以往历次测量中的主要身体尺寸数据进行了统计汇总（表4-2），计算了男女在同一指标上的差异值的平均值，其结果如图4-6所示。指标差异幅度较大者（大于100mm）主要集中在与高度相关的身体尺寸上，其中男女老年人身高的差异值超过11cm，其他高度指标如立姿举手高（差异约16cm）、立姿眼高（差异约11cm）和肩峰高度（差异约11cm），坐姿眼高也有将近7cm的差异。水平指标上，双臂平伸长的男女差异最大，超过11cm。上肢前伸长有超过6cm的差异。值得指出的是，一些差异幅度较小的指标，如手长（差异约1.3cm），同样也值得注意。虽然与其他指标相比，差异的绝对数值不高，但这一差异达到了男女手长指标的7%左右。在特定的设计场景中，如扶手等抓握设施的管径设计上，仍然值得考虑。

男性和女性老年人身体测量数据汇总（单位：mm）　　表 4-2

(a)

人体部位	身高		坐高		立姿举手高		立姿眼高		立姿肩高		坐姿举手高		肩宽		肩峰至头顶		肩峰高度	
数据来源	男性	女性	男性	女性	男性	女性	男性	女性	男性	女性	男性	女性	男性	女性	男性	女性	男性	女性
胡仁禄等（1995）	1623	1516	858	810	—	—	1504	1403	1148	1079	—	—	403	386	288	279	1340	1242
胡海滔等（2006）	1659	1527	881	808	—	—	1548	1420	772	698	—	—	330	286	—	—	1379	1264
周燕珉等（2004）	1672	1549	857	793	2028	1877	1560	1439	1202	1137	1682	1634	404	357	—	—	1400	1282
余漾等（2016）	1630	1530	925.8	892.2	2061	1884	—	—	—	—	—	—	—	—	—	—	—	—

(b)

人体部位	椅面至肩峰		后手臂长度		前手臂长度		上肢前伸长		手长度		双臂平伸长		坐姿肘高		指尖至地面		腰节点高	
数据来源	男性	女性	男性	女性	男性	女性	男性	女性	男性	女性	男性	女性	男性	女性	男性	女性	男性	女性
胡仁禄等（1995）	570	531	301	285	231	214	—	—	188	174	1639	1530	—	—	638	602	—	—
胡海滔等（2006）	601	552	—	—	—	—	—	—	179	168	—	—	254	226	630	578	999	933
周燕珉等（2004）	583	527	283	267	236	218	799	748	187	173	1655	1538	235	215	655	598	977	923
余漾等（2016）	—	—	—	—	—	—	832.6	769.2	—	—	—	—	—	—	—	—	—	—

(c)

人体部位	坐姿臀宽		会阴高		肚脐高度		大腿长度		小腿长度		坐姿膝高		大腿水平长	
数据来源	男性	女性	男性	女性	男性	女性	男性	女性	男性	女性	男性	女性	男性	女性
胡仁禄等（1995）	—	—	—	—	955	899	398	368	381	359	—	—	433	413
胡海滔等（2006）	364	368	721	681	—	—	—	—	404	360	482	457	—	—
周燕珉等（2004）	—	—	—	—	—	—	455	511	395	379	526	494	446	453
余漾等（2016）	—	—	702.4	676.2	—	—	—	—	—	—	—	—	—	—

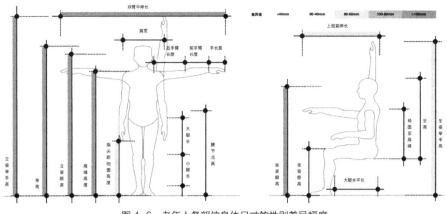

图 4-6 老年人各部位身体尺寸的性别差异幅度

基于静态身体结构尺寸的测量结果，特别是身高和臂长的数据，可以推测男女老年人在动态功能尺寸上也应存在一定的差异。遗憾的是，目前国内尚无学者对老年人身体的动态功能尺寸进行测量研究。仅有周燕珉教授等基于静态尺寸绘制了老年人在不同居住空间内各种身体姿势下的大致人体尺度，但该研究并未分析和呈现男女老年人日常活动人体尺度的性别差异。在现有老年人人体尺寸测量数据的基础上，笔者依据立姿肩高、坐姿肩高、身高、肩宽和臂长等静态结构尺寸数据，推算了立姿、坐姿和卧姿状态下，男女老年人大致的上身及手臂活动范围（也称准动态人体尺寸）（图 4-7 ~ 图 4-9），并结合日常生活场景与常见的家具尺度进行了对照研究。

立姿或坐姿状态下上身及手臂的活动范围主要影响站立状态下对高处物体的抓取和操作，涉及与高度相关的空间和家具设计，一般情况下需要满足 100% 的使用者，因此以女性老年人为参照标准进行研究。以常见的进深为 0.4m 的吊柜为例，女性老年人直立状态下的最大摸高为 1.9m 左右。需要注意的是，其视高仅为 1.4m，因此 1.4 ~ 1.9m 之间存在视觉盲区。若吊柜下方存在进深为 0.6m 左右的炉灶（常见厨房的橱柜组合），女性老年人的最大摸高将降至 1.85m 左右。相似的使用场景包括卧室衣柜和浴室置物架等家具物品的抓取，不合理的高度设计会增加老年人使用过程中的风险隐患（图 4-10）。

坐姿状态下的指标主要影响使用轮椅的老年人的上肢活动范围（图 4-11）。以进深为 0.6m 的炉灶台为例，若操作台下空间轮椅可进入，女性老年人的最

图 4-7　立姿男性和女性老年人动态身体尺寸

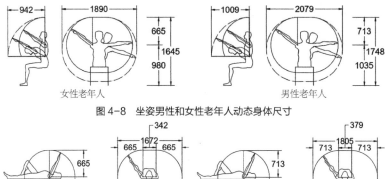

图 4-8　坐姿男性和女性老年人动态身体尺寸

图 4-9　卧姿男性和女性老年人动态身体尺寸

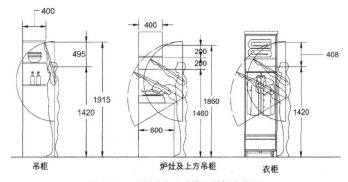

图 4-10　女性老年人立姿下的操作范围

大摸高约为 1.6m，手臂的最大前向操作范围大约为 0.5m，宜将厨具等工具挂置在轮椅的侧面 1.6m 以下的空间内，不宜挂置于炉灶台后面的墙壁，手臂几乎无法触及。对于轮椅不可进入下方的操作台而言，老年人的可操作空间将十分有限。就衣柜而言，由于轮椅无法进入，正向可抓取操作的空间十分有限，侧向的最大抓取高度约 1.6m，合理的抓取高度宜设置在 1.4m 以下。相比较而言，抽屉式的衣橱更方便使用轮椅的老年人操作，但当抽屉高度位于腰部以

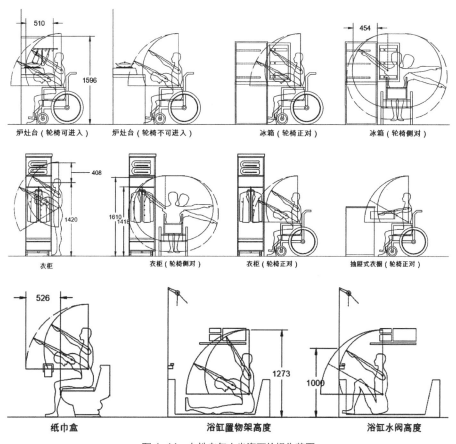

图 4-11　女性老年人坐姿下的操作范围

下时，取用物品仍较为困难。此外，坐姿高度也会影响浴缸周边的空间设置。坐姿沐浴状态下女性老年人的最大摸高为 1.2m 左右，置物架或置物空间的设置应低于这一高度。同时为方便坐姿状态下老年人的使用，浴缸水阀等应设置于 1m 以下的空间内，否则老年人需站立才能完成操作。相似的，浴缸和坐便器周边扶手等辅助设施的设计也应考虑老年人坐姿状态下的身体活动空间。

　　卧姿状态下的身体活动范围主要影响床周边空间的设置，如紧急呼叫器。以老年女性为例，躺卧状态下手臂可触及背后墙面的高度约为床面以上 0.56m 的范围。若躺卧于床面一侧，手臂可触及的侧边空间约 0.54m。床边紧急呼叫器的安装应考虑老年人无法移动起身等紧急或特殊状态下仍可触及呼叫器（图 4-12）。

　　以上列举的部分与上肢活动范围相关的生活场景涉及的更多是室内空间布局的安全性方面。由于女性老年人的在高度和宽度方面的身体尺寸小于男性，

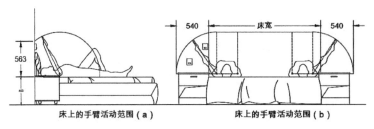

图 4-12 女性老年人卧姿下的操作范围

因此这些活动场景多以女性老年人的身体指标为参照，若能满足女性老年人的使用要求，男性老年人的使用也将具备安全保障。应当指出的是，除安全性指标外，舒适性指标同样值得关注。一些常见家具的设计和布置的舒适性也需要将男性老年人的身体指标考虑在内，如操作台面的高度过低会引起腰部劳损；扶手和门把手的高度设计过低影响发力；椅面的高度过低会使压力集中于坐骨，久坐影响血液循环造成起身不便。涉及舒适性的家具和空间设计往往更加微妙和复杂，需要更加深入和细致的人体工学尺寸和设计分析。

4.2.4 人体工学的性别差异与老年人生活辅助设备

除一般性的家具部品外，对人体工学指标的性别差异的研究近年来已成为欧美发达国家智能化养老家居和相关辅助设备设计的重要基础。自 20 世纪 70 年代以来，社区居家的养老方式在发达国家日渐成为主流。居家养老虽然在多个方面有益于老年人的身心健康，但随着老年人年龄的上升，居家养老同时也存在较高的风险和成本。一方面老年人，特别是独居老年人一旦在家中发生跌倒或身体不适等突发事件，很难得到及时有效的救助。另一方面，随着居家老年人年龄的增长和健康状况的下降，家务、健康和疾病照护等各类上门服务的次数和强度也相应增加，造成了人工照护成本的增加。发达国家如荷兰和丹麦在推进养老服务向社区居家转移的过程中，都相应地开展了老年人住宅的适老化改造工作，以降低居家风险和服务成本。近年来，随着人口老龄化在发达国家的不断深入发展，养老服务问题愈发突出，老年人的照护需求给社会福利体系、保险体系和照护人力资源都带来了很大的压力。在这样的情况下，相关的老年人生活辅助设备受到了政府、企业和科研机构的重视。特别是在居家养老的情况下，应用生活辅助设备对家庭空间进行适老化改造，能够部分替代或节约人工照护,并延长老年人的独立生活期。

和一般性家具部品相比,老年人生活辅助设备的设计对精细化程度的要求更高,因而基于性别差异的老年人人体资料收集和分析成为辅助设备设计的关键基础。其中生理性别(Sex)和社会性别(Gender)的差异会对生活辅助设备的设计产生不同的影响(图4-13)。生理性别对应于老年人的物理需求差异,如男女老年人在身体尺寸、肌肉骨骼状态、力量状态、视知觉等方面;而社会性别则对应于老年人的社会需求差异,如认知和行为模式、经济状况、家庭结构等差异。对老年人社会需求的性别差异的关注会影响到生活辅助设备的开发思路和市场响应,因为不同收入、家庭结构和社会阶层的男性和女性老年人的生活模式有较大的差别,他们对生活辅助设备的类型和接受度也不同。

图4-13　老年人性别差异与生活辅助设备的开发

以跌倒探测设备为例,跌倒受伤已经成为威胁老年人生命安全的最主要问题之一,跌倒探测设备是众多老年人生活辅助设备中最受欢迎和需求量最高的设备。相关研究显示,老年人跌倒探测设备的开发与性别问题有千丝万缕的联系。首先,意外跌倒事故对独居老年人的威胁最大,因为与配偶或家人共同居住的老年人在跌倒后可以及时向他人呼救,而独居老人则不具备这一条件。在全世界范围内,由于预期寿命长度的性别差异,独居老年人群体中女性占绝对多数。以美国为例,65岁以上的女性老年人中76%处于独居状态。其次,由于进入老年期后骨质老化机制的性别差异,女性老年人患关节炎等骨骼类疾病的比例远高于男性,因而女性老年人的跌倒频率和在跌倒事故中的受伤频率均高于男性[1,2]。美国每月因意外跌倒而呼叫紧急上门服务

---

1 Wolfson L, Whipple R, Derby C. A, Amerman P, Nashner L. Gender differences in the balance of healthy elderly as demonstrated by dynamic posturography[J]. Journal of Gerontology, 1994, 49 (4): M160-M167.
2 Stevens J. A, Sogolow E. D. Gender differences for non-fatal unintentional fall related injuries among older adults[J]. Injury prevention, 2005, 11 (2): 115-119.

的人数高达 22 560 人次，其中 71% 为女性老年人，且女性老年人的骨折发生率是男性的 2.2 倍。

即便企业和用户都意识到了跌倒探测设备对老年人的重要意义，但一直以来相关设备的市场反应并不理想。其主要原因就在于这些设备通常具有一定的体积，并不方便老年人携带，因而老年人无法形成日常的习惯性使用。近年来，开发者开始将注意力转向智能手机，通过开发智能手机应用程序的相关算法调用硬件传感器数据以实现对跌倒事故的探测。这一看似可行的方案在实施过程中也遇到了问题。2016 年的国际智能数据工程与自动学习会议（Conference on Intelligent Data Engineering and Automated Learning）上就有开发人员指出，由于女性服装在设计上通常缺乏足够实用的口袋（女性服装上的口袋通常强调装饰性，或者根本没有口袋），多数女性（包括老年女性）习惯于将手机放置在手提包内，而非贴身携带。由于现有智能手机应用程序中的跌倒检测算法通过贴近身体的手机内置加速度传感器数据进行机器学习，因此当手机长时间远离身体躯干时，应用程序中的机器学习算法的效力将大打折扣，造成其对跌倒事故的识别率大大降低[1]。这样一来并不能保证女性老年人在跌倒后手机顺利识别并发出预警。相关研究者已经认识到女性老年人跌倒事故发生的方式、跌倒发生的原因和跌倒发生的地点都与男性有所差异[2]，只有通过对以上问题的性别差异机制进行全面的分析和数据采集，才能确保智能辅助设备在老年人的生活中发挥出应有的作用。

除了跌倒探测设备，利用虚拟现实技术（VR）针对老年人的视觉辅助类设备近年来也吸引了很多的关注。VR 设备在老年人生活中的主要应用场景之一是为那些移动能力受到限制的人提供虚拟的活动和社交体验，例如帮助失能或残障的独居老人与不在身边的亲人和朋友进行交流沟通、帮助治疗抑郁症等老年人心理问题或为老年人提供新的娱乐途径。利用虚拟现实技术通过视觉辅助模拟各类场景体验也被认为可以在一定程度上延缓阿尔茨海默症的发病时

---

[1] Yin H, Gao Y, Li B, Zhang D, Yang M, Li Y, Klawonn F, Tallón-Ballesteros A. J. Intelligent Data Engineering and Automated Learning - IDEAL 2016: 17th International Conference, Yangzhou, China, October 12 - 14, 2016, Proceedings[M]. Springer, 2016.

[2] Chang V. C, Do M. T. Risk factors for falls among seniors: implications of gender[J]. American journal of epidemiology, 2015, 181 (7): 521-531.

间。总的来说,虚拟现实技术未来在提升老年人生活品质方面具有广泛的应用前景。

近年来随着 VR 技术的普及和应用,其中的性别差异问题也愈发凸显出来。总的来说,目前 VR 技术和相关行业是一个"男性化"的领域。世界上的绝大多数 VR 创业公司是由男性创立的,绝大多数的 VR 开发人员也是男性[1]。在这样的情况下,市场上现有的 VR 应用产品,尤其以游戏为代表,几乎完全为男性的偏好所打造。虽然一些企业和开发人员已经注意到了这一问题,开始着手开发适应女性偏好的产品,但当他们将产品推向女性消费者后,发现了一个更为严峻的问题——3D 眩晕症。大量科学研究已经发现,女性的 3D 眩晕症发生率远远高于男性[2]。这一发现也解释了为何市面上流行的 3D 电脑游戏的消费者群体中女性数量极低。关于女性比男性更容易出现 3D 眩晕症的原因,科学界目前仍然没有定论。来自微软的一位研究人员提供了一种可能的解释,认为这是由于男性和女性对空间深度进行感知的偏好机制有所不同[3]。人类的眼睛和大脑相配合,主要通过两类环境线索来感知空间深度,即运动视差(motion parallax)和阴影形状(shape-from-shading)。运动视差指的是人在移动的过程中观察周边物体,周边物体因与人体距离的不同而显现出不同的相对速度。例如坐在疾驶的汽车上观看城市,近处的建筑物快速后移,而远处的背景建筑物则缓慢后移,距离越远,移动速度越慢。人脑据此感知空间深度。阴影形状是指当人的头部转动时,眼睛中呈现的前方静止物体的阴影形状会发生细微变化,物体与观察者的距离不同时阴影变化的幅度也不同,人眼可以捕捉到这种微妙的变化并反馈给人脑以判断空间深度。研究人员指出,目前的 3D VR 设备在运动视差的渲染方面表现出色,

---

1 Ehrenkranz M. Yes, Virtual Reality Has a Sexual Harassment Problem. What Can We Do to Stop It?[J/OL]. 2016-05-06. https://www.mic.com/articles/142579/virtual-reality-has-a-sexual-harassment-problem-what-can-we-do-to-stop-it

2 Volpicelll G. Posture could explain why women get more VR sickness than men[J/OL]. 2016-12-09. https://www.newscientist.com/article/2115648-posture-could-explain-why-women-get-more-vr-sickness-than-men/#:~:text=%E2%80%9CWomen%20tend%20to%20be%20smaller,stimulus%20will%-20lead%20to%20instability.%E2%80%9D.

3 Boyd D. Is the Oculus Rift sexist?[J/OL]. 2014-03-28. https://qz.com/192874/is-the-oculus-rift-designed-to-be-sexist/.

但在阴影形状的模拟方面却表现得十分糟糕。值得注意的是，科学研究发现男性在空间深度的感知方面非常依赖运动视差，而女性则更加依赖阴影形状来判断空间深度。这使得目前的 VR 设备对女性十分不友好。造成这一现象的原因是多方面的，其中最显而易见的是，VR 设备的开发和测试过程中非常缺乏女性的参与。开发人员以男性为主，设备测试通常在开发团队内部进行，受测群体也几乎全部为男性。这就使得设备的机制缺陷和由此导致的 3D 眩晕问题在开发设计阶段被掩盖了。

如果视觉辅助设备的开发和设计人员不能有效收集人体空间感知机能的性别差异信息，其产品的设计缺陷将给使用者带来更多的问题而非益处，对老年人群体而言这一点尤其重要。一方面老年人的知觉系统比成年人更加迟钝和脆弱，另一方面老年人群体的需求和人体机能信息更加容易被人忽视。未来的老年人视觉辅助设备开发和设计人员必须广泛深入了解性别差异的机制和表征，才能使设备真正改善老年人的生活质量。

国外针对性别差异视角的人体工学产品提出了一套"整合性别方法的工业创新设计流程"（图 4-14）。整合性别方法的工业创新设计流程通过评估既有的设计实践、构建设计团队、分析用户和市场、采集用户（使用）信息、针对结果进行再评估和规划几大流程对产品进行负反馈式更新与迭代。

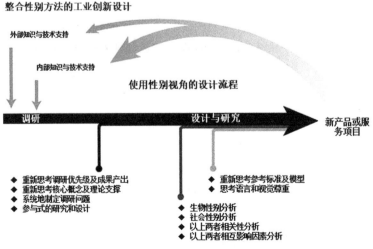

图 4-14　整合性别方法的工业设计流程

4.3 老年人社区户外环境感知与时空行为的性别差异

4.3.1 调查内容

本书的调查内容为老年人对社区户外空间环境要素感知以及时空行为特征的性别差异。对老旧社区适老化建成环境的调查研究主要关注社区的户外空间。一方面老旧社区建设年代较早，建设标准较低，且建成环境老化严重，不但无法满足老年人的使用需求，甚至出现了很多安全隐患，其户外环境面临着较为迫切的改造需求。另一方面不同社区室内空间户型差别较大，且入户调研对人力物力存在较高的要求。因此选择户外空间作为研究对象。户外空间含义相对较为模糊，现有研究中，学者对其空间类型的划分较为多样，如张纯等（2007）[1]将其分为社区内和社区外，张京渤（2006）[2]按将其分为自家门口、楼道口、宅间空地、路边、居委会附近等，郑春霞（2007）[3]分为居住区附近、工作单位附近和离居住区较远的其他地点，周彦真（2014）[4]划分为广场空间、道路空间、公共绿地空间、健身活动场地和其他户外空间。

在参考既有研究的基础上，考虑到老年人的活动特征和社区的空间形态，本书将户外空间分为邻里空间、街道空间和城市开放空间三种类型。邻里空间指居住小区内的户外空间，包括楼间空间和局部的小广场等；街道空间指社区及周边的街道空间，考虑老年人的日常活动范围通常并不局限于社区的行政边界以内，因此将社区周边的街道空间也包含在评价范围以内；城市开放空间是指除居住小区内的开放空间外，城市或社区公共的公园绿地和广场。由于并不是每个社区都布局有公园绿地或广场，因此将社区周边的公园绿地和广场也包含在评价范围以内。

户外环境要素的感知与评价是性别空间实证研究的常用方法，要素的划分

---

1 张纯，柴彦威，李昌霞．北京城市老年人的日常活动路径及其时空特征 [J]．地域研究与开发，2007, (4): 116–120.
2 张京渤．老年人社区户外空间适应性研究 [D]．北京：北京林业大学，2006．
3 郑春霞，陶伟．高校女性教职工日常休闲行为探析——以广州高校为例 [J]．人文地理，2007, 22 (3): 65–68.
4 周彦真，申晓辉．基于性别差异角度的居住区户外活动空间研究——以厦门地区为例 [J]．华中建筑，2014, (3): 36–39.

根据研究对象的不同各有侧重，如刘合林和沈清（2008）[1]在对广场空间的研究中将环境要素划分为广场形体、外部空间组织、内部空间组织、建（构）筑物、生态与环境、文化内涵、维护与管理7大类和若干小类；李佳芯和王云才（2011）[2]将风景园林设计要素分为安全性要素、感性化要素、舒适性要素和标识性要素；罗长海和杜思赟（2010）[3]将校园户外空间要素分为空间的基本形态、空间的层次、空间围合感、空间安全感和景观小品设置。总而言之，通常包含物质环境、历史文化、美学特征和管理维护等方面。

预调研发现老年人对历史文化和美学设计等要素的理解能力和关注度较低，对其评价较为困难，因此，结合老年人的日常生活需求，将户外空间环境要素分为尺度感、安全感、宜用性和舒适性五大类。本书将空间环境要素划分为五大类，分别为尺度感、可达性、安全感、宜用性和舒适性，每大类中又包含若干小类。其中尺度感关注老年人对邻里楼间空间、街道步行空间和开放空间中场地大小的评价；可达性关注老年人对到达社区中各类服务设施以及开放空间的便捷程度的评价；安全感关注老年人对步行安全、社区门禁、夜间照明等要素的感知评价；宜用性关注特定空间对老年人来说是否好用，具体来说包含停车占用状况、桌椅设施状况和公共卫生间的配置；舒适性关注空间老年人对空间中的绿化状况、卫生保洁状况、日照状况以及空间氛围的评价（表4-3）。

社区户外空间环境要素的分类　　　　表4-3

空间	尺度感	可达性	安全性	宜用性	舒适性
邻里空间	场地大小	便捷程度	行走安全	停车占用	绿化状况
			门禁系统		空间氛围
			夜间照明		卫生保洁
街道空间	街道宽度	医疗设施	行走安全	桌椅设施	绿化状况
	人行道宽度	菜场超市	夜间照明	停车占用	卫生保洁
		活动室	道路车流		日照条件
			总体安全感		可识别性
开放空间	场地大小	便捷程度	行走安全	桌椅设施	绿化状况
			夜间照明	公共厕所	卫生保洁
			总体安全感		空间氛围

---

1 刘合林，沈清. 两性对城市广场设计要素的关注差异研究——基于女性主义视角[J]. 人文地理，2008，(4): 12–16, 50.
2 李佳芯，王云才. 基于女性视角下的风景园林空间分析[J]. 中国园林，2011，27 (6): 38–44.
3 罗长海，杜思赟. 高校户外活动场所规划中的女性主义视角[J]. 2010，26 (4): 37–41.

老年人的户外空间行为主要指老年人发生在户外空间中的各类类型的生活行为，学者一般关注其类型、空间和时间特征。参照陆伟等（2015）[1]、许晓霞和柴彦威（2012）[2]等的研究，将活动类型细分为体育健康类、家务生活类、文化娱乐类、休闲交往类四种类型，其中体育健康类活动包含日常的散步、广场舞、健身操、外出骑行、体育活动（球类、游泳等）等；家务生活类活动包含接送和看护儿童、买菜购物、外出就餐、事务办理（退休金、水电费等）等；文化娱乐类包括打牌下棋、参加兴趣社团和参加老年大学等；休闲交往类包含日常性的陪伴聊天和访问亲友等。

需要指出的是，由于就医行为在本次所调查的老年人中发生频率较低，仅有7名老年人记录有外出就医的活动，因此本次研究中将就医行为排除在外。对老年人时空行为特征的性别差异研究关注男女性老年人一日的外出活动类型、活动的时间结构特征和空间结构特征的差异性。将活动类型细分为体育健康类、家务生活类、文化娱乐类、休闲交往类四种类型，时间结构特征关注户外活动在一天中的时间段分布、单次户外活动的持续时间和一日户外活动的时间总量；空间结构特征关注户外活动目的地的空间分布。

4.3.2 调查对象

（1）目标社区的选择

本书共选择南京市主城区范围内6个街道下辖的24个社区开展调研工作，分别为南苑街道的虹苑社区、怡康社区、兴达社区和吉庆社区；莫愁湖街道的文体社区、茶亭社区、沿河社区和蓓蕾社区；夫子庙街道的东水关社区、门东社区、莲子营社区和乌衣巷社区；玄武门街道的大树根社区、百子亭社区、高楼门社区和天山路社区；锁金村街道的锁一社区、锁二社区、锁三社区和锁四社区；玄武湖街道的东方村社区、板仓社区、蒋王庙社区和花园路社区（图4-15）。

目标社区的选择基于以下标准：第一，城市老旧社区。相较于新建居住小区，老旧社区因其建成环境与老年人的使用需求之间的矛盾较新建小区更为突

---

1 陆伟，周博，安丽，王新艳. 居住区老年人日常出行行为基本特征研究 [J]. 建筑学报, 2015, (s1):176–179.
2 许晓霞，柴彦威. 北京居民日常休闲行为的性别差异 [J]. 人文地理, 2012, (1): 22–28.

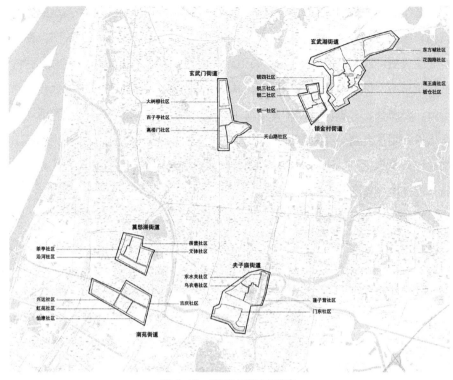

图 4-15 调研社区的空间分布

出，存在较大的改造需求。此外，老旧社区的人口老龄化程度也往往较高，老年人成为社区的主要使用人群。第二，建设年代的差异性。建设年代的差异性能够代表住区形态和设施配置的差异性，建设年代较早的社区往往建成环境老化严重，公共设施配置状况较差，建筑密度也较高。总的来说本研究所选社区在建设年代上分为三个时期：南苑街道和玄武湖街道的社区建设年代最晚，修建于 2000 年前后；莫愁湖、锁金村和玄武门街道的社区建设年代最早，修建于 1985 年前后；夫子庙街道居中，修建于 1990 年前后。第三，区位因素。此处的区位因素主要强调社区与城市公园绿地的区位关系。已有研究显示公园绿地对老年人的日常出行和休闲活动有影响[1]，因此，本研究所选对象既有临近公园绿地的社区，如玄武门街道、锁金村街道、夫子庙街道和莫愁湖街道，也有远离公园绿地的如南苑街道和玄武湖街道，以此形成对照研究。

---

1 Feng, J. 2017. The influence of built environment on travel behavior of the elderly in urban China. *Transportation Research Part D: Transport and Environment.*

（2）目标人群的选择

本书研究的目标人群为社区中 60 岁以上的男性和女性老年人，我们在每个社区的户外空间中随机选择 40 名老年人进行访谈。需要指出的是，一方面由于在户外空间中活动的老人多为低龄老年人，另一方面由于高龄老人健康状况较差，理解力下降，完成问卷访谈的难度较大，因此，本次调查的受访老年人在年龄分布上呈现出一定的倾向性，以低龄老人居多。受访老年人的社会人口特征如表 4-4 所示。

调查对象老年人的社会人口特征　　　　表 4-4

性别	数量（%）	年龄	数量（%）	学历	数量（%）	居住状况	数量（%）
男	412（51%）	60-65	171（21%）	文盲	83（11%）	独居	83（11%）
女	390（49%）	66-70	182（22%）	小学	174（22%）	和配偶居住	393（49%）
		71-75	191（24%）	初中	262（34%）	和子女居住	280（35%）
		76-80	147（18%）	高中	161（21%）	和保姆居住	19（3%）
		81-85	87（11%）	大专及以上	96（12%）	其他	17（2%）
		86-90	25（3%）				
		大于90	8（1%）				

4.3.3 调查方法

本调研主要数据的采集均通过与老年人访谈的方式进行。其中老年人的户外环境要素感知数据通过语义差异量表打分的方式获取。针对每个子要素设置一个问题，问题的答案包含 1、2、3、4、5 五个数量级，其中数字 1 代表负面评价，5 代表正面评价，3 代表中性评级，2 和 4 介于二者之间。时空行为数据的采集采用行为注记图的方式。考虑到老年人无法清晰记忆受访前一周内的出行活动状况，因此本调研只记录老年人受访前一日的出行活动状况，注记图中标注老年人活动的地点、目的、时间以及大致的路径。问卷回收后将以上信息分别录入 EXCEL 和 GIS 进行数据统计。调研在 24 个社区共发出 960 份问卷，回收有效问卷 802 份，回收率为 83.5%。

4.3.4 老年人户外环境感知的性别差异

要素评价的数据统计以同一个街道内的四个调研社区为一个单位进行，主要基于以下两方面考虑：首先，由于社区间建成环境状况存在差异，若将 24 个社区的样本汇总统计的话，各社区间要素评价的差异状况会互相"抵消"，差异表征不明显；其次，若以社区为单位分别统计的话，则存在每个社区内调研样本数量偏少的情况（平均每个社区 33 份有效问卷）。考虑到每个街道内的 4 个社区间建成环境差异较小，且样本量更大，因此选择 4 个社区作为一个社区群进行要素感知数据的统计。

（1）邻里空间感知的性别差异

图 4-16 所示为邻里空间环境感知的性别差异统计结果。由图可知，对场地尺度感（场地大小）的评价各个社区群内的男女差异均不明显，而可达性评价中女性老年人的满意度普遍低于男性。由于锁金村街道和玄武门街道的建筑密度较高，楼间空间较为狭小，因此这两个社区群老年人对场地尺度的评价为负面（平均值小于 3），而其他社区群老年人对场地尺度的评价均为正面（大于 3），即总体上满意；对于"可达性"的评价，即上下楼是否方便这一问题，显现出了较为明显的性别差异，表现为各社区群女性老年人的评价普遍低于男性老年人，6 个社区群中男性老年人对此问题的评价全部为正面，而玄武门、夫子庙和锁金村街道的女性老年人甚至给出了负面评价。推测这与男女老年人的出行状况有关。既有研究表明，相较于男性老年人，女性老年人除了自身休闲娱乐外，还要承担更多的家务活动，因此日常出行频率较男性老年人高。这样一来，女性老年人每日上下楼的次数也多于男性，因此对于她们来说上下楼梯的问题更为突出。

就安全性要素而言，性别差异主要表现在小区门禁和夜间照明问题上。对于小区门禁问题，除南苑街道差异不大外，其余社区群中女性评价均低于男性。说明女性老年人更希望社区加强门禁管理。对于同属安全性问题的夜间照明问题，男性老年人的评价反倒低于女性，这与一般常识相悖，多数研究也表明女性应当对夜间的照明和安全问题更敏感[1~3]。实际情况是，相比于女性老年人，

---

1 Ward R. A, Others A. Fear of Crime and the Elderly: Personal, Social, and Environmental Factors[J]. Behavior Patterns, 1984, 30.
2 Lagrange R. L, Ferraro K. F. ASSESSING AGE AND GENDER DIFFERENCES IN PERCEIVED RISK AND FEAR OF CRIME[J]. Criminology, 2010, 27 (4): 697-720.
3 Ortega S. T, Myles J. L. RACE AND GENDER EFFECTS ON FEAR OF CRIME: AN INTERACTIVE MODEL WITH AGE[J]. Ibid.1987, 25 (1): 133-152.

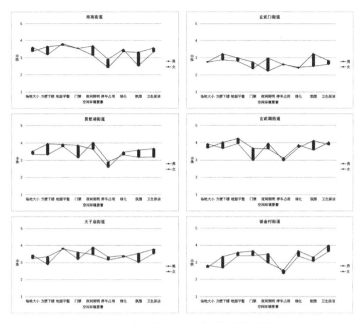

图 4-16 邻里空间环境要素感知的性别差异

男性老年人在傍晚和夜间的出行活动更多（该问题在下文有所论述），因此邻里空间夜间照明不足的问题对男性老年人影响更大。可以推测，由于女性老年人担心安全问题，夜间出行较少，因此对该问题的认识不够充分。在邻里空间的停车占用问题上，各社区群的男女老年人没有表现出明显的差异趋势。

对于空间的舒适性而言，性别差异主要表现在空间氛围上。其中绿化状况的满意度评价差异不大，且各社区评价均为正面。唯有玄武门社区由于建筑密度较大，小区绿化较为缺乏，男女性老年均给出了负面评价。空间氛围问题（嘈杂与安静）上男女老年人的差异较大。一方面表现为多数社区的女性老年人在该项目上的评分低于男性，另一方面表现为不同社区群的女性老年人对该问题的评价波动较大（评分从 2.52 到 4.12），而男性老年人在各社区间的评分均稳定在 3.5 左右。这说明相较于男性，女性对环境氛围，尤其是声音的感知更为敏感[1]。邻里空间环境的嘈杂对居家女性老年人的情绪以及睡眠都可能产生负面影响。对于环境卫生状况，各社区群的女性老年人评价也普遍低于男性。

---

[1] 刘芳芳,刘松茯,康健. 城市户外空间声环境评价中的性别差异研究——以英国谢菲尔德市为例 [J]. 建筑科学, 2012, (6): 50–56.

(2)街道空间感知的性别差异

街道空间中各类设施的可达性评价存在一定的差异。对于菜场超市类购物设施，除南苑街道外，其余社区群女性老年人的评价均低于男性老年人，且玄武湖和玄武门街道的女性老年人对菜场超市的可达性评价为负面（图4-17）。由于本次被调研女性老年人的年龄结构偏低，因此大部分人仍要承担相当部分的家务劳动，日常买菜购物是女性老年人最重要的出行活动，再加上女性老年人出行更多依靠步行或公交[1]，因此菜场超市这类购物设施的可达性能够显著影响女性老年人的生活质量。对于棋牌室等老年人活动室，因为通常结合社区中心在每个社区均有配置，且活动参与人群较为固定，因此本次调查中男女老年人并未对其可达性评价表现出明显的差异。就街道空间的尺度感而言，各社区群老年人未表现出明显的性别差异，除玄武门社区外，总体评价均为正面。

对于街道空间的总体安全感，各社区群女性老年人的评价均低于男性。但

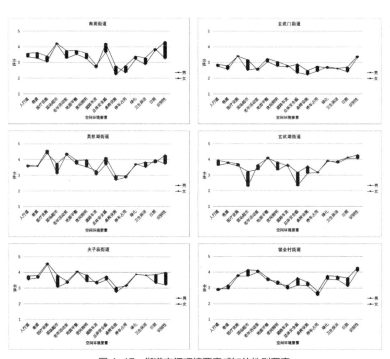

图4-17 街道空间环境要素感知的性别要素

---

1 张纯，柴彦威，李昌霞. 北京城市老年人的日常活动路径及其时空特征[J]. 地域研究与开发，2007, (4): 116-120.

总的来说，除玄武湖和玄武门街道外，其余街道男女性老年人的安全感评价均为正面，尤其是南苑街道和莫愁街道老年人街道安全评价均较高。猜测与两方面要素有关：一是人车分流状况。玄武门街道，特别是百子亭和天山路社区，由于建筑密度较高，很多路段几乎没有人行道，人车处于混行状态，这些也可以从老年人对人行道尺度的评价中得到印证，因而老年人，特别是女性老年人安全感较差。另一方面是街道界面和人流量，这两个要素本身也存在相关性。积极的沿街界面往往布满店铺，人流量也较大。由于位于主城区边缘，商业不发达，玄武湖街道的东方城、蒋王庙等社区的多个路段沿街极少分布商业店面，街上人流量稀少，使女性老年人感到不安全。百子亭和天山路社区部分路段的沿街界面为实体围墙，视线无法透过，使人感到压抑和不安全。相比较而言，安全感评价较高的南苑和莫愁湖街道，一方面人行道宽度足够，另一方面沿街商业店面较多。即便没有店铺的地方，也多用栏杆，而非以围墙来分隔小区和街道空间（图4-18、图4-19）。

就街道空间的宜用性而言，各社区群男女老年人表现出了较为普遍的差异，即女性老年人希望有更多的桌椅设施，男性老年人对此项的评价虽高于女性，但玄武湖、玄武门、夫子庙和锁金村街道的总体评分也不高。推测这与男女老年人休闲活动特征的差异有关，由于女性老年人需要从事家务劳动，因此其活动在持续时间上更短，更具有分散性和临时性。男性老人多前往公园、广场和棋牌室等特定的空间开展活动，而女性老年多在离家较近的街边进行一些临时性的聊天和休闲活动，以便于及时回家处理家务。因此女性老年人更希望能够在离家较近的街角空间设置桌椅设施以增强空间的宜用性。

就街道空间的舒适性而言，性别差异主要集中于空间的可识别性上。绿化、日照和卫生状况的男女感知差异不大，而空间的可识别性在南苑、莫愁湖和夫子庙街道中表现出了较为明显的差异，女性老年人对空间的可识别性评价低于男性。相反地，在玄武湖、玄武门和锁金村街道中差异不显著。通过分析社区的建成环境特征，发现女性老年人可识别性评价低的社区有一个共同点，即社区建筑和街道形态较为均质化。同一社区内的居住小区大多修建于同一历史时期，形态相似的楼房呈行列式均质分布，且街道多为正交网格。而玄武门、玄武湖和锁金村街道的各个社区的建筑修建年代各异，风格不一，给人的直观感觉较为杂乱。但这种杂乱却带来了一定的正面影响，即空间的异质性强，可

图 4-18 安全感评价较差的街道

图 4-19 安全感评价较好的街道

识别性强。由于女性的空间认知能力低于男性，且老年女性的认知能力下降更快，因此生活在空间均质化更强的居住小区的女性老年人更容易被迷路问题所困扰。

(3) 开放空间感知的性别差异

图 4-20 为各社区群老年人对社区及周边城市开放空间的各要素感知评价状况。就空间的尺度感而言，女性老年人的评价普遍低于男性，尤其是夫子庙和玄武门社区。从直观上来看，夫子庙街道的各个社区紧邻白鹭洲公园，而玄武门街道的各社区则距离玄武湖公园不远，两个社区群拥有充足的开放空间资源。而男女老年人评价均较高的南苑街道周边则没有任何城市公园绿地。进一

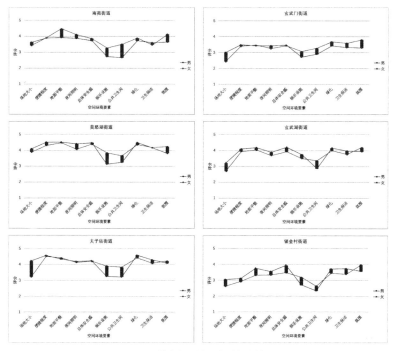

图 4-20 开放空间环境要素感知的性别差异

步分析，推测造成差异的原因在于广场资源。男女性老年人对开放空间的使用方式有所不同。男性偏好下棋、打牌或散步等小团体或个人活动，对空间尺度要求不高，公园是其理想活动场所。而女性老年多偏好广场舞和健身操等团体型活动，对空间尺度有一定的要求。南苑街道虽然不具有公园绿地资源，但虹苑和兴达两个社区均拥有面积较大的广场空间，且老年人使用率很高。相比较而言，夫子庙和玄武门街道虽紧邻城市公园，但广场空间显然不足，仅有的街角广场也多被绿化和景观小品分割成零碎的空间，显然不利于女性老人的团体活动需要。

就可达性而言，由于老年人前往开放空间多伴随着较为明确的休闲目的，因而对可达性的要求并不高，即便距离稍远，他们也将其视为一种散步和身体锻炼，因此，除锁金村街道外，各社区男女老年人对开放空间可达性的评价均较高。就安全性而言，各社区男女老年人对地面平整、夜间照明和总体安全感的评价并未表现出明显的差异特征，推测与老年人夜间前往公园广场等空间活动较少有关。

就开放空间的宜用性而言，多数社区男性老年人的评价低于女性。具体而言，男性老年人认为开放空间的桌椅娱乐设施不足。如前文所述，这应当与男女老年人空间使用行为的差异有关。另外也与停留时间有关，即男性老人大多在开放空间中停留时间较长，常常花费整个上午或下午在公园中下棋或打牌，因此较为需要桌椅设施。而女性由于受限于家务劳动，活动时间分散，停留时间较短，因此对桌椅娱乐设施需求度不高。此外，停留时间较长也使得男性老年人对公共厕所的需求度更高。就空间的舒适性而言，与邻里和街道空间类似，男女老年人对绿化状况和卫生保洁状况的评价无明显差异。值得指出的是，对空间氛围的评价差异与邻里空间正好相反，对于开放空间而言，女性老年人似乎更偏爱热闹的氛围。

4.3.5 老年人户外空间行为的性别差异

本节中老年人户外行为类型和时间的数据统计选择 24 个社区的所有受调查老年人进行统计，对比男性与女性的差异，而活动空间的数据统计仍以街道为单位进行对比分析。原因在于老年人的行为类型和时间特征具有较强的规律性，在各个社区间不存在明显差异，且其日常活动的时间特征受社区物质环境的影响较小，因此进行社区间的对比意义不大。而就活动空间来说，不同社区间物质空间条件的差异对于老年人活动空间的选择能够产生较为直接的影响，因此数据的统计需要以社区为单位展开。

（1）行为类型的性别差异

图 4-21 显示了男女老年人的户外活动类型分布。就体育健康类活动来说，散步对于男女老年人来说都是最常见的户外活动方式，而广场舞是典型的女性老年人"专属"活动，男性很少参加。健身操类活动由于多是个人或三五好友一起开展，所以尽管男女老人都有参加，但总体参与率不高。调研中发现，一部分男性老年人爱好骑自行车外出闲逛，而女性老年人则没有爱好骑行者，多依靠步行或公交出行。此外，球类、游泳等体育活动的男性老年人参与率也显著高于女性。就家务生活类活动而言，可以发现相当一部分男性老年人也承担了看护儿童和买菜购物这类家务活动，另外家庭事务办理也主要由男性完成。男性老年人外出就餐的比例高于女性。就文化娱乐类活动而言，女性老年人的参与程度较低。而休闲类活动，不论是陪伴聊天还是访问亲友，

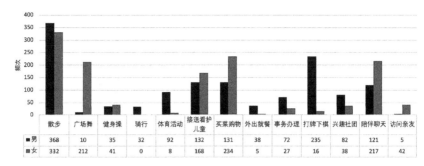

图 4-21 老年人户外活动类型的性别差异

女性老年人均高于男性，说明女性对特定的活动形式并无过多要求，喜欢与人交往。

（2）行为时间的性别差异

由于各个社区间老年人外出活动的时间规律比较相似，时间段选择差异不大，因此图 4-22 的老年人外出活动时段统计为所有社区老年人活动时段的汇总统计。其中横轴为一天中从 6 点到 22 点的各个时段，纵轴为每一时段中，有外出活动记录的男性或女性老年占该性别所有老年人的比例。从总体趋势上来说，男女老年人活动时间段有一定的相似性，即早间时段（8～9点）、午后时段（13～14点）和晚饭后时段（17～19点）为外出活动的高峰，而午间时段（11～14点），晚饭时段（16～17点）和夜间时段（21点以后）为外出活动的低谷期。

各时段内男女老年人的外出活动有所差异。首先是持续时间上的差异，表现为各主要外出时段中男性老年人的曲线较女性向右偏移。就早间和上午时段来说，6点到9点间男性老年人外出活动呈上升趋势，而女性老年人呈下降趋势。女性老年人出现时段早于男性，应当与"赶早市"前往菜场购买各类新鲜食物有关。完成购物活动后女性老年人大多返回家中准备午餐，因此 10 点以后外出活动的比例便已很低。而男性老年人上午时段的活动显然不受此影响，且持续到午饭时段。相似的特征在午后时段的外出活动规律上也有所反映。晚饭后时段的活动时间差异应当源自女性老年人对环境安全的担忧，因此，较早的结束外出活动返回家中，而部分男性老年人的活动则持续到 21 点左右，这也解释了上文提到男性老年人对社区的夜间照明问题较为关注，同时也可能是社区夜间照明的不佳造成了女性老年人对夜晚活动时

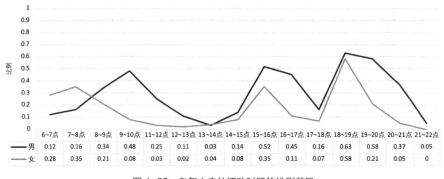

图 4-22　老年人户外活动时段的性别差异

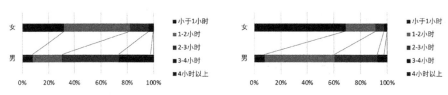

图 4-23　老年人户外活动时间总量（左）和单次户外活动持续时间（右）的性别差异

间的压缩。其次是活动时段峰值的差异，表现为上午和下午时段男性老年人的外出活动峰值均高于女性，而傍晚时段二者差异不大。这说明对于女性老年人来说，晚饭后时段由于结束了一天中的各种家务活动，是其最重要的户外活动时间。

图4-23（左）显示了男女老年人每日户外活动时间总量的对比，可以看出，女性老年人中每日户外活动时间为"小于1小时"和"1～2小时"者居多，占到超过80%；而男性对于男性老年人来说，除去"4小时以上者""小于1小时"的群体所占比例最小，"2～3小时"所占比例最多（43%），"1～2小时"（23%）和"3～4小时"（25%）所占比例较为接近。总的来说，男性老年人的户外活动时间总量多于女性老年人。图4-23（右）显示了男女老年单次外出的持续时间的对比，可以看出，每次外出时间在1个小时以内的女性老年人占到了绝大多数（69%）。而对于男性老年人来说，多数人的单次外出时间为1～2小时（53%）和2～3小时（32%）。这说明相较于男性老年人，女性老年人的户外活动有短促性、临时性的特征。

（3）行为空间的性别差异

图4-24展示了六个街道的社区群中男女老年人一日户外活动空间选择构

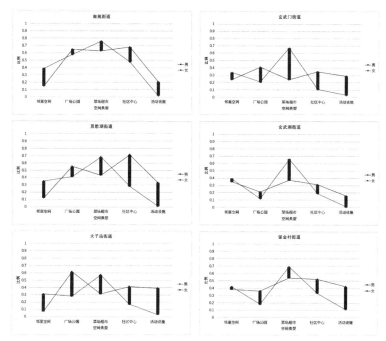

图 4-24 各社区老年人户外活动空间的性别差异

成的差异。根据行为注记图所标注的老年人外出活动记录，剔除一些统计量较小的空间类型，最终将目的地空间划分为邻里空间、广场公园、菜场超市、社区中心和活动设施五类，其中活动设施指棋牌室、老年大学等老年人公共活动空间。每一类空间在统计图中对应的数值为该街道选择该类空间作为户外活动目的地的老年人占该街道该性别老年人总数的百分比。

　　从户外活动空间选择的绝对值来看，各社区群的女性老年人选择邻里空间、菜场超市和活动设施的比例较为稳定，其中菜场超市比例最高（70% 左右），活动设施比例最低（10% 以下），选择在邻里空间活动的老年女性一般占到 40% 左右。这说明菜场超市仍是绝大多数女性老年人日常最常光顾的地点，而棋牌室等活动空间女性老年人则很少前往，邻里空间则是女性老年人最为普遍的日常休闲空间。这一方面反映了女性老年人仍需承担较多的家务活动，另一方面也说明女性老年人多从事低层次的休闲行为，其物质消费倾向比较突出，多停留在逛街和购物层面。

　　不同社区间女性老年人对广场公园空间的使用率有所波动。广场公园使用率较高的是南苑街道和莫愁湖街道，使用率分别为 41% 和 58%，而其余社区

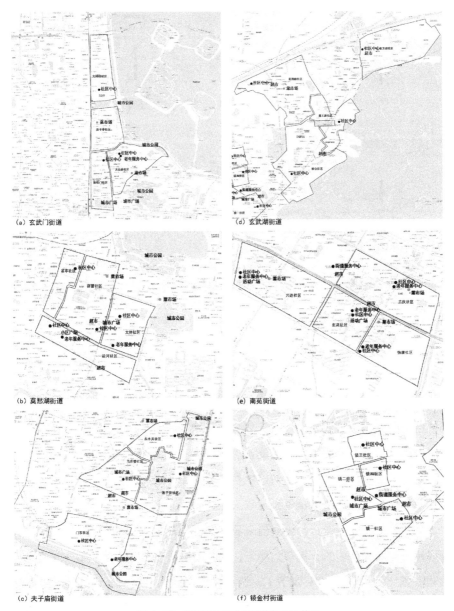

(a) 玄武门街道　　(d) 玄武湖街道
(b) 莫愁湖街道　　(e) 南苑街道
(c) 夫子庙街道　　(f) 锁金村街道

图 4-25　各社区主要公共设施的配置状况

女性老年人对该类空间使用率均在 20% 上下。通过比较各社区的建成环境特征，推测与社区中城市广场的配置有关（图 4-25）。南苑街道各社区虽不靠近城市公园，但虹苑、怡康和兴达社区均配置有社区广场，且这些广场的使用率极高。与之相似，莫愁湖街道的南湖中心广场、南湖公园前广场和沿河社区广场都有很高的使用率。相反地，夫子庙街道虽然分布有东水关、白鹭洲等公园，但广场空间较为缺乏。锁金村、玄武门和玄武湖街道都有相似的问题。这说明相较于公园，女性老年人更偏好广场空间。原因可能有以下几点：女性老年人白天有家务劳动负担，休闲时间不完整，多前往邻里空间简单活动。其相对完整的活动时间多出现在晚饭后的傍晚时分，一方面女性夜间前往公园会有安全上的担忧，另一方面广场舞等团体活动也对女性更有吸引力。因此相对于公园，广场空间对女性老年人的户外活动而言更有意义。

女性老年人对社区中心的使用在各社区间也有一定的波动，南苑街道最高（48%），莫愁湖和锁金村居中（30% 左右），玄武门、夫子庙和玄武湖较低（不到 20%）。推测与社区中心的设置方式有关，调研中得知老年人前往社区中心大多是出于办理各类日常事务的目的，也有部分参加社区活动和日常体检。在"男主外，女主内"的传统观念影响下，家庭日常事务多交由男性老年人负责，因此男性老年人前往社区中心的比例显著高于女性，但这也意味着女性老年人日常接触了解社区活动和各类公共事务、公共服务的机会少于男性。南苑街道的虹苑和兴达社区的社区中心均与社区广场结合在一起，由于女性爱好前往广场活动，因此广场与社区中心在空间上的毗邻关系也增加了该社区女性老年人对社区中心的使用，莫愁湖街道的沿河、蓓蕾和文体社区都有相似空间模式。相比较而言，其他社区的社区中心多孤立设置，在空间上缺乏与其他设施或活动空间的联系，因此，除非有家庭事务需要办理，女性老年人较少前往。

以女性老年人为参照，男性老年人对邻里空间的使用情况在各社区间波动较大。南苑、莫愁和夫子庙街道男性老年人对邻里空间的使用率（10% 左右）显著低于锁金、玄武门和玄武湖街道。通过考察各社区建成环境特征和行为注记图，推测与广场公园类空间的配置有关。男性老年人邻里空间使用率较低的南苑、莫愁湖和夫子庙街道均有较高的公园广场空间资源。而锁金村街道虽然毗邻玄武湖公园，但空间可达性较差，一方面面向社区一侧仅有一处公园出入口，另一方面公园与社区间有城市主干道龙蟠路相隔，且没有过街天桥，这就给老年人前往公园带来极大的不便。玄武门街道的社区也存在相似的可达性问题，而玄武湖街道则几乎没有广场和公园类开放空间资源。在这样的情况下男性老年人对邻里空间的使用率便显著提高了。因此如果可能的话，男性老年人似乎更喜欢离家稍微远一些的城市开放空间。

相比于女性，男性老年人对菜场、超市空间的使用也有所波动。所有社区的女性老年人对菜场超市的使用率几乎维持在相同的水平，而南苑和锁金村街道的男性老年人的使用率（50% 以上）则显著高于玄武门、玄武湖和夫子庙街道（30%）左右。表面上看这似乎与各社区菜场超市空间的物理可达性有关，因为南苑街道的虹苑、吉庆和兴达社区均配备有菜市场，而夫子庙、玄武门和玄武湖街道的菜市场较少，可达性较差，因此男性老年人的使用率较低。但通过与女性的对比，这更揭示了男女老年人对这类购物空间使用性质的差异。男性老年人更多地将其作为一种消遣行为，当逛菜市场不方便时，他们可以选择逛公园和其他活动场所。而对女性老年人来说，由于家庭职责的需要，为家庭成员购置日常物品在一定程度上属于必需性行为，因此不论购物场所是否方便她们都必须前往。

4.3.6 小结

本章通过对南京市 24 个老旧社区中老年人的问卷调查，初步揭示了男性和女性老年人对城市社区户外空间环境要素的评价感知以及户外生活行为的时空特征的差异性。

就社区户外空间环境要素的评价感知而言，虽然存在明显差异的要素数量（15 个）占到总要素数量（33 个）的 45%，但通过对差异统计图的观察可知，多数要素的男女差异属于"同侧差异"，即男女老年人对该要素的评价同时大于或小于中性值 3，即男女老年人对该要素的评价同时为正面或同时为负面，仅存在程度上的差异。男女评价位于中性值两侧的，即一方为正面，另一方为负面的要素较少。这说明作为社会化的人，男女老年人对环境的尺度感、安全感、可达性、宜用性和舒适性的感知上有较多的共同性和交叉性，较少存在绝对的分野。

但是，正因为性别差异的分化不明显，使得这一问题具有相当的隐蔽性，在常规性的使用后评价研究中难以被发现。此外，差异要素的分布较为分散，并不集中于某一大类，这也使得其差异难以集中显现。虽然根据某一性别需求进行的设计可以总体上满足两性老年的使用需求，但意欲实现精细化和人性化的设计和改造，深入考察各要素间细微的性别差异仍是必不可少的（表 4–5）。

老年人社区户外空间环境要素感知的性别差异特征　　　表 4-5

空间	要素		差异特征
邻里空间	尺度感	场地大小	男女无显著差异
	可达性	上下楼	女性老年人每日比男性上下楼频率高,对上下楼问题满意度比男性低
	安全性	行走安全	男女无显著差异
		小区门禁	女性老年人对小区门禁的满意度低于男性,更希望加强门禁管理
		夜间照明	更多的男性老年人认为邻里空间夜间照明存在问题
	宜用性	停车占用	女性老年人的评价低于男性
	舒适性	绿化状况	男女无显著差异
		空间氛围	女性老年人对空间嘈杂程度的评价高于男性 女性老年人的敏感程度高于男性
		卫生保洁	女性老年人的评价低于男性
街道空间	尺度感	街道宽度	男女无显著差异
		人行道宽度	男女无显著差异
	可达性	医疗设施	男女无显著差异
		菜场超市	女性老年人对距离的敏感程度高于男性
		活动室	男女无显著差异
	安全性	行走安全	男女无显著差异
		道路车流	男女无显著差异
		夜间照明	男女无显著差异
		总体安全感	女性老年人的总体安全感低于男性
	宜用性	停车占用	女性老年人的评价低于男性
		桌椅设施	女性老年人的评价低于男性,更希望增设桌椅设施
	舒适性	绿化状况	男女无显著差异,整体满意度较高
		日照状况	总体差别不大,存在社区间差异
		卫生保洁	男女无显著差异
		识别性	空间形态均质化的社区,女性老年人空间识别性评价低于男性
开放空间	尺度感	场地大小	女性老年人评价低于男性,对广场空间需求度更高
	可达性	便捷程度	男女无显著差异,存在社区间差异
	安全性	行走安全	男女无显著差异
		夜间照明	男女无显著差异
		总体安全感	男女无显著差异,总体评价较高
	宜用性	桌椅设施	相比于女性,男性对桌椅娱乐设施需求度更高
		卫生间	男性对公共卫生间需求度高于女性
	舒适性	绿化状况	男女无显著差异,总体评价较高
		空间氛围	女性老年人对空间嘈杂程度的评价低于男性,女性更偏爱氛围热闹的开放空间
		卫生保洁	男女无显著差异,总体评价较高

就男女老年人的时空行为而言，行为、空间和时间的性别差异在多个方面都多有表现。从户外活动的行为类型上看，女性老年人的生活内容比男性老年人单调，以家务劳动为核心的维护性和责任性活动比例较大，休闲活动的形式较为单一，偏向简单的交际和自我娱乐，对文化娱乐活动的参与状况也不如男性，休闲生活水平低于男性。从活动空间上来看，社区中心、专门的活动设施以及公园空间的使用者仍以男性老年人居多，女性老年人多局限于离家较近的邻里空间，对公共设施和公共服务的使用度较低，因此社区户外公共空间的性别分异明显。从时间上来看，女性老年人的外出时间较男性更为短促而破碎，这本身也极大地限制了女性老年人的休闲活动内容（表4-6）。

老年人社区户外时空行为的性别差异特征 表 4-6

	要素	差异特征
活动类型特征	体育健康类	女性老年人对广场舞的活动参与度远高于男性，几乎成为"女性专属"活动 男性老年人参与体育运动和骑行活动的比例远高于女性
	家务生活类	接送看护儿童和买菜购物等家务活动仍主要由女性老年人完成 事务办理类活动主要由男性老年人完成 男性老年人外出就餐比例高于女性
	文化娱乐类	男性老年人各项文化娱乐活动的参与度均高于女性
	休闲交往类	女性老年人休闲交往类活动的参与度高于男性，偏好陪伴聊天和走亲访友
时间特征	活动时间段	活动时段总体差异不大 上午、下午和晚上三个时段男性老年人的户外活动时间均高于女性 上午和下午时段的峰值男性高于女性，晚饭后时段差异不大，晚饭后时段是女性老年人的主要外出活动时间
	活动时间总量	男性老年人的一日外出活动时间总量高于女性老年人
	单次活动时长	男性老年人的单次外出活动时长高于女性 女性老年人的户外活动在时间上具有短促性和临时性的特征
空间特征	邻里空间	女性老年人的使用率高于男性 男性老年人的使用率在不同社区间差异较大；主要受社区周边是否有可达性较高的公园广场空间的影响
	广场公园	女性老年人的使用率低于男性 相较于公园女性老年人更偏好广场空间
	菜场超市	女性老年人的使用率高于男性，且各社区间差异较小 男性老年人的使用率受可达性影响较大，各社区间存在差异
	社区中心	女性老年人的使用率总体低于男性 社区中心与女性偏好的公共设施结合布置可提高女性老年人的使用率
	活动设施	男性老年人的使用率显著高于女性

4.4 老年人设施室内环境感知与功能需求的性别差异

4.4.1 调查内容

本章对老年人性别差异的研究关注室内空间。考虑到各个社区中老年人的家庭室内空间随户型变化较大，而养老设施的室内空间类型化特征较为明显，因此室内空间在此特指养老设施的室内空间，而非老年人的家庭室内空间，主要包含居室空间、交通空间、活动空间和功能配属空间等。

关于养老设施空间环境要素的划分，李佳婧和周燕珉（2016）[1]在研究中将设施室内的空间要素分为空间布局、家具细节、空间氛围和物理环境四个方面。考虑到入住养老设施的大多为高龄老人，其认知能力下降显著，对相对抽象的空间结构问题的认知存在一定难度，因此，本章在第四章户外空间环境要素分类的标准上，结合养老设施的空间环境特征，将要素划分为安全性、宜用性和舒适性三大类。其中安全性关注老年人对环境安全的整体感知，对日常安全隐患的发生形式的感知和存在安全隐患的空间的感知；宜用性关注老年人的对设施各类空间中家具陈设的数量种类、布置方式的评价感知；舒适性关注老年人对日常生活空间私密性、对空间氛围和对空间物理环境的评价感知。

本书对功能空间需求性别差异的研究关注各既有类型功能空间内部，男女老年人在使用行为上的差异性，包括居室空间、活动空间和其他功能配属空间三大类型，其中居室空间主要关注男女老年人居住模式（独居、配偶或室友）、居室分配（混居、分层）、户型需求（单人间、多人间）的差异性；对于休闲活动类空间主要关注男女老年人日常交往活动特征、对不同类型活动空间的使用偏好及其原因；对于其他功能配属空间主要关注男女老年人对浴室、康复室等医疗保健和生活服务用房的使用状况。

4.4.2 调查对象

本次调查所选养老设施为苏州市社会福利总院老年福利中心和苏州市阳山

---

[1] 李佳婧，周燕珉. 失智特殊护理单元公共空间设计对老人行为的影响——以北京市两所养老设施为例 [J]. 南方建筑，2016, (6): 10–18.

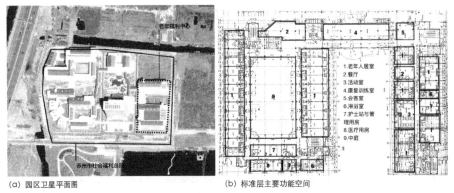

图 4-26 苏州市社会福利总院的建筑环境概况

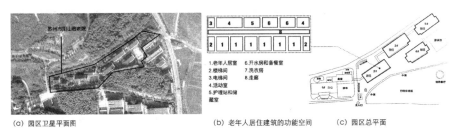

图 4-27 苏州市阳山敬老院的建筑环境概况

敬老院,这两处养老设施在床位规模、管理运营、收住对象、建筑环境等方面均有所不同。

苏州市社会福利总院老年福利中心属于大型公办养老机构,总建筑面积为 16 800m^2,设置床位 450 张,设置有老年人老年康乐中心、老年照护中心和老年人病院三大模块,设施配置较为齐全(图 4-26)。老年福利中心主要收住无劳动能力、无生活来源、无赡养和抚养人的"三无"老人,以及困难高龄的失能、半失能和优抚对象老人。目前共有 167 位老人入住,按照福利院对护理等级的划分(特级和一、二、三级护理,等级越高失能程度越高),绝大多数老年人(152 位)属于一级护理,健康状况较差。

苏州市阳山敬老院为中型公办民营养老机构,总建筑面积约 10 000m^2,设置床位 98 张。敬老院主体沿山地错落布局,由四栋由连廊联系的独立建筑组成(图 4-27)。建筑为三层内廊式平面结构,南侧为老年人居室(全部为双人间),北侧设置服务站、理疗室、洗衣房、活动室等功能空间。室外布置有少量活动场地,敬老院周边的植物园和后山也是老年人的日常户外活动场所。

阳山敬老院目前共收住 90 名老年人，除少量农村"五保户"外，绝大多数老年人生活自理，且文化程度较高。

除设施对象外，在人员对象的选择上，本次调查涵盖了入住老年人和养老设施管理工作人员两个群体。受调查老年人为设施管理人员随机选择的，沟通、语音和理解能力正常的入住老年人。之所以将管理人员纳入调查对象，主要是基于以下两方面考虑：首先，健康状况较差、护理等级较高的老年人对问卷和问题的理解能力有限，不一定能提供准确的信息，管理人员可以为之提供补充，保证信息获取的充分性；其次，单个老年人只能够提供个体微观层面的信息，而管理人员工作年限较长，接触老年人数量较多，其对宏观层面的差异特征的把握具有先天的优势。本次调研共向老年人发放问卷 52 份，由于苏州市社会福利院中有能力完成问卷的老年人数量较少，因此该处发放 15 份，阳山敬老院 37 份。考虑到前者样本量较小，因此，将两个养老设施的调研数据集中统计。回收有效问卷 49 份，回收率为 94%，受访老年人的社会人口信息见表 4-7。

调查对象老年人的社会人口信息　　表 4-7

性别	数量（%）	年龄（岁）	数量（个）	学历	数量（%）	居住状况	数量（%）
男	22（44.9%）	71-75	8（16.3%）	文盲	0（0.0%）	自己住	21（42.9%）
女	27（55.1%）	76-80	6（12.2%）	小学	12（24.5%）	和配偶同住	12（24.5%）
		81-85	18（36.7%）	初中	15（30.6%）	和室友居住	16（32.6%）
		86-90	14（28.6%）	高中	8（16.3%）		
		大于 90	3（6.2%）	大专及以上	14（28.6%）		

4.4.3 调查方法

本次调研采用一对一访谈和小组访谈两种方法。一对一访谈由工作人员针对问卷问题向老年人提问，根据老年人的回答内容由工作人员完成问卷的填写。小组访谈分老年人小组访谈和工作人员小组访谈两种，小组访谈有助于小组成员间思维的互相激发和信息的挖掘。老年人小组访谈的人数为 5 人，工作人员小组访谈包含护工、管理人员（主任）和医护人员三种类型。

4.4.4 老年人室内环境感知的性别差异

1)安全性感知的性别差异

关于安全性感知的问卷调查分总体安全感、安全隐患的形式和有安全隐患的空间三个问题。就总体安全感而言(图4-28左),大多数男性老年人(73%)表示从不担心自己在养老设施中的安全问题,另有少数(18%)表示偶尔会担心,表示"经常担心"和"很少担心"的老年人各有一例。对于女性老年人而言,从不担心自己安全问题的有41%,相比男性老人下降较为明显。"偶尔担心"的占到30%,"经常担心"的占到19%,"很少担心"的占到10%。总的来说,访谈中多数老年人均对养老设施中的安全状况表示满意,设施中白天和夜间均有护理员巡视,且卧室中都配备有紧急呼叫装置,因此他们认为居住在养老设施中的安全性要远远高于家中。访谈中得知,女性老年人的不安全感大多来自对"人"而非"硬件设施"的担心。所调研的女性老年人中,仅有3人(11%)为与丈夫共同入住,其余女性老年人均为处于独自入住的状态。在没有配偶和家人的陪伴的状态下,她们的安全戒备心理更强。多位女性老年人认为设施中入住老年人的来源、背景和个人素质不一,她们对一些来自农村的"五保户"老年人以及存在精神问题者(特别是男性)存在较强的戒备心理,并认为在居住空间安排上应当有所区隔,而访谈中多数男性老人则认为对所有入住者均应一视同仁。

就安全隐患的形式而言(图4-28右),担心摔倒问题的女性占到29.6%,几乎为男性的两倍;担心突发疾病问题的男性占到40.9%,女性仅为11.1%;这与医学领域的研究结论相吻合,女性老年人的骨质疏松、骨折和关节炎等骨病的发病率都要高于男性,日常生活中女性老年人摔倒的概率也高于男性。访谈中多位女性老年人反映在上下楼梯、上下床铺和使用卫生间时时常会有双腿无力的感觉。而男性老年人患心脏病、中风等突发性疾病的比例则高于女性。约有四分之一的女性老年人担心被他人冒犯的问题,而男性老年人无人担心该问题。访谈中得知,为方便护理员探视和确保老年人的安全,设施中老年人的房间通常不允许锁门,女性老年人(尤其是独居者)反映经常有其他老人未经允许擅自进入自己的房间,给自己的生活带来不便。

关于有安全隐患的空间(图4-29),总体而言女性对各类型空间中安全隐患的担忧程度都要高于男性,其中接近三成的女性老年人担心厕所和浴室的

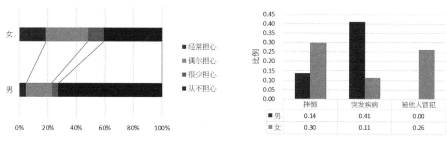

图 4-28 室内空间总体安全感的性别差异（左）和室内空间安全隐患类型的性别差异（右）

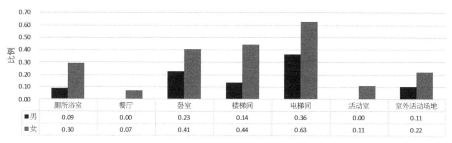

图 4-29 老年人对不同类型空间安全隐患的感知

安全问题，男性则仅有不到一成；餐厅和活动室的安全状况似乎较好，没有男性老年人认为餐厅或活动室中存在安全隐患，女性老年人则分别占到 7.4% 和 11.1%。电梯间是老年人认为安全隐患最大的空间，女性占到 62.9%，男性也占到 36.4%。楼梯间次之，女性有 44.4% 认为存在安全隐患，男性有 13.6%。卧室的安全问题同样值得注意，40.7% 的女性老年人和 22.7% 的男性老年人认为卧室空间存在安全隐患。另有 22.1% 的女性老年人和 10.5% 的男性老年人认为室外活动场地存在安全隐患。楼梯间和电梯间的安全隐患成为老年人关注的焦点，访谈中很多女性老年人都提到了不敢独自一人乘坐电梯。然而管理人员在访谈中提到设施中不论是楼梯间还是电梯间，都几乎没有发生过安全事故。推测老年人对这两类空间安全隐患的担忧更多来自心理层面，一方面楼梯间和电梯间都属于封闭空间，尤其是苏州市福利院，楼梯间都设有隔门；另一方面两个养老设施中的楼梯和电梯间都位于走廊端部，远离老年人的活动空间和护理站，因此一旦发生意外，老年人很难寻求帮助（图 4-30、图 4-31）。女性老年人对卫浴空间的安全性关注也超过男性，可能与女性老年人对卫浴空间的使用时间较长有关。对卧室的安全的担忧多来自单独居住的老年人，其中也以女性居多。

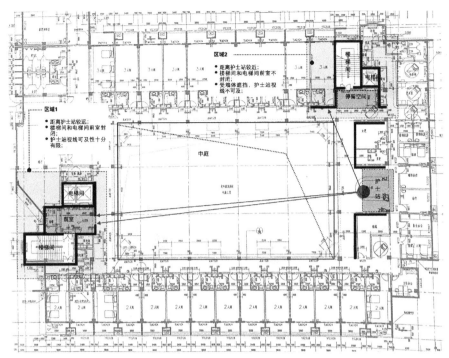

图 4-30　苏州市社会福利院老年病院区标准层楼梯和电梯与护士站的相对位置

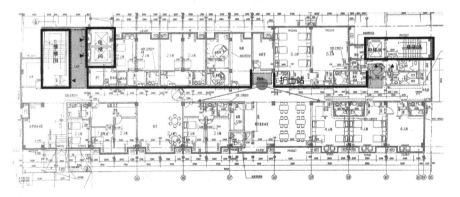

图 4-31　苏州市社会福利院老年照护区标准层楼、电梯间与护士站的相对位置

2）舒适性感知的性别差异

（1）空间的私密性

空间的私密性在问卷调查中涉及两个问题，首先是"目前养老设施中的居住空间能否满足您的隐私需求？"，绝大多数男性和女性老年人都认为空间总体上可以满足自己的隐私需求（图 4-32），但回答"不能"的男性老年人（32%）

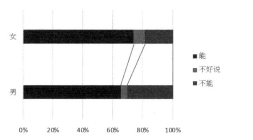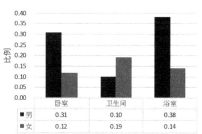

图 4-32 老年人对室内空间私密性的感知（左）和对不同空间私密性的感知（右）

比重多于女性（19%）。第二个问题是"您认为哪些空间的私密性有待加强"，男女差异最大的是浴室空间，男性老年人有 38% 认为浴室空间的私密性有待加强，而女性仅有 10% 左右。卧室空间的私密性问题男性也比女性更为突出，男性有 31%，女性有 22%。卫生间的私密性问题相对不算突出。

  从这两个问题的统计结果来看，男性老年人遇到的空间私密性问题比女性更为突出，这似乎与我们的常识理解有所出入。多数研究表明女性对私密性问题更为在意。通过与老年人和护理人员的访谈，我们了解到浴室的私密性问题源自护理员的性别构成。多名护理人员表示，由于养老设施内的护工和护士全部为女性，因此她们第一次帮助很多男性老年人洗浴时都会遇到老年人的抵制，有些男性老年人不愿配合护工的工作，甚至对其进行辱骂。为了照顾男性老人的感受，同时又兼顾安全问题，一些女性护理员在男性老人洗浴时会选择站在门口进行关照，但这同样让男性老人感觉不便，一些人甚至在不告知护理员的情况下自行洗澡。对于多数女性老人而言，洗浴空间的隐私问题并不突出。但访谈中也有少数认为使用助浴器洗澡时，虽然护工全部为女性，但多名护工同时围在其身边仍使其感到难堪，她们认为由一到两名自己熟悉的护工帮助洗浴即可。对于卧室而言，男性老人反映问题较多的原因在于居住模式的差异。单独入住养老设施的老年人中，女性多选择"包房"入住，而男性多与室友同住。访谈中得知，大多数女性老年人在入住养老设施之前就对隐私问题有所考虑，她们认为自己难以将就他人的生活习惯，若两人合不来将为生活带来各种麻烦，因此即使多花钱也要自己住。而男性老人在入住之初这方面的考虑较少，多是在长时间生活后发现各种不便。此外男性老人往往碍于情面不向他人表述自己的隐私需求，在与管理人员的访谈中，多数女性护理员也忽视男性老人的隐私需要，认为男性老人不太存在隐私问题，这就使得男性在这一问题上反倒成为弱势的一方。

（2）空间的氛围

此处的空间氛围主要关注居室空间中老年人在休息睡眠时是否受到打扰的问题，问卷的统计结果如图4-33（左）所示。虽然多项研究表示女性对声音更为敏感，比男性更容易受到声音的打扰，但我们的调查结果显示养老设施中男性老年人似乎更容易被打扰。选择"经常被打扰"和"偶尔被打扰"的男性老年人几乎占到50%，而女性老人仅有不到20%。相反，选择"从未被打扰"的女性老年人有将近50%，而男性仅有22%。

通过与老年人和护理人员的访谈，我们发现以上结果与老年人的睡眠状况和作息规律有关。不论是苏州社会福利总院还是阳山敬老院的护理人员均表示，日常生活中女性老年人的作息时间与男性有所差异，具体表现为女性老人的睡眠时间普遍比男性老人晚一到两个小时，而起床时间一般相差不多。其中的原因之一便是女性老人的睡眠质量较差，问卷中设置了老年人对自己一个月来睡眠质量的自我评价问题，结果如图4-33（右）所示。睡眠质量自我评价为"很差"和"较差"的女性占到将近60%，而男性仅约20%，有超过50%的男性的睡眠质量为"很好"或"较好"，而女性仅为20%不到，这与健康护理领域的研究结论相一致。由于入睡较为困难，多数女性老年人会选择在入睡前长时间看电视或聊天。再加上老年人听力状况普遍不佳，因此电视机的音量往往过大，这便对相邻房间的男性老人产生干扰。访谈中一些女性老年人甚至自己也注意到这个问题，认为自己夜间看电视会打扰到他人。这样的情况下，护理员应该给女性老人提供更多的睡眠指导以帮助其改善睡眠质量和作息时间，或

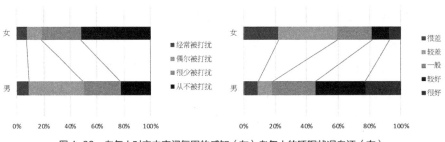

图4-33　老年人对室内空间氛围的感知（左）老年人的睡眠状况自评（右）

者考虑安排男女老年人分层居住，尊重各自的生活习惯，减少互相的影响。

（3）空间的物理环境

空间的物理环境关注老年人对室内温度（热环境）、照明（光环境）的感知状况。关于室内温度，问卷设置了"冬天会觉得屋子里冷吗"和"夏天会觉得屋子里热吗"两个问题，从结果来看，关于温度的感知男女老年人的差异并不显著。由于每个房间都配备有空调，访谈中绝大多数老年人都对冬夏的温度状况表示满意（图4-34），少数有异议者针对公共空间中的中央空调的控制问题，老年人不掌握中央空调的控制权，空间的个别使用时段空调无法开放，造成一些不便。除问卷问题外，老年人在访谈中反映较多的是室内外温差问题，特别是阳山敬老院，由于室内活动空间较少，老年人多前往室外场地活动，一些女性老年人提出冬夏外出活动易生病的问题，苏州市社会福利院中的很多高龄老人也提出几乎从来不去户外空间活动，其中最主要的原因就是担心室内外温差。

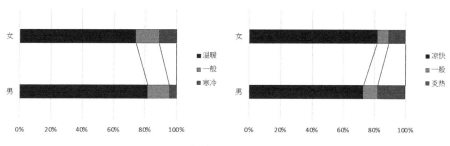

图4-34 老年人对冬季（左）和夏季（右）室内热环境的感知评价

关于室内空间的照明状况，问卷设置了"居室空间的照明状况是否能够满足您的日常生活需要"的问题，从结果来看，大多数男女老年人都认为室内照明状况能够满足生活需要（图4-35左）。但在负面评价方面男性和女性老年人仍有一些差异，其中有26%的女性老年人选择了"不能"，而没有男性老年人选择"不能"。访谈得知，这主要与女性老年人对夜间照明的独特使用习惯有关。多数女性老人有睡觉时不关灯的习惯，其原因总结起来有三点：一是女性老年人觉得夜间屋子里有光线会让自己感觉更安全；二是方便自己起夜上卫生间，完全黑暗的状态下寻找点灯开关比较困难；三是如果自己睡觉时关掉电灯，护理员夜间查房时会再打开，由于自己睡眠较浅，这样往往会影响睡眠，因此索性在睡觉时不关灯。而女性老年人不关灯的方式也有两种，有些人会直接把自己屋子里的灯打开，另有一些人则打开门缝，让楼道里的灯光照进自己卧室，选择这两种夜间照明方式的女性老人对现状各有不满之处。对于前者来说，老人认为现在屋子里的灯太大太亮，夜晚开着太刺眼，她们希望增设一些小灯提供夜间照明；而对于后者来说，女性老人反映一些男性老人夜里起夜时会把走廊中的灯关掉，使她们起夜时面临不便。需要指出的是，以上照明问题并未有男性老年人在访谈中提出。

3）宜用性感知的性别差异

此处的空间宜用性关注居室空间的家具陈设问题，问卷设置问题"您觉得目前居室空间的家具陈设是否能够满足使用要求"，统计结果如图4-35（右）所示。虽说多数老年人认为目前的家具陈设可以满足使用要求，尤其是男性老年人，超过90%都选择了"能"，而女性老年人中有将近30%的人选择了"不能"。对于访谈问题"如果可能的话，您希望添置哪些日常用品或家具"，多数男性老年人认为不需要，理由是家具多了不但难以打扫保持卫生，而且具有安全隐患。而女性老人则有相反的看法，首先她们认为目前的房间接近宾馆的"标准间"配置，储物空间不够。由于日常衣物较多，储物空间不足，一些女性老年人表示每到春秋天的换季时节，自己都要在子女的帮助下返回城市的家中搬置衣物，十分不便。需要指出的，这方面需求主要限于生活能够自理的女性老人，在苏州市福利院调研时，不能自理的老年人并没有提出该问题；其次，在家具的布置方式上一些女性老年人也提出自己的要求，尤其是年龄较大的老人，她们希望扩大床头柜的容积和面积，使其能满足更多的日常生活需要。

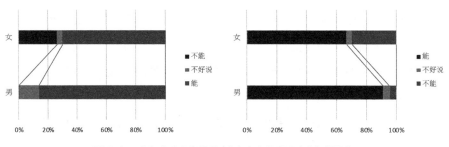

图 4-35　老年人对室内照明（左）和家具陈设（右）的评价

这与劳顿（1985年）提出的"控制中心"理论相符[1]，劳顿在对居家老年人的生活的研究中发现，由于身体机能下降日益严重，居家老年人会失去对大部分家庭空间的"控制"。为了保持独立的生活，大部分老年人都会为自己创建一个"控制中心"，这个"控制中心"通常位于居室的核心位置，靠近窗户，视野范围较大，老年人依托自己习惯使用的桌子和椅子，将电话、电话簿、电视机遥控器、药品、水杯和其他生活必需品集中在一起，以此实现对居室空间"控制"能力的最大化。养老设施中高龄老人，特别是女性同样有这样的需求，她们一天中的大多数时间在居室内部，特别是床上或床边度过，相较于一般化的"标准间"式的室内空间布局，她们更希望将更多的功能集中在床铺和床头柜周围。有些女性老年人甚至向我们表示自己从家中搬来了更大的床头柜以方便使用（图4-36）。相比较而言，男性老年人白天似乎更偏好外出活动，调研中没有人反映该问题。

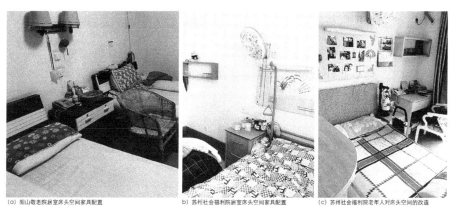

(a) 阳山敬老院居室床头空间家具配置　(b) 苏州社会福利院居室床头空间家具配置　(c) 苏州社会福利院老年人对床头空间的改造

图4-36　调研设施中老年人的床头空间家具配置及其改造

4.4.5　老年人室内功能需求的性别差异

（1）居室户型配置需求的性别差异

居室户型的配置关注现状条件下男女老年人的居住方式和他们的居住意

---

1 Lawton, M. The Elderly in Context: Perspectives from Environemntal Psychology and Gerontology[J]. Environment and Behavior, 1985, 17 (4): 501–519.

愿，问卷中设置了"在养老设施中你目前和谁一起住"和"综合考虑经济收入、个人喜好等因素，你倾向入住几人间"两个问题。现状条件下，养老设施中女性老年人"独居"的比例更高（66.7%），这里的"独居"包括入住单人间和在"双人间"包房两种方式，而与配偶和室友同住的女性老年人则仅仅占到三分之一。男性老年人的居住模式则有所不同，"自己住"的男性老年人仅有 13.6%，多数男性老年人同配偶一起住或同室友一起住（图 4-37 左）。而对于自己的居住倾向，女性老年人在三种选项中较为平均，与现状相反，选择多人间的稍多（44.4%），其次是单人间（33.3%），选择双人间的最少。男性老年人选择单人间的最多（54.5%），双人间次之，最后是多人间（图 4-37 右）。

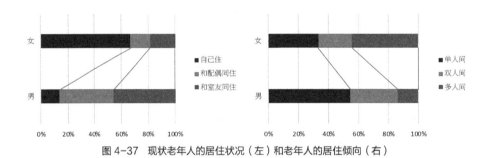

图 4-37 现状老年人的居住状况（左）和老年人的居住倾向（右）

现状条件下多数女性老年人选择自己住的最主要原因是她们处于丧偶状态，并且丧偶也是她们从家中搬入养老院的直接因素。其次，如前文所述，女性老年人对生活习惯和隐私问题比较在意，因此在自己尚能自理的条件下，大多不愿与陌生人共同居住。而在居住倾向调查中，她们选择多人间的比例显著增多，这与女性老年人对未来自己身体状况的担忧有关。访谈中多数女性老人表示随着身体机能的下降，生活内容越来越少，自己目前在意的个人生活空间和生活习惯等问题都会逐渐淡化，居住在多人间大家互相有个照应，平时也能说说话。还有女性老人表示，在养老院里居住时间长了之后，大家互相熟悉，特别是女性老年人之间都会有四到五个要好的朋友，到时候住在一起也不成问题。但是，男性老年人却有相反的选择和看法，在居住倾向上选择单人间的比例远大于多人间。访谈中多数男性老年人表示，随着在养老院中入住时间的增长，他们愈发不担心自己的安全问题，认为护理员每晚会数次查房，房间中配备有紧急呼叫器，这些措施都使得安全不成为问题。并且认为男性老年人随着年龄的增长性格愈发固执，室友之间比较难以相处。因此在居住倾向上选择单人间者居多。

(2) 活动空间需求的性别差异

问卷对老年人日常从事的休闲活动进行了统计，结果如图4-38所示。散步、看电视和聊天是男女老年人日常生活中的主要休闲活动，且男女差异不大。除此之外，男性和女性老年人又有各自的性别专属型休闲活动，比如男性的打牌下棋和喝茶，女性的唱歌和做手工活动。总体上来说，我们国家老年人的生活内容仍然比较简单，访谈中男女老年人对日常休闲活动和相应的活动空间都没有特别强烈的需求。设施的管理人员通常会设法组织各类活动以丰富老年人的生活，如苏州福利院的老年合唱团、手工大师、门球队、戏曲班、文学社、棋牌社、书画组，等等，但访谈中管理人员认为受限于文化水平和个人性格等因素，老年人对集体活动的参与度总体不高，尤其是男性老年人，他们通常会比较严格地维持自己的生活习惯，从事一些个人活动，不愿参与各类团体活动。

笔者推测，养老设施中的常见活动不受老年人欢迎的原因之一可能就在于这些活动具有"性别盲"特征，缺乏对男性和女性老年人的针对性。例如美国《华盛顿邮报》（Washington Post）的专栏文章曾指出，对设施中老年人的休闲活动和休闲活动空间的设计，要充分考虑性别差异，关注男性和女性老年人年轻时的成长环境，他们年轻时所喜欢和追求的东西，应该强调更加分明的性别意识才能够对老年人产生足够的吸引力。例如，就苏州市福利院而言，其收住老年人大多属于农村"三无"老人，文化程度较低，使其从事书画文学类活动自然不切实际，反倒应该考察苏南农村地区的一些传统手工艺和娱乐活动，也许更能唤起老年人的回忆和参与的兴趣。

除此以外，我们发现阳山敬老院中的自理老人多数有外出访友的习惯，尤其以男性老人居多。由于阳山敬老院位于市郊的风景区，访谈中很多男性老年人表示几乎每周都要转乘多次公交车返回市区，参与退休前的单位组织的活动、与朋友聚会或者看望家人。这说明男性老年人仍然渴望维系自己以往的社会关系。相比较而言，由于担心外出安全等问题，女性老年人独自外出者较少。这似乎也可以解释女性在养老设施中拥有的朋友数量(3.9个)多于男性(1.6个)，因为除养老设施外，男性往往维持着一个更大的社会关系网，而女性受限于出行能力，只能放弃设施外的关系网络转而在社区内积极建构新的社会关系网。从这个意义上来讲，设施交往活动空间的设计，应该更加关注女性老年人的需求（图4-38）。

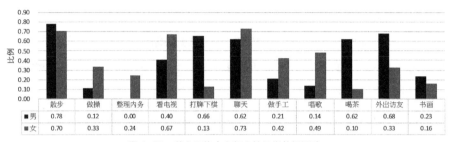

图4-38 养老设施中老年人的日常休闲活动

（3）配属功能空间需求的性别差异

除去居室空间和休闲活动空间外，养老设施中还有一系列的功能配属空间，包含公共淋浴间、公共卫生间、洗衣房、理疗室和心理咨询室等医疗保健和生活服务用房，由于这类空间种类较为繁杂且各设施配置状况不一，因此本次在调研问卷中并未针对这类空间设置结构性的问题。但在访谈过程中我们仍然就男女老年人对该类空间的使用和需求状况与老年人和管理人员进行了交流，总的来说有以下几点差异：

首先，男女老年人在公共浴室使用上存在差异。不论是阳山敬老院还是苏州市社会福利院，老年人居室中均设置有独立的卫生间和淋浴，但由于福利院收住的老人以高龄和失能者居多，出于安全考虑，福利院安排老年人在护工的监护下在公共浴室中洗浴。男女老年人混居，浴室每层设置一处。护理员反映女性老年人的洗浴时间平均是男性老人的1.5~2倍，再加上女性老年人数量居多，这就使得男性在洗浴时面临较长时间的排队等候。

其次，女性老年人希望分性别设置洗衣晾晒空间。阳山敬老院中的老年人大多数自主完成日常生活家务工作，访谈中一些女性老人认为养老院应将男性和女性的洗衣晾晒空间分开设置。一方面女性老人认为和男性共用洗衣机十分不卫生，另一方面由于卧室中没有阳台，老年人的衣物需要共同在洗衣房晾晒，一些女性老人认为共同晾晒衣物，特别是个人的内衣等，让自己感到尴尬和不适，希望设置隔断或男性和女性专属的洗衣晾晒空间。

4.5 小结

本章通过对两家养老设施中入住老年人和管理工作人员的问卷与访谈调查，初步揭示了男性和女性老年人对养老设施室内空间要素的评价感知以及功能空间的使用需求等方面的差异性。在室内空间安全感方面，男性老年人的安全感强于女性，女性老年人由于单身入住者较多，对设施中的陌生人，特别是男性存在戒备心理，安全感弱于男性；在安全隐患的形式方面，女性老人更担心摔倒和他人的冒犯，而男性老人则担心各类突发疾病，这与男性和女性老人的健康疾病差异有关；男性和女性老人认为楼梯间和电梯间是安全隐患较大的空间，女性老人多数不敢单独乘坐电梯。

在室内空间舒适性方面，男性和女性老人对空间私密性的评价总体上差异不大，但相较于女性，男性老人在洗浴空间和卧室空间中的私密性未得到满足；女性老人睡眠质量差，入睡时间晚，夜间看电视等行为对男性老人造成干扰；男女老人对冬夏室内空间热环境的评价差异不大，满意度较高，多数女性老人对夜间照明也有特殊需求。

在室内空间宜用性方面，男性老年人对室内家具陈设较为满意，而女性老年人对储物空间有更高的需求，此外高龄女性老人每天在居室内生活时间较长，对床头空间的大小和功能复合性有一定的要求。在功能空间的需求方面，男性老人对单人间的选择倾向高于女性，女性老年人对多人间的选择倾向高于男性；男女老人对设施中的休闲活动和空间需求无明显差异，男性的参与度低于女性，男性对社区外旧有社会关系的维系程度高于女性；女性老人有分性别设置洗衣和晾晒空间的需求（表4-8）。

老年人室内空间环境感知和功能需求的性别差异特征汇总　　　　表4-8

	要素	差异特征
安全性	总体安全感	男性老年人安全感较强； 女性老年人对设施中其他老年人的戒备心理更强，安全感弱于男性
	安全隐患形式	男性老年人更担心突发疾病带来的安全隐患； 女性老年人更担心摔倒和他人的冒犯
	安全隐患空间	男女间总体差异不大； 楼梯和电梯间被认为是安全隐患最高的空间，女性的担忧程度大于男性

续表

要素		差异特征
舒适性	空间私密性	私密性总体评价差异不大； 男性老年人对洗浴空间、卧室空间的私密性需求未得到满足
	空间氛围	女性老年人睡眠状况较差，休息时间较晚，男性老年人易被其打扰
	物理环境	冬夏室内热环境评价无明显差异； 女性老年人有特殊的夜间照明需求
宜用性	室内陈设	女性老年人对储物空间的需求更高； 高龄女性老年人对床头空间有特殊的使用需求
功能空间	户型配置	男性对单人间的选择倾向高于女性； 女性对多人间的选择倾向高于男性
	活动空间	交往活动空间应多关注女性老年人的需求； 男性老年人对集体活动的参与度低于女性；男性更有能力维系旧有社会关系
	功能空间	女性老年人希望分性别设置洗衣和晾晒空间； 男性老年人在使用公共浴室时需要较长的等候时间

第 5 章 性别敏感型适老化城市环境

5.1 性别敏感型城市规划的起源与发展

城市规划学科的性别研究始于 20 世纪 80 年代，到 80 年代末，学术领域的性别研究开始对欧洲国家的规划实践产生影响。性别敏感型城市规划（gender sensitive planning）在政策和实践领域也被称作为城市规划的性别主流化（gender mainstreaming in planning），它包含了一系列政治、社会、经济和空间策略，其目的在于从性别平等的视角出发，对规划决策和实施的各层级与流程中的价值观念、结构路径和技术手段进行变革，以空间公正来促进性别的社会公正[1]。

20 世纪 80—90 年代，很多欧洲国家的规划学科与职业领域内都出现了一系列关注性别平等的研究和实践倡议，质疑传统规划体系的男权属性以及在其影响下的城市空间品质、规划标准指标以及决策过程。例如荷兰[2]在 20 世纪 80 年代发起 VBM 运动（Women Building Housing Movement）并成立了相关组织，关注郊区化和职住分离对家庭主妇造成的空间与社会孤立、女性对住房资源的获取、女性对城市更新过程的参与以及公共空间的安全性和女性的交通出行问题；20 世纪 90 年代制定了"性别影响评估"（Gender Impact Assessment）标准，并在若干城市设计和规划试点项目中进行应用；1999 年到 2003 年间开展了"日常生活项目"（Daily Routine project），探讨如何通过规划手段实现职业生活与居家生活的协调，在荷兰境内实施了 140 项各类小型试验性项目，关注城市空间发展和交通规划对女性家务劳动、工作、儿童看护、公共设施使用的影响，包括郊区与工业区儿童服务中心的设置、可支付性公共交通路线设置、地方社会服务部门与空间规划部门的策略协调平台等。

---

1 Damyanovic D. Gender Mainstreaming as a Strategy for Sustainable Urban Planning[M]. England: Ashgate Publishing Limited, 2013.
2 Tummers L. Gendered Perspectives on Spatial Planning and Housing in the Netherlands[M]. England: Ashgate Publishing Limited, 2013.

在奥地利的首都维也纳[1]，1991年为城市规划部门工作的两位年轻女性规划师伊娃·凯尔（Eva Kail）和朱塔·克莱多弗（Jutta Kleedorfer）发起了"谁拥有公共空间？——城市中的女性日常生活"的主题展览，号召人们以性别敏感的视角关注城市规划和城市空间营造问题。1992年维也纳市政府设立了由伊娃·凯尔负责的女性事务办公室（Women's Office）以处理城市规划中的性别问题。在女性事务办公室的协调和领导下，维也纳在规划参与、规划评审机制、住房、公共空间和交通等领域开展了一系列落地实施的性别敏感型规划和城市空间营造项目。1998年市政府在女性事务办公室的基础上成立了"日常生活与女性需求专项规划建设协调办公室"，进一步将性别要素整合进入正式的城市规划体系。

经过一系列研究和实践探索，很多欧洲国家在20世纪90年代都已将性别要素纳入到了政治议程中来，并制定了新的规划工具，包含规划手册、设计标准、规划参与方式以及基于性别平等的规划影响评估体系等。到了20世纪90年代末，性别主流化在欧洲已经一种共识并被纳入到欧盟法律体系中。1995年欧盟专门成立了一个行动平台（Platform for Action）以要求成员国将性别要素纳入到各种政策制定的决策过程中。1997年欧盟成员国签署的《阿姆斯特丹条约》（The Treaty of Amsterdam 1997）要求各成员国在所有开发项目的目标中纳入性别平等。1996年成立了欧洲女性组织（The EuroFem Network），并于1996—2000年间在欧盟国家开展了60余个试点项目以推动女性在地方和区域发展中发挥作用。联合国在2006年成立了总部位于土耳其安卡拉的"女性友好城市"（Women Friendly Cities）项目组，以期推动地方政府在规划过程中关注性别平等。

性别敏感型城市规划关注自上而下的规划全流程，包括价值观、发展目标的制定、方案的参与、评审和评估，以及最终的具体空间营造。早期的性别规划探索主要在具体的空间营造领域开展，如英国MATRIX小组对城市空间在安全性和宜用性等方面性别问题提出的设计措施。后续的研究者认为空间营造

---

[1] Irschilk E., Kail E. Vienna: Progress Towards a Fair Shared City[M]. England: Ashgate Publishing Limited, 2013.

仅仅是性别敏感型城市规划的结果方面，如果规划系统中更加上位的价值观、认识论、法律法规和群体参与等问题中的性别意识得不到贯彻和强化，性别敏感型的空间营造将无法真正实现。有学者将全过程的性别敏感规划方法总结为"4R"：第一个"R"代表"Representation"，即男性和女性代表平等的参与规划制定过程；第二个"R"代表"Resource"，即空间、时间和资金等资源的平等配置；第三个"R"代表"Right"，即法律框架赋予男性和女性平等的评估权限；第四个"R"代表"Reality"，即作为规划成果的导则和城市空间营造[1]。以维也纳为例，在"女性需求专项规划建设协调办公室"的运作下，参与设计过程的各类团体，如政府工作人员、居民代表、设计人员和开发人员需要接受性别平等的宣教工作，城市开发项目在目标制定阶段即需要纳入性别平等的考量，在方案竞赛和评审阶段，设计人员和评审人员中都要保证一定比例的女性参与。中选方案在调整过程中需要与各年龄段的男性和女性居民代表开展设计工作营，听取并吸纳相关意见。相应地，项目落地后要联合居民代表开展评估反馈工作。这种自上而下的全流程的性别主流化规划是为了从根本上确保男女获得平等的空间权利[2]。

虽然经过几十年的发展，性别敏感型规划的主要议题至今仍是围绕着"日常生活""社会再生产""职业与家务"这几个互相关联的概念展开，其背后的基本逻辑是现代城市规划以服务于"社会生产"过程为首要目的，工业革命后性别关系结构的最主要变化即是男性对社会生产过程的主导，女性退居到以家务和抚育为主要内容的社会再生产环节。20世纪80年代以来，随着西方发达国家向服务经济乃至知识经济时代的转变，女性对社会生产环节的参与度不断提升，但与此同时却仍需承担相当的家务和抚育劳动。在性别结构关系发生变化的情况下，既有的城市结构缺乏对社会再生产过程的支持，造成了空间环境对女性日常生活乃至于经济活动参与和个人发展的制约[3]。在这样的情况下，

---

1 Damyanovic D. Gender Mainstreaming as a Strategy for Sustainable Urban Planning[M]. Ibid.

2 Damyanovic D, Reinwald F, Weikmann A. Manual for Gender Mainstreaming in Urban Planning and Urban Development[M]. Vienna: Urban Development Vienna, Municipal Department18–Urban Development and Planning, 2013.

3 Zibell B. The Model of the European City in the Light of Gender Planning and Sustainable Development[M]. England: Ashgate Publishing Limited, 2013.

性别敏感型城市规划主要关注与社会再生产过程相关的住房、公共空间、交通出行等议题。

5.1.1 住宅和公共住房

在住宅方面，关注核心家庭模式之外的住宅产品的多样化，以因应女性群体的差异化需求。例如，价格或支付方式的多样化以照顾低收入女性群体；户型的多样化以满足单身、单亲或老年等非主流家庭结构下的女性群体；多样化生活服务设施在住宅项目中的配置与整合以减轻职业女性的家务劳动负担。

男性和女性对"住宅"或"家"的认知和需求有所不同，反过来说，家所能赋予男性和女性的意义是有差异的。西方社会在 19 世纪陆续进入工业资本主义发展阶段后，女性逐步被排除在由男性主导的社会生产领域之外，社会生产与再生产、男性与女性、工作与家庭等形成了对立的二元结构。这种社会生产领域的二元结构进一步作用于社会习俗、认知和价值领域。这种价值观在 20 世纪 20 年代后期的美国，以及战后的欧洲郊区化发展过程中得到了充分的彰显。然而，将家庭作为休闲场所的价值观显然是以男性的生活状态和需求为出发点的，因为对女性而言，家庭同样也是工作场所。就全球范围而言，女性花在无薪酬家务劳动上的时间是男性的三倍[1]。根据国际货币基金组织的数据，如果进一步将上述无薪酬家务劳动划分为幼儿照料和其他家务，前者女性是男性的两倍，而后者是四倍[2]。因此如果从女性的视角出发，对家庭物质空间环境的要求将与男性产生差异。男性需要的远离市区、环境幽静的理想住宅对女性而言却未必理想。这类郊区化的大型居住区用地类型单一，缺乏商业、服务设施、公共交通和公共空间，女性开展家务劳动需要付出巨大的时间和精力代价，因而女性主义者将郊区住宅描述为禁锢和孤立的场所。

对女性而言，解决住房问题并不仅仅意味着政府或社会为之提供价格低廉的物质化居住产品，更重要的是这些居住产品能够在多大程度上为女性的日常、

---

[1] United Nations Development Programme (Undp) 2019. Human Develop Report 2019, Beyond income, beyond averages, beyond today: Inequalities in human development in the 21st century.
[2] Katrin E.W, Monique N, Kalpana K, Stefania F, Kpodar K, Philippe W, Benedict C, Gerd S. 2013. Women, Work, and the Economy: Macroeconomic Gains from Gender Equity.

经济和社会生活提供支持。除了家庭职业女性，这些支持对单身、单亲和老年人等其他弱势女性群体而言更加重要。巴西政府在总统卢拉主政期间在全国范围内推动了一项名为"Minha Casa, Minha Vida（我的家，我的生活）"的

图 5-1　巴西巴伊亚州的 Minha Vida 住宅项目

住宅改善计划，旨在通过由政府主导修建的补贴住宅改善城市贫民窟问题。到 2018 年虽然已经有约 1 470 万人通过该项目购买到了属于自己的住宅，但这些住宅项目因规划选址和建设问题广受批评，被认为是"明日的贫民窟"，其带给女性的负面影响尤其巨大。因为土地成本问题，这些新建住宅项目大多位于城市的偏远郊区，远离工作地，缺乏服务设施（图 5-1）。一项由伦敦政治经济学院（London School of Economics and Political Science）开展的调查显示，入住该类住宅项目的居民大多数需要在原有居住地的基础上向外搬迁超过 7km[1]。由于附近缺乏工作机会，居民通常要花费数小时的通勤时间，且 60% 的项目距离最近的公共交通站点的步行时间超过 30 分钟[2]。巴西像世界上大多数国家一样，男性是私家汽车的绝对拥有者，里约热内卢市 71% 的汽车所有者为男性[3]。

居住在 Minha Vida 住宅项目中的女性受到的影响远非通勤时间这么简单。由于巴西社会的妇女生育率较高，女性怀孕和照看幼儿的负担较重，出于成本考虑，政府和开发商在建设住宅项目时多数并未配备儿童看护设施，即便少数

---

1 Fernández Arrigoitia M. RELOCATING HOMES AND LIVES IN RIO'S OLYMPIC CITY[J/OL]. 2013–10. https://urbanage.lsecities.net/essays/relocating-homes-and-lives-in-rio-s-olympic-city

2 De Paula M. We were not invited to the party: Women and the World Cup[J/OL]. 2014-06-13. https://www.boell.de/en/2014/06/11/we-were-not-invited-party-women-and-world-cup

3 Koch J, Antonio Lindau L, David Nassi C. 2013. Transportation in the Favelas of Rio de Janeiro.

配备了儿童看护设施的项目，其规模也与入住人口规模完全不相称。再加上项目附近缺乏工作机会，很多女性居民因照护儿童的需要而被迫辞去工作，这进一步加剧了原本就收入不高的女性群体的贫困化水平。此外，住宅的户型设计也增加了女性解决幼儿照护问题的难度。里约热内卢的一位城市规划专家特蕾莎·威廉姆森（Theresa Williamson）指出，巴西中下收入家庭以及很多单亲母亲家庭为解决幼儿照护和女性工作之间的矛盾，通常会以三代居的形式居住，即夫妻或单亲母亲与幼儿和老年人共同生活，夫妻外出工作，由老年人担负起儿童看护的责任。这与国内的情况相似。但以"廉价"为目标的大多数 Minha Vida 住宅项目在户型设置上一味追求小型化，扼杀了三代共同居住的可能性，使女性被迫退出就业完全担负起家庭照料的职责。如此造成的结果就是使得原本收入水平就不高的家庭进一步丧失收入来源。对巴西公共住宅进行研究的一些社会学者发现，为了想方设法在远离工作机会、照看幼儿的同时增加一些收入来源，很多女性被迫在自己的家中开展各类生意，如贩卖零食饮料、提供廉价午餐和理发等。但这类商业活动因违反用地功能属性而被政府和管理机构明令禁止，在公共住宅用地中开展商业活动被视作违法行为。

　　总的来说，巴西公共住宅项目的区位选址、公共交通、户型设计、服务设施和用地性质等方面共同对女性居民的就业和日常生活构成了诸多制约，原本以为中低收入阶层提供福利为目标的公共住宅项目，由于未考虑女性的生活需求，甚至反过来加剧了居民的贫困水平。有意见认为如果优化区位选址、公共交通和服务设施配置，势必会增加项目的开发建设成本，增大政府的财政负担。换言之，这些意见认为应用女性视角并充分因应女性需求的做法过于"奢侈"。然而这只是"短视"的结果，因为从长期来看，应用性别平等的规划视角不但能够节省政府开支，也有助于促进社会的经济增长。例如，建设幼儿看护设施的一次性投入，可以长期"解放"女性居民，使女性获得外出就业的机会。这样一来，家庭收入的增加将极大地减少申请贫困补助的家庭和人口的数量，减少政府的社会保障支出。另一方面，参加就业的女性人口本身也为整个社会创造了更多的财富，研究显示，单位女性就业人口的增加为 GDP 边际增量做出的贡献远高于男性，因此促进女性就业也就意味着拉动经济的增长。

　　欧洲大陆的国家如奥地利、荷兰、德国和瑞士，以及北欧国家如丹麦和瑞典自 20 世纪 90 年代以来在住宅，特别是公共住宅领域不断探索和实施性别敏感性的规划设计，至今已有相当多的实践案例。进入 21 世纪以后，随着经济形势、社会人口年龄结构、家庭结构、就业模式等因素的变化，特殊女性群体如老年女性、单身和离婚女性、单亲母亲家庭在社会人口中所占的比重不断增加。这部分女性群体的住房需求与主流家庭往往有所差异，且这些差异往往被主流的规划建设标准所忽视。住房领域的性别问题受到越来越多的关注和讨论，为弱势群体的女性提供合适的住房已经成为促进社会公平和可持续发展的关键议题。

5.1.2 公共空间

在公共空间方面，主要关注空间的安全性和宜用性。通过改进设计要素以提升环境安全感知，促进女性或其他弱势群体对公共空间的自由使用；通过对行为和使用模式的分析，改进公共空间的功能布局方式以及区位，提升公共空间对女性群体的可达性和宜用性。

大部分男性可能难以体会到，很多女性在前往并使用一些公共活动空间和设施的时候，需要克服一定的心理障碍，进行一系列心理建设。男性越多的场所，女性所需克服的心理障碍也就越强。最为典型的就是健身房中的力量训练区，虽然在原则上这些区域是"性别中性"的，即男性和女性可以平等的使用，但在认知和实际使用上，这些区域却是男性化的。步入这些区域的女性需要忍受男性异样的眼光和种种被女性认为不友善的举动。相似的现象在城市中的一些公园和户外运动场上同样存在，当这些区域被成群的男性占据后，女性往往避而远之。因此，很多公共空间看似并没有性别限制，实际上却并非如此。

城市公共空间使用中的这种潜在的性别不平等现象已经被一些社会调查研究所证实，最为著名的就是 20 世纪 90 年代中期奥地利首都维也纳的政府部门所开展的社会调查。他们发现随着年龄的增长，女孩在 10 岁以后就很少出现在公园、户外游戏和活动场地中。通过对女孩的访谈得知，随着年龄的增长，男孩所从事的游戏活动越来越激烈和富于攻击性，女孩因担心受到伤害而退出。即便女孩从事与男孩不同的游戏活动，她们也较容易受到男孩的侵扰。瑞典城市马尔默在开展了一系列青少年活动场地的城市更新计划后，也发现了相似的现象。这些城市更新项目通常为青少年提供球类、滑板、攀爬、涂鸦等活动场地和设施，然而事实上，这些活动场地和设施的设置存在一定的性别偏见，因为女性或女孩很少会参与到这些活动中来。调查结果显示，在使用人群中女性仅仅占到10%～20%。经济层面的差异更加显著，瑞典哥德堡市（Gothenburg）每年为市民的各类运动俱乐部和组织提供八千万克朗的支出。原则上，这些经费的投放是没有性别偏见的，但同时也是缺乏性别考量的。分析发现[1]，这些经费的绝大部分流向了组织型运动，这些运动通常是男性组织和参与的。在经费所支持的44类运动大项中，竟然有36类属于男性运动。总的来说，哥德堡市每年花费在男性运动上的经费估计比女性多出1 500万克朗。

有学术研究指出，对女性活动的支持不仅仅是一个社会公平的问题，从长远来看也是一个健康和经济问题。已经有很多研究报告发现，缺乏户外活动造成了女性比男性的精神健康状态更差。也有一些研究指出，通过优化设施和活动场地增加女性的运动量，将会减少晚年因骨质疏松而造成的骨折等医疗支出。充足的体育锻炼可以提高女性的骨密度，降低晚年罹患骨质病的风险，而最大化这种提升效应的阶段就是青春期以前。瑞典哥德堡市的数据显示，每年每1 000例因跌倒而发生的骨折病例需要花费约1.5亿克朗，而其中有四分之三的病例为女性，消耗的医疗资源超过1.1亿克朗。该市的研究报告指出，只要为女性增加1 500万克朗的运动场地和设施的资金支持能够在未来减少14%的女性骨折发生率，这项资金投入就是划算的。因此，改善公共空间设计并增加女性的运动参与，具有非常现实的经济意义。

基于公共空间使用的性别差异调查数据，从20世纪90年代末开始奥地利首都维也纳就逐步选取一些公园和活动场地作为试点项目，进行性别敏感型公共空间改造设计的探索，并在项目建成后进行实地调查评估，最终形成性别敏感型公共空间设计导则。总的来说，导则强调在顾及功能需求的情况下，公共空间在布局上尽量避免大而单一的空间，尽可能通过各种空间分隔手段增加公共空间的层次和多样化次级空间布局。这样一来可以尽量规避女性和男性使用者之间产生空间竞争。因为通常情况下女性不具备与男性进行竞争的信心，从而在空间使用上处于被动。当然，也可以避免某些情况下女性对男性空间使

---

1 Trollvik, M. 2012. Smart Economics: Calculating gender equality dividends.

用权的剥夺，例如国内很多广场公共空间中，女性广场舞群体对其他群体造成的空间剥夺现象。丰富的场地划分层次使得男性偏好的球类运动场地被保留的同时，增加适应多种年龄段的多种类型的"非正式"活动场地，促进女性的活动参与。经过使用后评估，这些改进的设计措施被证明是微妙却相当有效的，如今已经在维也纳所有的新建和改建公共空间中实施。从 2010 年起，瑞典的马尔默市在公共空间更新中也开始应用与维也纳相似的设计原则，以确保男性和女性在公共活动空间使用中的机会平等。

除了公园和活动场地的使用，女性在城市公共空间中面临的另一个突出问题是公共卫生间的使用。大多数男性可能知晓、但却从未真切体会过女性外出使用公共卫生间时的排队体验。有一项研究指出，整个世界范围内女性每年花费在寻找卫生间和等待使用卫生间上的时间多达 970 亿小时[1]。一种想当然的想法认为在公共场所（或公共建筑）中为男性和女性提供相同的卫生间面积是性别平等的体现。仅从面积的角度来讲似乎是的确如此，有一些国家和地区甚至将此种想法纳入到了建筑管道设计的规范中。但是，即便男性和女性卫生间面积相等，由于男性卫生间往往同时配备隔间和小便池，这就使得能够同时使用男性卫生间的人数大于女性。所以，面积相等并不意味着可容纳的使用者数量相等。然而，即便男性和女性卫生间设置同等数量的隔间，问题也仍然存在，因为女性单次使用卫生间的时间通常是男性的 2.3 倍[2]。老年人、部分失能和残疾人群体中女性占多数，这部分人群在使用女性卫生间时通常也需要更久的时间[3]。除此之外，携带小孩外出的人群也以女性为主，她们帮助儿童解决大小便问题也需要比男性更多的时间。科学研究表明，一系列生理层面的因素使得女性使用卫生间的次数要天然地多于男性。怀孕和生育的过程会降低女性的膀胱容量，女性罹患不同程度的尿道感染和炎症的概率是男性的 8 倍，再加上女性生理期等原因，都使得女性对卫

---

1 Women Deliver. Yale Study Examines the Link Between Sexual Violence and Access to Sanitation[J/OL]. 2016-05-10. https://womendeliver.org/2016/yale-study-examines-link-sexual-violence-access-sanitation.
2 Banks, T. L. Toilets as a feminist issue: A true story[J]. Berkeley Women's LJ, 1990, 6: 263.
3 Greed, C. 2014. Global gendered toilet provision. More Public than Private: Toilet Adoption and Menstrual Hygiene Management II in AAG Annual Conference.

生间有更高的使用需求。

根据联合国的估计，全球有三分之一的女性缺乏足够安全可用的卫生间[1]。在世界范围内，足够的公共卫生间的供给对男性和女性而言都是一个尚待解决的问题，但这一问题对女性而言更加尖锐，因为从社会和生理的角度，女性对卫生间的安全和卫生条件的要求都高于男性。不论在发达国家还是发展中国家，公共场所中卫生间的安全性问题都是女性使用卫生间的一大障碍。女性在公共卫生间中受到的各类性侵犯层出不穷，如果一处卫生间不能给女性提供足够的安全感，女性通常会拒绝使用，这使得对女性来说本来就有限的公共卫生间资源更加捉襟见肘。由于一般大众在认知上对公共卫生间的固有偏见和男性化的思考出发点，其周边的环境安全设计往往容易被人们所忽视。事实上，只要多一点女性使用经验的考量，在选址和视线等方面稍加改进，就会极大提升公共卫生间的使用效能。

尽管女性主义者一再呼吁，很多国家政府在公共卫生间上的投入却持续减少。2007年的一项调查研究显示，美国公共卫生间数量的减少趋势已经持续了半个世纪[2]。在英国，1993—2013年间公共卫生间的数量减少了50%[3]。地方政府常以公共财政支出削减为由减少公共卫生间的供给，然而2015年耶鲁大学的一项研究表明这种论断在经济层面上根本不成立。研究者构建了包含公共卫生间数量、女性遭受性侵犯的风险，以及女性使用卫生间所需花费时间数学模型，用以量化计算显性社会成本（个人财物、医疗资源、法律资源等）、隐性社会成本（恐惧和焦虑等）与公共卫生间建设和维护费用之间的关系。研究者将该模型应用于拥有240万人口和5 600个公共卫生间的南非卡耶利沙镇（Khayelitsha），发现公共卫生间所产生的社会效益，以及减少的治安和警务费用，远高于建设和维护费用（约500万美元）。并且研究者认为这仅仅是一种保守估计，因为模型中并未包含公共卫生间对提升女性健康减少医疗

---

1 Unric. No safe toilet for one out of three women[J/OL]. 2014-11-19. https://archive.unric.org/en/latest-un-buzz/29530-one-out-of-three-women-without-a-toilet
2 Federal Public Restroom Requirements Initiative[J/OL]. https://www.phlush.org/2010/09/30/federal-public-restroom-requirements-initiative/
3 Toilets, Gender and Urbanism[J/OL]. 2013-09-17. https://blogs.ucl.ac.uk/ucloo-festival-2013/2013/09/17/toilets-gender-and-urbanism/

支出所带来的社会经济效益[1]。

5.1.3 交通出行

在交通出行方面，关注不同年龄、阶层、家庭结构和职业状况下的女性群体的出行模式，特别是家务出行与职业出行在女性群体中的复杂关系，从而改进城市步行以及公共交通系统，以便更全方位地服务于社会生产和再生产过程。

在世界上的绝大多数城市，女性比男性更经常使用步行、骑行和公共交通的方式出行[2]。在法国，公共交通乘客中三分之二为女性；在美国的费城和芝加哥，女性在公共交通乘客中所占的比例分别为64%[3]和62%[4]。在家庭中仅有一辆汽车的情况下，男性通常是汽车的使用者。男性和女性不仅在车行方式上有差异，更显著的差异体现在出行目的上。城市生活中男性的出行方式较为单一，绝大多数为一天两次的上下班通勤。而女性的出行方式则较为复杂。女性从事了世界上约75%的无薪酬家务劳动，这显著影响了她们的出行方式。城市已婚职业女性的出行内容通常涉及以下方面：包括在上班前送孩子上学、上下班、陪护家庭老人或小孩就医、下班后为家庭购买生活物资等。相关学术研究领域将女性的这种出行模式称为"出行链"，即单次出行通常包含了若干目的不同但又互相联系的次级出行目的，这种出行模式被认为在世界范围内的女性群体中具有普遍性。即便在性别平等程度较高的英国伦敦，女性接送孩子上学的频率是男性的三倍，女性采取出行链的模式出行的比例比男性高25%[5,6]。相似的现象在欧洲国家也普遍存在，双职工家庭的女性在通勤过程中接送孩子的比例是男性的两倍。对于孩子年龄低于5岁的家庭，职业女性采

---

1 Gonsalves G. S, Kaplan E. H, Paltiel A. D. Reducing Sexual Violence by Increasing the Supply of Toilets in Khayelitsha, South Africa: A Mathematical Model[J]. PLOS ONE, 2015, 10 (4): e0122244.
2 Sustainable Mobility for All 2017. Global Mobility Report 2017: Tracking Sector Performance.
3 Saksa J. SEPTA has largest percentage of female riders – 64% – among large transit agencies[J/OL]. 2015-01-26. https://whyy.org/articles/septa-has-largest-percentage-of-female-riders-64-among-large-transit-agencies/#:~:text=According%20to%20the%20authority's%20customer,and%20San%20Francisco%2C%20amongst%20others.
4 Ceccato V. Women's victimisation and safety in transit environments[J]. Crime prevention and community safety, 2017, 19 (3-4): 163-167.
5 Mayor of London 2015. Travel in London: Understanding our diverse communities.
6 Transport for London 2007. Gender Equality Scheme: 2007-2010.

取出行链的模式出行的比例会上升 54%，而男性仅上升 19%[1]。

西方现代城市的交通系统规划和设计在很大程度上是以就业通勤为导向的。早晚上下班固定的劳动时间导致了出行高峰期的出现，公共交通和道路交通的布局以及承载能力的设计都以通勤高峰期为标准。这种以通勤为导向的交通体系规划最典型的产物之一就是道路和公共交通系统的放射状布局[2]。如图 5-2 所示，纽约和巴黎的地铁线路均呈现出典型的放射状布局，不同的线路在市中心和其他就业密集区汇集，然而环线较少，即不同线路之间缺乏联系。这种布局方式的优点在于最大化通勤出行的"效率"。换言之，在以通勤出行为出发点的考量下这是最经济的布局模式。然而考虑到女性和老年人群体的出行目的地中，生活服务设施也占据了很高的比重，且这类设施的布局往往并不遵循放射状模式。这就使得放射状的公共交通线路不能有效为女性群体的出行提供支持。与放射状布局相对的，是网格状的布局模式。网格状布局在保证效率的基础上，兼顾了公平性和均好性，如国内北京和上海的地铁线路布局（图5-3）。

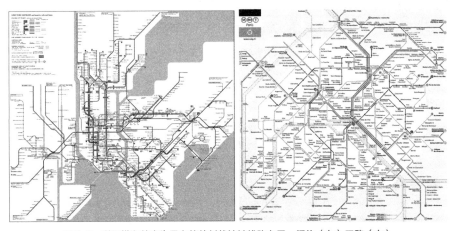

图 5-2　以通勤和效率为导向的放射状地铁线路布局：纽约（左）巴黎（右）

---

1 De Madariaga I. S. Mobility of Care: Introducing New Concepts in Urban Transport[M]. England: Ashgate Publishing Limited, 2013.

2 Walker J. The Power and Pleasure of Grids[J/OL]. 2010-02-23. https://humantransit.org/2010/02/the-power-and-pleasure-of-grids.html.

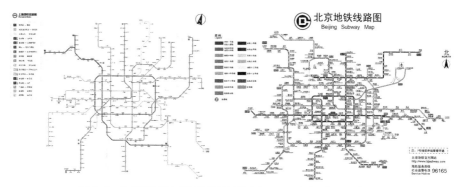

图 5-3　以公平为导向的网格状地铁线路布局：上海（左）北京（右）

　　城市交通出行中的性别不平等问题常常被城市管理者所忽视。瑞典城市卡尔斯科加（Karlskoga）在 2011 年开展了性别平等倡议活动，在市议会的主导下，从性别视角出发对城市管理和规划方面的一系列政策进行了重新审视和评估。在评估中人们发现，即便是"道路积雪清扫"这一看起来显然与"性别平等"无关的城市交通服务，也隐藏着性别不平等问题[1]。简单来说，该市负责道路积雪清扫的市政部门每次清扫工作都从城市主干道开始，然后是车行道，最后是自行车和人行道。这样看似"默认"的工作流程，实则对男性和女性的日常出行产生了完全不同的影响。在世界上的绝大多数城市中，车行交通都是由男性主导的，女性和老年人则更多地依靠步行、自行车和公共交通。这一方面是由男性和女性对家庭汽车的掌握和使用权决定的，另一方面也由于女性的"出行链"往往比男性更复杂，需要兼顾工作、家庭购物、接送孩子等各类出行目的，并切换多种出行方式。即便在性别平等观念最为普及的瑞典，男性也是绝大多数家庭中汽车的实际使用者。

　　这样一来，看似与性别平等无关的道路积雪清扫流程，实则是优先解决了男性的出行障碍，将女性的出行需求放在了最为次要的位置上。在充分征求各方意见并考量市政部门的工作流程后，卡尔斯科加市议会颁布了新的规章制度，

---

[1] Perez C. C. Invisible Women: Exposing Data Bias in a World Designed for Men[M]. Random House, 2019.

将人行道和自行车道列为优先清扫对象。市议会认为，就实际体验来说，三英寸厚的道路积雪对驾驶车辆造成的影响，要远低于那些推着婴儿车、带着孩子、拎着购物袋在雪地上步行或骑行的女性和老年人。积雪清扫工作流程的调整并不会增加市政工作的支出，甚至能够变相节省市政府的财政支出。

自1985年起，瑞典地方政府就开始统计居民的受伤就医数据，他们发现行人在降雪天气中因路滑受伤的数量是机动车驾驶人的三倍以上，占据了几乎一半以上的交通受伤事故。而这些受伤的行人中绝大多数是女性[1]。另一座瑞典城市的数据显示将近80%的行人受伤事故发生在冬季雨雪天气，其中近70%的伤者为女性，且中等和严重程度受伤的比例达到48%。瑞典斯科纳县（Skane County）的数据统计发现，单单一个冬季因雪天摔倒而受伤的行人所消耗的医疗资源就高达约320万英镑，这还不包括私人医生和私立医院的医疗资源[2]。据保守估计，瑞典一些城市因雪天行人受伤事故所消耗的医疗资源是冬季道路维护费用的2～3倍，其他地区甚至更高。从性别视角出发，在道路维护中优先关注以女性、儿童和老年人为代表的行人的出行需求，不仅仅实现了社会公平，同时也具有很强的经济意义。

瑞典卡尔斯科加市道路积雪清扫中的性别平等问题在性别敏感型城市空间营造的探索中非常具有典型性和代表性。城市空间营造中造成性别不平等的诸多类型的因素，绝大多数并非以牺牲女性群体的利益为代价满足男性群体的需求，换言之，很多空间环境要素的设计考量并非有意排除女性群体的诉求，而是无意中忽视了女性群体的诉求。这种"无意"一方面来自政策的制定和空间环境要素的设计环节中，男性群体占主导性地位，男性在先天上没有办法完全顾及和考虑到女性的需求和体验；另一方面源于社会和城市生活的诸多领域中性别差异（分类）型统计数据的缺失，以及性别视角的缺失，使得跨性别的决策者无法意识到性别差异问题的存在，进而在无意中丧失了决策的公平。

性别差异类出行统计数据的缺失问题尤其值得关注。有交通规划领域的学者指出，世界范围内大多数交通出行类调查都倾向忽略或简化短途步行出行以

---

1 League of European Research Universities 2015. Gendered Research and Innovation: Integrating Sed and Gender Analysis Into the Research Process.
2 Berntman M, Frank M, Moden B. 2012. STRADA information 2011 Fotgängarnas singelolyckor i Skåne.

及非机动车出行[1]。一方面,这类出行模式被认为与基础设施建设相关性不高;另一方面,这类出行模式更加复杂,涉及多重目的地、多种方式结合的出行链,被认为是非常规的出行方式,同时也对数据精度、收集方式和统计难度的要求较高,故而在一般性的出行调查中容易被忽略。除此以外,传统调查中的数据呈现方式也在很大程度上"弱化"了短途和非机动车类出行的重要性。规划学者桑切斯(Sanchez de Madariaga)曾指出[2],大部分的交通出行类调查和研究倾向将职业通勤划分为一种类型,而将"家务出行"划分为以购物、娱乐、休闲、就医等与职业通勤并列类型的方式呈现。这样的类型划分方式实际上在不知不觉中消解了家务出行这一大类,因为以上列举的各个小类在大部分情况下实则是家务出行链的组成部分。桑切斯因而提出了"家务出行"的类型概念,并在西班牙首都马德里进行数据收集和研究。她发现就全部人口而言,家务出行和职业通勤出行几乎占据了相同的比重。进一步对数据进行性别划分后,她发现家务活动是女性首要出行目的,正如同职业通勤是男性的首要出行目的。桑切斯指出,如果所有的出行研究和统计报告都以此为类型划分依据,那么规划决策和设计者将没有理由不把女性的出行放在与男性同等重要的位置上。

20世纪80、90年代是性别敏感型城市规划在欧洲国家兴起且快速发展的时期,进入21世纪后,由于不同国家经济和政治环境的变化,以及先前的成果累积,性别要素在欧洲国家各类规划建设项目和学术研究中的热度有所下降。总的来说,自20世纪80年代以来,学术和实践领域的关键词经历从"女性"到"性别"的转变。近年来从"性别"进一步推广到年龄、族群、阶层等差异要素,从"女性友好城市"到"性别友好城市"进而到"公平共享城市"(fair shared city)[3],以日常生活的视角整合"职业"与"生活"、"社会生产"与"再生产"过程中的差异化空间诉求,使得城市空间环境更好地服务于所有人的生活。

---

1 Tran H. A, Schlyter A. Gender and class in urban transport: the cases of Xian and Hanoi[J]. Environment and Urbanization, 2010, 22 (1): 139-155.
2 De Madariaga I. S. Mobility of Care: Introducing New Concepts in Urban Transport[M] England: Ashgate Publishing Limited, 2013.
3 De Madariaga I S, Roberts M. Fair shared cities: the impact of gender planning in Europe[M]. England: Ashgate Publishing Limited, 2013.

5.2 性别敏感型城市空间营造的内容体系——以维也纳为例

5.2.1 公共住房

维也纳市政府为住房项目提供了大量的补贴，有约 60% 的人口生活在受政府补贴的房产中。从 20 世纪 90 年代中期开始，为增强对新建住房质量的全方位把控，政府设立了包含经济、社会和生态等维度的住宅方案评估体系。在项目竞赛阶段，依据评估体系对项目方案进行打分，最终得分的高低与获得政府补贴的额度挂钩，从而实现对住宅设计的约束与把控。在维也纳女性事务办公室的推动下，性别因素从一开始就被纳入到了住宅评估体系中，目的在于使住宅方案的设计能够考虑到不同性别、年龄和家庭结构的居民的日常生活需求，并为之提供必要的支持。

维也纳政府从 20 世纪 90 年代初开始推进实施女性住宅项目，以探索性别敏感型的住房设计标准和相关要素。政府在 1992 年启动了女性住宅的第一期项目"女性工作城市"（Frauen-Werk-Stadt I，以下简称 FWS I 项目），1997 年建成，主要目的在于为女性的日常照料和家务活动提供支持，营造安全和富有吸引力的邻里空间。FWS I 项目包含了 357 套公寓、各类服务用房和充足的户外活动场地（图 5-4）。政府在 2000 年启动了女性住宅的二期项目 FWS II，主题为老年期的女性生活，希望通过住宅设计为老年女性的日常生活提供支持。FWS II 项目于 2004 年建成，包含了 140 套公寓（图 5-5）。2003 年在一位建筑学教授赛宾·波拉克（Sabine Pollak）的倡导下，一群感

图 5-4 维也纳女性住宅一期项目"Frauen-Werk-Stadt I"

图 5-5　维也纳女性住宅二期项目"Frauen-Werk-Stadt II"

兴趣的女性发起了维也纳第三个女性住宅项目——[ro*sa]。相较于由政府发起的 FWS 一期和二期项目，第三个女性住宅项目更具有合作住宅（co-housing）的性质，由居民自主发起并参与设计的全过程。[ro*sa] 项目于 2009 年建成，包含了 41 套公寓（图 5-6）。项目居民主要为女性老年人和年轻的单亲妈妈，希望通过代际混合的方式创造富有活力的邻里社区。

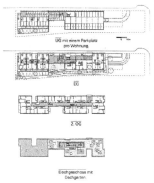

图 5-6　维也纳女性住宅三期项目"[ro*sa]"

　　伴随着女性住宅项目的落成，维也纳政府的女性事务和规划部门不断总结实践经验，形成了性别敏感型住宅项目评估指标体系。指标体系包含了内外交通空间、住房、公共服务用房和户外开放空间四部分内容。

　　内外交通空间部分关注交通空间的安全性、安全感和社交属性。公寓的出入口的设置应确保与周边其他公寓的声音和视线交流，以实现"自然监视"，增强女性的安全感；出入口和交通空间提供无障碍通道，确保使用轮椅的老年人和使用婴儿车的女性的使用；楼梯间和走廊应提供自然采光并确保视线通透

（图 5-7）；地下停车场确保充足的照明并尽可能提供自然采光，停车场与外部的交通流线应尽可能简化；由交通空间衔接的单个组团内的住户规模宜控制在 30 户以下，以便于邻里间的熟识；交通空间中设置可供停留的区域以促进邻里间的交往。

住房部分主要强调户型的多样性和灵活可变性，除了适应核心家庭，也要适应其他家庭结构居民的居住需要，特别是单亲母亲和独居的女性老年人（图 5-8）；保障良好的朝向和通风；厨房空间应确保与室内其他空间的声音和视线联系，有助于帮助母亲的处理家务时照看孩子，也有助于老年人做饭时的安全。

图 5-7　FWS II 项目交通空间。自然采光和视线通透以保证安全感知

图 5-8　FWS I 项目的可变户型设计

公共服务用房部分强调公共住宅需配备公共活动室、儿童活动室、自行车婴儿车储存室、公共洗衣房和其他废物回收与储藏空间；这些公共空间需保证无障碍可达性；女性的出行对自行车而婴儿车的依赖度较高，老年人则通常需要手推车，用于储藏自行车、婴儿车和老年人手推车的空间需位于底层或可

图 5-9　卡尔大公街区（Erzherzog-Karl-Strasse）项目活动场地

达性较好的地方，面积根据总户数进行计算；公共洗衣房宜靠近儿童游戏场地并保证视线联系，以便母亲在等候洗衣时照看孩子；垃圾回收和其他储藏空间通常设置在相对偏僻的地方，但应避免过度复杂的路径，同时保证照明和视线，提升女性的安全感。

户外开放空间方面，确保为公寓提供阳台、露台等户内开放空间；确保户外活动场地的无障碍可达性；15户以上的住宅项目需配备至少30m^2的幼儿活动场地，50户以上的住宅需配备至少500m^2的儿童和青少年活动场地，活动场地内配置适龄的游戏和活动设施，场地附近配置公共卫生间；幼儿活动场地须距离住宅的主要窗户至少5m以上，儿童和青少年活动场地须15m以上（图5-9）；充分利用屋顶空间设置露台，为楼层较高的住户提供方便可达的户外空间。

总的来说，这些性别敏感型住房空间营造措施从不同性别和年龄群体的日常生活内容出发，特别关注单亲母亲、婴幼儿和老年人等在以往的规划设计中易被忽视的弱势群体的居住需求。从安全性、可达性、宜用性等方面优化既有的设计方法，为弱势群体的日常生活提供支持。

5.2.2 公园绿地以及其他开放空间

在维也纳女性事务办公室的组织下，1996—1997 年间开展了一项针对男孩和女孩公共空间使用状况的社会调查。调查发现，女孩对公共活动空间的占有和使用状况不如男孩。幼年男童和女童在公园中从事各类游戏活动的内容和使用度差异不大，但 10 岁以后，女孩在公园和其他游戏场地中出现和使用的概率显著下降。一部分原因在于体格的变化使得男孩开始从事更加激烈的游戏活动，女孩在游戏空间中的角色逐渐边缘化，甚至认为男孩的出现给她们带来不安全感。公共空间中的活动设施和场地长期被男孩主导，女孩对公共空间的使用模式以及兴趣偏好则很容易被忽略。这项调查的结果引起了维也纳城市规划当局的重视，随后即将性别敏感型公园、运动场地和活动场地规划纳入到维也纳的城市战略规划中。

维也纳市政府在 1999 年选择艾因西德勒公园（Einsiedlerpark）和圣约翰公园（St Johann Park）两个公园作为试点，发起了性别敏感型改造设计竞赛，核心目的在于探索适宜的空间结构，以对女孩和其他女性群体的公共空间使用提供支持，同时促进女性更加积极地参与户外活动（图 5-10）。在前两个项目完成后，政府又选择了另外四处公园进行改造设计，研究推广性别敏感型的设计方法，并邀请项目所在地居民参与方案设计过程。同时，在全市范围内选取 14 处公园开展性别敏感性评估，关注景观设计品质和使用者行为的空间模式。最终形成了性别敏感型公园绿地设计的规划建议和导则。

性别敏感型公园绿地空间营造的目的在于为男性和女性提供平等的使用机

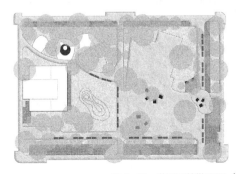 

图 5-10　艾因西德勒公园（左）和圣约翰公园（右）

会，规划建议包括了空间结构（spatial structure）、主观安全感（subjective feeling of safety/security）、女孩的活动内容（activity range of girls）和推荐的框架条件（recommended frame conditions）。

在空间结构方面，公园的路径设计要考虑周边不同性别和年龄居民的日常出行路径，通过路径设计实现公园空间与居民日常生活的整合；差异化的功能分区，在使用强度较高的公园中合理运用空间边界将大而完整的空间划分出各类次级区域，以避免单一或少数群体对其他群体空间使用的剥夺（图5-11），同时在无明确功能的空间中设置座椅等兴趣点以满足边缘群体的使用需求；同时应确保边界的灵活性以应对潜在的可变使用需求。

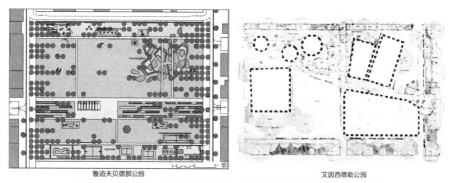

鲁道夫贝德那公园　　　　　　　　艾因西德勒公园
图5-11　大型（左）和小型公园（右）中多类型多层级的活动场地划分

在主观安全感方面，公园中的主要路径应确保明晰的方向感、可视性和通行效率；通过与居民日常生活路径的整合，增加主要路径的使用频度和人流量，以提升安全感；公园中的路径和活动场地应确保与附近街道和住宅间的视线联系，增强安全感知；儿童活动场地边设置成年人休憩空间，以便于对儿童的安全看护；主要路径和使用区域应确保夜间照明；干净整洁、维护良好、具有安全感的公共卫生间（图5-12）；老年人使用区域确保视线通透，确保发生意外事故时及时被旁人知晓。

女孩的活动内容方面，活动场地的设置应关注女孩的游戏偏好，如旱冰、羽毛球、排球和角色游戏等；主要的球类活动场地边应保持开放性，场地边设置座椅和休憩空间，方便无法参加游戏的女孩或老年人观看游戏，提升场地对她们的吸引力，实现被动参与；注重游戏设施的多样性和单个设施的适应性，确保其可以被不同的群体使用（图5-13）。

图 5-12　鲁道夫贝德那公园中的公共卫生间具有较好的环境安全感

图 5-13　鲁道夫贝德那公园中适应不同群体的多种活动设施和场地

在框架条件方面，在公园的更新设计过程中邀请不同年龄、性别的日常使用群体参与；邀请性别规划专家参与；在场地上对使用者开展性别敏感型设计的宣教工作。

5.2.3 交通设施与步行空间

长久以来,车行交通一直是城市交通规划的主要对象。公共交通、步行交通和自行车出行近年来开始愈发受到重视。从性别敏感的视角出发,承担照护任务的家庭主妇、职业女性、儿童、老年人和城市低收入群体,主要依靠步行、自行车和公共交通出行。城市慢行交通体系的优化对于以上群体的出行能力具有重要意义,是实现出行公平的必要手段。为实施性别敏感型城市交通空间营造,维也纳市政府选取第七区为试点区域,开展了城市街道的性别友好度进行评估,关注人行步道宽度(图 5-14)、特定公共设施(如学校)周边的步行空间安全性和适应性、自行车道网络和老年人休憩设施等问题。

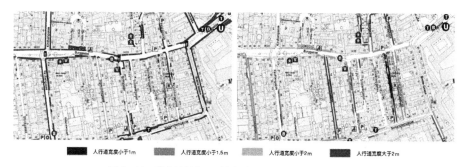

■ 人行道宽度小于1m　　人行道宽度小于1.5m　　人行道宽度小于2m　　■ 人行道宽度大于2m

图 5-14　维也纳第七区对人行步道宽度进行性别友好评估

城市街道空间的分配问题。首先,为保证各类人群的正常使用,人行步道的最小宽度不应低于 1.5m。在人流量较大的街区应当相应地增加人行步道的宽度,在商业街或历史街区等人流量非常大的街区,除足够宽度的人行步道外,还应考虑在街道上设置合适的停留与休憩空间。其次,在幼儿园、小学和其他在特定时段出现人群聚集的公共设施出入口所在的街道上,应设置交通缓冲区并分配更多的街道空间给人行步道,建议人行步道宽度至少为 3.5m。最后,适量减少停车位对街道空间的占用。通过建造足够的集体车库以减少路面停车位,从而将腾出的空间分配给人行步道、自行车道或其他慢行交通。第四,通过其他措施减少私家车的使用,包括共享自行车、共享汽车、控制公共住宅中停车位的数量。

提升公共交通的使用者友好度并进行线路优化。公共交通站点需要更高效地为居民区提供服务并满足各类居民的日常使用要求。公共交通站点需要满足步行可达，公交站点的最大服务半径为 300m，地铁以 500m 以内为宜。站点需保证无障碍通行，周边环境友好易于使用。公共交通路线和停靠站点的设置不应只考虑通勤人群的需要，"非工作"人群如老年人和家庭主妇的日常出行线路也值得关注，路线和站点应进行适当的调整以满足这部分人的使用需求。

使用者友好的步行和自行车道网络[1]。在步行路径适当设置小型城市家具（如座椅、停留驻足空地、带遮蔽物的空间）以方便行人的停留和社会交往。在步行路径和公共空间设置足够的无障碍座椅以为老年人提供休憩设施，无障碍座椅需要有靠背以确保坐姿状态下可获得足够的休息，同时也需要有扶手，为身体虚弱的老年人起身站立时提供支持。步行路径和活动空间中利用合适的场地设置公共卫生间，公共卫生间需配备无障碍设施。自行车道网络的规划需考虑到依靠自行车出行的人的日常生活需求，自行车道网络需与商业中心、购物中心和其他服务设施较好的衔接。在住宅区内、公共交通站点附近、学校和其他服务设施附近设置充足且安全的自行车停靠空间。

5.3 性别敏感与适老化城市空间营造

5.3.1 居住区空间

居住小区内的小型活动空间对于促进女性老年人的休闲活动参与具有更加重要的意义，因为受家务活动的影响，女性老年人的休闲出行范围和出行时长要小于男性，因而对离家更远的城市公共活动空间的使用度低于男性老人，居住小区内布置适宜的休闲活动场地可以适应女性老年人短时性的外出活动需求。此外，考虑到女性老年人更多的承担看护儿童的职责，可将老年人的活动场地或休憩设施与儿童的游戏场地结合在一起设置，使女性老年人在看护儿童的同时可以进行适当的户外活动。

---

1 自行车道在我国的城市道路中一般都会伴随机动车道设置，但欧洲很多城市的道路宽度受历史因素的影响通常仅设机动车道，自行车与机动车混行，安全性较低。近年来随着规划部门对慢行交通的重视，一些城市开始尝试在机动车流量不高的路段划分出自行车道，因而城市中存在局部且不连续的自行车道网络。

研究显示，女性老年人对社区中心、老年人服务中心和老年活动室等社区公共服务资源的使用度不如男性，一部分原因在于家务活动对女性老年人时空活动范围的牵制。为促进女性老年人对各类服务和活动设施的使用，在条件允许的情况下可将服务设施与各类活动场地和商业零售设施集中设置，增强女性老年人对各类公共服务设施的关注度和参与度。

5.3.2 城市公园绿地以及其他开放空间

男性和女性老年人对城市开放空间的使用模式有所差异。女性老年人偏好广场舞等团体型活动，并且受日常家务劳动的影响，女性老年人的活动时段较为集中。男性老年人偏好团体规模更小的棋牌类活动或其他球类运动，对桌椅设施和场地的布置有一定要求，且活动时间相对女性更为分散。当居住区周边的开放空间资源相对紧张时，男女老年人活动模式的差异会引发公共空间使用的矛盾，最为典型的就是以女性老年人为主的广场舞群体对其他群体的空间剥夺，相关新闻报道在国内大众媒体上屡见不鲜。在空间设计层面上造成这一现象的原因是开放空间层次划分的不足。空旷的广场上可以追求平面视觉效果，缺乏对居民使用行为的差异性考量和次级空间的划分。参考维也纳艾因西德勒公园的设计方法，利用绿植、道路等其他柔性边界将单一开放空间划分为若干具有不同功能倾向的子空间，既有面积相对较大的球类活动场地、开敞的硬质广场，也有尺度较小的活动场地和座椅设施，给那些无法参与活动的人提供休息围观的机会，进而最大化地赋予男性和女性平等的公共空间使用权利。

除空间使用外，男女老年人对空间安全性的感知也存在较大的差异。相较于西方，我们国家的城市街道和公共空间总体安全状况要好得多。值得关注的是一些规模较大的公园中，有些路径或空间为追求僻静的环境氛围使用植被或其他空间要素对视线进行阻隔。这样的设计不利于女性的安全感知，提供了藏匿危险的可能性，客观上也可能会限制女性老年人对空间的使用。

5.3.3 交通设施与步行空间

相关学术研究和我们对社区老年人行为的调查显示，女性老年人比男性更多地承担家务劳动的职责，例如每日购物买菜、接送并看护小孩等。维也纳性别敏感型城市规划与发展手册[1]中对不同类型女性日常出行行为状态的空间尺寸进行了研究，如携带两个购物袋的女性宽约90cm，使用轮椅的行人宽约90cm，携带一位幼童和一辆婴儿车的女性宽约140cm，两个并排行走且其中一人携带婴儿车与购物袋时宽约200cm（图5-15）。有必要结合城市社区中男性和女性老年人的日常购物、接送儿童的出行线路，特别是幼儿园、小学、超市及菜市场周边，评估现状条件下人行道的宽度能否满足其各类生活行为所需的基本尺度，并对人行道宽度和无障碍设施进行改造。除人行道宽度外，也要考虑从事家庭购物或儿童看护的女性（或男性）老年人的体力负担，在使用频率高且条件允许的路段设置无障碍座椅等临时休息设施，帮助老年人恢复体力，减少跌倒事故的发生。

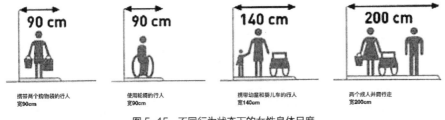

图5-15 不同行为状态下的女性身体尺度

老年人群体中，特别是低龄老年人群体，日常出行对公共交通的依赖度较高。公共交通站点的设计除考虑日常通勤需求外，也要适当考虑老年人的出行需求。关注男性和女性老年人出行目的地偏好的差异性，适当调整公交站点的设置，使其更加靠近男女老年人偏好的目的地。此外，女性老年人由于承担家务较多，买菜购物接小孩后负重乘坐公交车的现象比男性老人更为普遍。在我国，目前多数公交车的车厢设计缺乏无障碍考量。前后车门设置台阶且空间狭窄，刷卡和投币机器设置在车门处，通常需要携带小孩和各类物品的女性老年人上车时需要腾出手来刷卡投币，或进入车厢放置物品后再返回刷卡，这样的空间设置对女性老年人非常不友好且具有很大的安全隐患。伦敦公交车在设计

---

1 Damyanovic D, Reinwald F, Weikmann A. Manual for Gender Mainstreaming in Urban Planning and Urban Development[M]. Vienna: Urban Development Vienna, Municipal Department18–Urban Development and Planning, 2013.

上进行了充分的性别友好考量，增大公交车前后门宽度，取消台阶，在车内设置置物、轮椅和婴儿车停靠空间，并在车厢前后设置多处刷卡机（图 5-16）。除车厢空间外，在老年人活动密集区域的公交站台也应适当增加简单的休息设施。

图 5-16　伦敦公交车中的性别友好设计

5.4　小结

如第三章所述，自 20 世纪 70 年代，部分城市规划学者开始将性别视角引入对城市的反思和批判，其可视为第二次女性主义运动理论在具体社会科学领域的影响渗透。至 20 世纪 80 年代，性别敏感型城市规划在欧洲开始推广，它以社会公正为目标指向，以性别主流化为口号，对传统城市空间的男权属性，以及城市规划决策过程中男权影响下的城市空间品质、规划标准指标等进行检验，其政策指向包含了城市空间类型等各个层面。并于 20 世纪 90 年代在欧洲掀起了实践浪潮。至 20 世纪 90 年代后期，欧盟主要成员国签署了《阿姆斯特丹条约》，要求成员国在城市建设等各类项目中纳入性别平等的目标。2000 年之后，联合国专门成立了女性友好城市专题项目。

在荷兰、奥地利、德国、丹麦以及巴西等国家，性别敏感性规划在城市住房、城市公共空间、城市交通等方面做出了多项有益的实践探索。本章以奥地利维也纳为例，较为详细地列举了维也纳政府在女性住宅项目、公园开放空间改造项目，以及城市街道的性别友好度评估及改造等项目中，如何开展性别敏感型城市空间营造。这些案例有的并不是单纯指向老年人群体，而是从社会总体层面将不同年龄段的性别差异综合在内。但这些实践无疑系统化地开拓并推动了性别视角下适老化环境的营建。

通过溯源和案例分析，可见城市层面的性别敏感型适老化环境营造，包括了社区公共空间、住房、老年人日活动较多的城市开场绿地等公共空间，以及基于公共交通的老年人日常出行设施等体系建设。以老年人在人体工学、行为活动、空间占据、安全感知等多方面的性别差异为基础，城市层面的各类空间环境在性别敏感层面存在着较大的改造提升空间。就我国而言，面大量广的城市更新和社区改造，为这一提升提供了可能的契机。

第 6 章 性别专属型适老化居住环境

6.1 性别差异下的居住空间分异

本章所述的性别专属型适老化居住环境包含"社区"和"设施"两种老年人居住空间形态。前者对应于各种类型的女性养老社区，后者对应于各类性别专属型养老设施。目前国内外学术界尚没有针对以上两种性别专属型老年居住形态进行明确的概念界定。

女性养老社区属于众多老年互助合作养老社区中的一种特定类型。老年合作社区是一种建立在合作居住理念上，鼓励老年人互相照料、社交娱乐，降低老年人的孤独感，并最大限度地保持生活的独立自主性，以促进积极老龄化的一种居住模式[1]。其两大核心要素是个人独立生活和团体协作互助，社区中的老年人既享有独立住宅般的个人生活空间，又可以享受到集体的公共空间、设施和服务[2]。而女性养老社区即是居民全部由老年女性构成的合作互助养老社区，这一明显带有性别分异色彩的养老居住形态目前多见于荷兰、英国、加拿大、美国和澳大利亚等欧美国家[3]。性别专属型养老设施是指根据性别对入住老年人的居住空间（尤其是居室）进行分配的各类养老设施。常见的有只收住女性老年人的女性专属型养老设施和只收住男性老年人的男性专属型养老设施，也包括同时收住两性老年人，但根据楼栋、楼层或特定单元对男性和女性老年人居住生活空间进行划分的养老设施。

6.2 女性养老社区

女性养老社区是一种为解决老年期社会心理和生活照护等需求而产生的一

---

1 Anne P. G. Aging in a Community of Mutual Support: The Emergence of an Elder Intentional Cohousing Community in the United States[J]. Journal of Housing for the Elderly, 2009, 23 (4): 283-303.
2 Choi J. S. Evaluation of community planning and life of senior cohousing projects in northern European countries[J]. European planning studies, 2004, 12 (8): 1189-1216.
3 Brenton M. Choice, Autonomy and Mutual Support: Older Women's Collaborative Living Arrangements[M]. YPS, 1999.

种女性老年人集中居住模式。其与女性养老机构的区别在于更加强调独立生活、互帮互助和社会参与。个人独立生活和团体协作互助是其两大核心要素，社区中的老年人既享有独立住宅般的个人生活空间，又可以享受到集体的公共空间、设施和服务。女性养老社区一般由女性老年人协会发起，联系协调有互助养老需求的女性老年人会员。在一些高福利国家，如欧洲大陆的荷兰、丹麦、奥地利等，政府有时会将女性养老社区的提案纳入到公共住宅开发计划中，并为之提供资金、场地和项目筹备等全方位的协助。在以英美为代表的市场化国家，女性养老社区的开发一般由女性（合作）养老协会主导，负责统筹选址、设计和开发建设等流程。女性老年人通过卖掉原有住宅来支付新的养老社区的开发建设资金，是一种置换的模式。

6.2.1 女性养老社区产生的社会背景

女性养老社区的出现以及不断发展，是一系列经济、社会和文化因素共同作用的结果。在人口和家庭结构方面，女性老年人在数量上多于男性在世界范围内是普遍现象，这一差异在高龄群体中更为突出。高龄老年女性中丧偶、独居和失能人数比重较大。西方发达国家的老年女性人口普遍成为整个社会"独居"人群的最大组成部分。例如在英国，75岁及以上的老年女性人口中，有超过三分之二的人处于独居状态[1]。美国退休人员协会公共政策研究所（AARP Public Policy Institute）的统计数据，美国75岁及以上的老年人中，有70%的女性处于丧偶、离婚或未婚状态[2]。2015年美国联邦跨部门老龄问题统计论坛（The Federal Interagency Forum on Aging-Related Statistics）的数据也显示老年女性的孤寡率远高于男性[3]。根据欧洲议会的统计，2013年欧盟28个成员国中独居老年女性人口达到1 980万，几乎是独居老年男性人口的3倍，并且呈现出继续增长的态势[4]。相较于男性老年人，丧偶女性老人通常不会再

---

1 Thomas, J. Insights into loneliness, older people and well-being, 2015. 2015.
2 Houser A. Women & Long-term Care[J/OL]. 2007-04. https://assets.aarp.org/rgcenter/il/fs77r_ltc.pdf
3 Federal Interagency Forum on Aging-Related Statistics 2016. Older Americans 2016: Key Indicators of Well-Being.
4 Lodovici M S. Elderly women living alone: an update of their living conditions[J/OL]. 2015-06. http://www.europarl.europa.eu/RegData/etudes/STUD/2015/519219/IPOL_STU%282015%29519219_EN.pdf

寻找异性伴侣。在没有家庭关系束缚的情况下，女性老年人能更加自由地选择自己与他人组合的养老居住模式。

基于核心家庭结构的多居室住宅空间不再适用于高龄或独居老年女性的生活需求。进入老年期后，随着身体机能的不断下降，老年人对住宅空间的维持越发吃力。早在 20 世纪 70-80 年代，劳顿等老年学研究者就发现老年人的实际生活空间在住宅中不断萎缩的现象[1]。尽管拥有普通的三居室外加庭院的标准住宅，但高龄独居老人的生活空间一般仅仅围绕自己的床和靠窗的窗户展开。由于活动能力的下降，老年人会把自己的生活必需品集中到触手可及的这一小空间内，而住宅的其他房间和庭院慢慢处于荒废状态，这也就是近年来西方国家老年人居住（downsizing）现象的原因[2]。高龄独居的女性老年人卖掉原有的大住宅，置换为面积较小但设施齐全小型住宅，且能够与其他老年人组成社区邻里合作养老。既维持了自己的独立生活，又能够保证社会参与。

在经济和社会保障层面，老年女性通常处于弱势地位。欧盟国家中独居老年女性的贫困率高达 24.9%，显著高于独居老年男性（18.6%）和非独居老年女性（12.3%）。虽然西方国家已普遍建立起完善的养老保障体系，但由于受教育水平、工作性质等原因，老年女性中仍有多数无法获得优质的社会保障资源。尤其是近年来西方国家经济增长停滞，养老福利支出不断削减，鼓励发展市场化的养老服务。在这样的情况下，女性老年人购买养老照护资源的压力进一步增大。互助合作居住的养老模式虽然无法完全取代专业照护机构，但可以让女性老年人摆脱"无依无靠"的生活状态，在一些临时、紧急或特殊情况下提供必要的支持，尽可能延长老年人的独立生活时间，进而降低养老照护的总体支出。

在文化层面，西方 20 世纪 60、70 年代一系列女权思想和左派思想对当前一代的老年人影响深刻。西方社会目前的老年人群体大多属于战后"婴儿潮"（babyboomer）一代，出生于 20 世纪 40、50 年代，其青年时代普遍经历或参与了 20 世纪六七十年代风云激荡的各类政治思潮。特别是北美和欧洲的老

---

1 Lawton M. The Elderly in Context: Perspectives from Environemntal Psychology and Gerontology[J]. Environment and Behavior, 1985, 17 (4): 501–519.
2 Judd B, Bridge C, Davy, L, Adams T, Liu E. 2012. Downsizing amongst older Australians. AHURI.

年人，在当时的共产主义、集体主义以及女权主义运动的影响下，对家庭这一概念的理解更加自由化，集体生活成为他们年轻时的共同向往。这一代女性离婚或未婚的比例更高，家庭成员的数量也更少。这样的经历为她们晚年选择集体生活的方式奠定了基础。此外，集体合作的居住模式近年来在西方社会成为一种新的风潮。美国大西洋月刊的作者施特劳斯（Ilana Strauss）的著名文章"新千年的居住风潮"[1]指出，集体居住模式在人类生活中拥有更为悠久的历史，核心家庭是近代资本主义工业化和城市化的产物，近年来在欧美社会的年轻和老年人群体中，集体合作的居住模式愈发受到欢迎。人们共同分担家庭劳动和对老人与幼儿的照料职能，可以显著降低生活成本。

在社会心理层面，对人际交往的需求是促使女性老年人选择合作互助养老的最重要因素。根据英国老年慈善协会（Charity Age UK）的调查，超过60岁的老年人中，有50万人一天中的所有时间都在独处中度过，也有将近50万老人表示在一周中至少5天从未与任何人谋面或者对话。超过75岁的人中一半处于独居状态，其中70%是女性[2]。孤独和社会孤立已经成为影响老年人心理和生理健康的重要问题。与志同道合的老年人朋友组成社区合作养老，可以保障老年人的社会参与和互动。布伦顿（1999）指出邻里关系和邻里生活的缺失是各种类型的"理念社区"（intentional community）运动在荷兰、丹麦和美国等西方国家长久存在的最主要原因[3]。合作居住养老可以弥补居家养老的不足，查尔斯（Charles Durrent，2009）指出，"丹麦为鼓励居家养老，政府免费为老年人提供各类上门服务，包括家务保洁和健康护理等……但即便保障系统多么完善，他们也不会为老年人提供情感上的支持……老年人清楚那些上门服务的政府官员和护理院不可能坐下来陪他们打一会扑克，喝一杯茶或者聊天……在丹麦，居家养老的吸引力正在逐渐丧失"[4]。此外，日常经验告诉我们，相较于男性，女性老年人更喜欢团体活动。多数研究也表明，女性老年人比男性更善于维持和构建自

---

1 Strauss I. The Hot New Millennial Housing Trend Is a Repeat of the Middle Ages[J/OL]. 2016-09-26. https://www.theatlantic.com/business/archive/2016/09/millennial-housing-communal-living-middle-ages/501467/
2 Age Uk 2015. Evidence Review: Loneliness in Later Life.
3 Brenton M. Co - operative living arrangements among older women[J]. Local Environment, 1999, 4 (1): 79-87.
4 Durrett C. The Senior Cohousing: Handbook[M]. Canada: New Society Publishers, 2009.

己的社会关系。因此老年女性具有组建互助养老组织的先天优势。

6.2.2 女性养老社区的发展历程

多数的女性养老社区可以被算作是合作住宅（co-housing）的一种特殊类型。合作住宅虽然不仅仅为女性服务，但这一居住模式在诞生之初就与女性主义和女性解放有着千丝万缕的联系。其概念起源可以追溯到19世纪末的空想社会主义居住实践，现代意义上较为成熟的合作住宅诞生于20世纪30年代的瑞典（图6-1）[1]，受当时苏联合作社居住模式的启发，人们希望通过共享的公共设施和家务服务来减轻家庭妇女的家务劳动负担，从而使更多的已婚女性得以进入劳动力市场。这种居住模式的实践在北欧的瑞典、丹麦、荷兰以及英国都有开展，也被称为家务劳动社会化运动。一开始采用购买服务的模式，由合作社区的居民或地方政府雇佣服务人员为之提供餐食、清洁和儿童看护等服务。后来随着服务成本的上升，"购买服务"的模式逐渐被"共同服务"所取代，由社区居民共同分担家务劳动。女性群体是合作住宅发展的最主要推动力量，在20世纪60年代的瑞典，几乎所有的女性组织都呼吁政府加大投入修建可以分担女性家务劳动的合作住宅。

图6-1 瑞典的第一个合作住宅，1935年修建于斯德哥尔摩的约翰·爱立信加坦

早期的合作住宅主要面向的是家庭妇女的需求，解决幼儿看护、餐食供给和其他家务劳动问题。到了20世纪80年代，随着西方社会人口老龄化的不

---

1 Vestbro, D. U. Cohousing in Sweden, history and present situation[J]. 2014,

断发展，开始出现面向老年人的合作住宅。有合作居住意向的老年人自发结成组织，利用合作住宅的居住模式度过晚年生活，以减少对由政府主导的机构化的居住模式的依赖。丹麦最早在1987年就在哥本哈根建设了第一个老年合作住宅米德加德[1]公园（Midgaarden），瑞典则在1993年在斯德哥尔摩建设了第一个老年合作住宅法德克那（Fardknappen）（图6-2）。早期老年合作住宅发展较为缓慢和松散，20世纪90年代中期以后，特别是2000年以来，随着西方国家对养老社会福利的不断削减，传统机构化的养老模式因其较高的费用负担而越发不受老年人欢迎。合作养老在这段时间获得较快的发展，据不完全统计，丹麦在20世纪90年代末到2010年建成了约250个合作养老社区。在合作住宅协会的协调和指导下，近年来美国的老年合作住宅项目也快速发展。

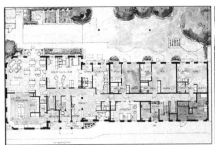

图6-2　瑞典的第一个老年合作住宅，1993年建于斯德哥尔摩的法德克那

虽然多数老年合作住宅不仅仅服务于女性老年人，但女性老年人在老年合作住宅的发展中一直扮演着重要的角色。世界上首个老年合作住宅项目，丹麦的米德加德就是由9位独居的女性老年人发起并创立的，这些女性老年人通过电视、报纸等媒体向公众宣传其养老居住理念，并开展巡回演说，在当时的丹麦产生了巨大的社会影响（图6-3）[2]。女性老年人是绝大多数老年合作住宅的主要成员，近年来男性的比例有所增加，占到三分之一左右。蔡（Chio）(2004)对瑞典和丹麦的28处老年合作住宅的调查显示，女性老年人占比超过三分之二[3]。也有调

1　Midgard 音译为"米德加德"，指"北欧神话中人类的国度，即尘世或人世"。
2　Pedersen M. Senior co-housing communities in Denmark[J]. Journal of Housing for the Elderly, 2015, 29 (1-2): 126-145.
3　Choi J S. Evaluation of community planning and life of senior cohousing projects in northern European countries[J]. European planning studies, 2004, 12 (8): 1189-1216.

查显示独居女性老年人的合作养老意愿远高于独居男性老年人。

在欧美国家，合作居住养老项目的发起有赖于特定的老年人协会。由于女性老年人在养老问题上相较男性面临更多的困难，如低收入水平、高独居率、高失能率等，所以女性老年人组织和相关协会在西方社会十分活跃，如英国的老年女性合作住宅协会（Older Women's Co-housing, OWCH）、加拿大安大略省的女性老年人组织（Older Women's Network Ontario）、美国的老年女性支持协会（Supportive Older Women's Network）以及澳大利亚的老年女性协会（Older Women's Network in Australia）等。这些协会是凝聚成员，协调资源并推动合作居住养老落地的最主要力量，这也在一定程度上解释了为何合作养老中女性占到大多数。

图 6-3　由 9 位独居女性老年人于 1987 年创立的丹麦第一所老年合作住宅米德加德获得了社会媒体的广泛关注

6.3　女性养老社区案例研究

6.3.1　英国新领域老年女性合作住宅

伦敦北部巴内特镇的新领域（New Ground）老年女性合作住宅（以下简称 NG 项目）是伦敦也是英国的首个老年女性合作住宅项目[1]（图 6-4）。它由英国老年女性合作住宅组织（Older Women's Co-housing, OWCH）于 2010 年发起，2016 年竣工入住。OWCH 成员参与了项目筹划、设计和建造施工的全过程以充分保障女性老年人的需求，建成后也完全由居民独立运营和管理。OWCH 的理念是：接纳和尊重多样性；互相关照和支持；个人和集体生活的平衡；打破对老年生活的刻板印象和歧视偏见；互相合作分担责任；维持无等级化的居民结构；关爱环境；积极融入当地社区。

---

1 'New Ground' Older Women's Cohousing Community (OWCH) High Barnet[J/OL]. https://cohousing.org.uk/case-study/new-ground-older-womens-cohousing-community-owch-high-barnet/

图 6-4 伦敦新领域老年女性合作住宅项目

(1) 项目筹划与建设背景

NG 老年女性合作住宅由英国老年女性合作住宅组织（Older Women's Co-housing, OWCH）在 2010 年发起，经过 18 个月的游说获得了地方政府的规划许可。与欧洲大陆的荷兰、瑞典、丹麦和奥地利等高福利国家不同，自 20 世纪 90 年代以来英国政府的公共财政预算连年削减，政府对社会住宅（廉租房）和老年人住宅等公共福利性居住设施的资金投入和政策扶持都十分有限，因此 NG 项目在发起之初就遇到了很大的资金困难。经过多轮游说，最终由专注于可支付性住宅和养老服务的非营利性英国开发商汉诺威公司（Hanover）提供开发和资金支持。开发商预先提供了 460 万英镑的无息贷款用于项目的土地购置、规划许可和一系列其他开发合同与建设费用，项目建成后根据预先签订的协议，17 套住宅出售给个人住户，8 套出售给当地的女性住宅协会（Housing for Women），开发商进而回收项目投资。与此同时，NG 项目还从英国都铎信托（Tudor Trust）获得了一笔可观的赞助经费，用于项目的日常运营、研究以及推广。

NG 项目建成后共有 25 套公寓，其中 17 套由个人通过购买持有，8 套由当地的女性住宅协会持有，用于社会福利性出租。由于英国政府的公共住房财政支出日益减少，NG 项目中用于福利性出租的 8 套公寓全部由英国都铎信托提供资金补贴。相应地，地方政府没有管理公共福利住房的权限，NG 项目中房屋福利性租赁的管理工作由英国老年女性合作住宅组织负责，目前仅对该组织年龄在 50 岁以上的会员开放。

(2) 规划布局与建筑设计

区位选址：NG 项目占地 0.3ha，位于伦敦北部的巴内特镇（Barnet），属于城市外围地区，距离伦敦中心城区大约18km。考虑到伦敦的地价因素，城市外围小镇是近年来伦敦各类创新型居住项目选址的理想区位。虽然距离市中心较远，但NG项目位于巴内特镇的核心位置，周边配套设施齐全，距离镇中心的高街[1]仅两分钟的步行距离，到附近的地铁站、市场和医院的步行距离也在十分钟以内（图6-5）。这很好地保证了女性老年人，特别是高龄女性老年人对生活购物、医药服务和公共交通等日常服务设施的可达性需求。此外，项目位于与城镇主要商业街垂直的道路上，沿街以住宅为主，商业分布较少，避开了繁忙嘈杂的交通，既满足了服务设施可达性，又保证了女性老年人对安静舒适的环境氛围的要求。

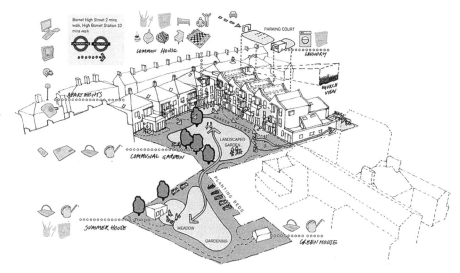

图6-5 NG项目布局概念图示

平面布局：NG项目的主体由南北两部分构成，北部为居住生活的核心区，南部为小型种植园。北部核心区的建筑布局呈T字形，主体两层，局部三层。T字的西侧由东西和南北走向的公寓围合出一个主要的生活花园，T字的东侧围合出附属的后勤空间。主要出入口设置在北部沿街一侧，T字两翼的交叉部位，同时在此处布置公共厨房和公共活动用房。西侧生活花园是整个项目的核心，可以为居民提供充足的阳光和活动场地，并且保证所有公寓的阳台与之有

---

1 高街（high street），英国对小镇或城市区域的中心商业街的称呼。

直接的视线联系。东侧后勤空间设置了次要出入口、洗衣房、用于晾晒衣物的小花园、汽车和自行车停车位、电动车充电站、储物间以及垃圾废物回收站。项目的南部为小型种植园，设置了工艺坊和小花园和种植场地（图6-6）。

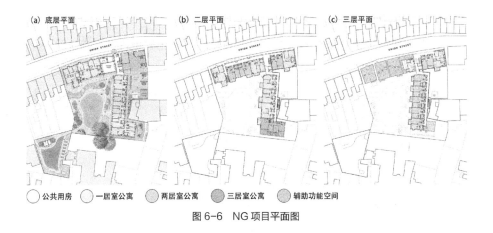

图6-6 NG项目平面图

户型设计：NG项目的25套公寓中共有一居室、两居室和三居室三种户型，其中一居室11套、两居室11套，三居室3套。除卧室数量的差异外，所有户型均配备有起居室、阳台、独立的厨房和卫生间。

公共空间与服务用房：公共活动用房位于东西和南北两翼建筑的交汇处，是平面交通的核心位置，同时也毗邻主要的垂直交通（楼梯和电梯），底层的公共活动用房与对外出入口直接相连，这样的布局设计保证了公共活动空间在整个项目空间结构中的核心地位，可以有效增加公共空间的使用率，促进居民的交往活动。底层的公共活动用房与公共厨房相联系，兼作公共就餐和多功能会议与活动用途，是整个社区各类公共活动的中心。三层的相同位置设置了客房，用于居民亲友访客的临时居住。项目东侧设置了一系列后勤服务用房，包括洗衣房、用于晾晒衣物的小花园、汽车和自行车停车位、电动车充电站、储物间以及垃圾废物回收站，这些空间与次要出入口相联系，最大限度地满足居民的日常生活需求。考虑到女性老年人的爱好，西南侧的设置了种植园和工艺坊，鼓励老人从事种植和花艺活动。

(3) 邻里营造和居民互助

合作管理：早在项目的前期筹划阶段，居民便成立了委员会。她们首先邀请设计师开展了必要的设计培训,使老年人了解建筑设计的相关语言和法规,同时也为具体设计环节中与设计师的沟通打下基础。随后居民们定期与设计师召开会议,参与了项目设计的全过程(图 6-7)。项目落成后居民们选举了社区的管理委员会,委员会每个月定期以公共餐会的形式召开会议,与居民商讨社区的管理事务和活动组织计划等。NG 项目目前入住了 26 位老年女性,这些老人大多属于丧偶或离婚状态,其余是未婚和子女不在身边的独居女性老人。她们最年轻的 50 岁,最老的 85 岁。OWCH 希望努力确保入住女性老年人年龄层的多样性和社区活力,因此她们在项目中设置了 8 套福利性短租公寓,以鼓励陌生的、新鲜的面孔不时加入社区中来。

图 6-7 NG 项目的老年女性居民参与方案设计

邻里营造:邻里营造是合作住宅项目的核心理念,在 NG 项目中邻里营造包括内部营造和内外营造两部分。就内部营造而言,首先通过建筑空间的视线和流线设计促进居民间的交流和社区感。中心庭院提供了休闲座椅、充足的阳光和活动场地,公寓的主要立面面向庭院,且通过大面积的落地窗、空间充裕的阳台以及底层出入口与庭院相联系,居民可以在阳台上与庭院中活动的其他居民对话和打招呼,视线的联系保证了人们随时可以感知到邻居们的存在。在流线方面,T 字形的廊道串联起了所有的公寓,主要的垂直交通和交往空间设置于 T 字形廊道的交汇处,可以促进居民日常的随机性交流。种植园、工艺坊和公共厨房的设置都有助于居民开展集体活动,增强社区凝聚力和归属感。除此之外,社区还经常组织居民共同外出购物、娱乐和出游,既促进了居民之间的交流又保证了外出的安全性。除了内部营造,NG 项目也强调老年女性居民与当地社区居民之间的互动。她们会不定期的邀请当地居民参与社区的公共餐会和其他团体活动。

合作互助：NG社区女性老年人之间的合作互助体现在以下几个方面。26位女性老年人作为一个团体生活在一起，形成了某种"规模效益"。她们可以不定期地邀请当地的医院和其他基层卫生机构来到NG社区为居民开展各类健康和老年病的预防讲座。这种相较于一般居家老年人的"额外福利"是其合作居住模式的结果。此外，由于是老年女性社区，健康讲座的内容也更具针对性，例如关注在老年女性中更为常见的骨质病、阿尔茨海默症以及其他女性疾病的预防等。对于居民之间的互助，社区构建之初居民就共同讨论制定了"照看而非照护"（to look out for rather than look after each other）的互助理念。强调在尽可能保证居民独立自主的个人生活的前提下，应互相关照彼此，特别是那些高龄女性老人。对于一定时期内有困难的老人，其他居民有义务提供陪护、聊天并帮助其处理一定的清洁、餐食等家务活动。对于健康状况恶化且有长期照护需求的老人，社区主张其寻求正式的照护资源。这一原则既能最大限度地维持老人在社区中的居家生活，发挥合作居住的优势，同时也避免了长期照护需求给其他社区居民造成的过量负担，保证了合作居住的"可持续性"。

6.3.2 法国芭芭雅嘉女性养老公寓

位于法国巴黎郊区蒙特勒伊（Montreuil）的芭芭雅嘉之家（House of Babayagas）女性养老公寓[1, 2]（以下简称HB项目）是由法国女性主义社会活动家特雷莎·克莱尔女士（Thérèse Clerc）发起创建的（图6-8）。HB项目的构想和倡议最早开始于1999年，经过一系列的组织、筹划、募款和论证工作，项目最终于2010年获得批复许可，2011年动工建设，2012年秋季建成。在法国乃至世界范围内产生了广泛的影响。

（1）项目筹划和建设背景

HB项目的发起和主要领导人特蕾莎女士长期在法国从事女性主义运

---

1 Biau V, Orazio A, Iosa I, Nez H. HABITAT EN AUTOPROMOTION Etude de six cas franciliens[M]. 2012.
2 Cbc. Baba Yaga House, The Sequel[J/OL]. 2013-08-11. https://www.cbc.ca/radio/thesundayedition/baba-yaga-house-the-sequel-1.29047403

图 6-8　芭芭雅嘉之家 女性合作养老公寓项目

动，在 HB 项目之前，她已成功创立了蒙特勒伊妇女之家项目（Maison des Femmes in Montreuil），为移民和少数族裔的女性提供居住和社区生活协助。特蕾莎在 1999 年提出了"The House of Babayagas"的计划，目的在于为女性老年人创造区别于传统护理院和养老机构的新的老年期居住模式。项目的基本理念被确定为：①自我管理，保持独立的自我的生活习惯，尽可能少的依靠外界的帮助；②团结协作，社区居民共享资源互相帮助以共同抵御老年期的潜在风险；③公民参与，保持与城市和外部社区生活的积极互动，参与社会、文化和政治生活。后来又加入了第四点，即生态可持续。2002 年特蕾莎开始组织一系列会议和宣传活动，吸引了更多女性老年人的关注并成立了组织协会。同时也通过媒体曝光等获得了市政当局的支持。

　　2003 年夏天法国爆发高温天气，造成了 15 000 名老年人在无人知晓的情况下死于家中。这使得法国政府开始意识到居家养老，特别是老年人独居生活的弊端。在这种情况下，提倡集体养老生活的 HB 项目获得了政府部门的高度关注，市政府委托蒙特勒伊的公共住宅委员会为项目提供资金并推动项目实施。进入可行性论证阶段后，HB 项目遭遇到了一系列困难。社会层面和其他政府部门的主要反对意见认为该项目使用市政公共资金建设，却排他性的仅仅服务于老年女性群体，这对于其他社会群体来说并不公平，甚至有人提出如果 HB 项目得以实施，那蒙特勒伊政府必须再同时为男性老年人也修建一个养老住宅项目。经过一系列争论，公共住宅委员会提出了"混合代际"的妥协方案，即原有的 25 套公寓中 21 套由女性老年人居住，4 套作为社会福利租赁住宅分配给年轻人。除此之外，项目的建筑性质也引起争论。起初按照养老建筑类型进行规划设计，但法国养老建筑规范的严格要求使得建设资金将大大超出预算。若按照一般居住建筑进行设计，养老照护方向的审核委员会认为将难以满足老年人居住的安全性。最终仍按照一般居住建筑进行设计，但在家具部品的设计中尽可能多地使用了无障碍和通用设计。

项目论证和设计方案获得各方同意后，蒙特勒伊市政府在 2008 年进行了换届，使得所有的游说工作必须重新进行。项目最终在 2010 年获得批复，2011 年开始施工，18 个月后的 2012 年秋季，即项目发起 13 年后建成。

(2) 规划布局和建筑设计

区位选址：HB 项目位于蒙特勒伊老城的中心区，其建设开发是老城区更新开发计划的一部分。项目用地原为一处旧车库，共 523m²。项目与各类城市用地功能很好地整合在一起，周边以居住建筑为主，并分布有零售商店、公交车站和其他城市基础设施。

平面布局：HB 项目的建筑呈"工"字形布局，将底层场地划分为三部分户外庭院空间，这样的布局方式在有限的场地空间内增加了空间的层次感。西侧临街庭院设置项目的主要出入口，公共性较强，成为"前庭"空间，东侧和南侧的两个庭院被建筑空间隔开，私密性较强，成为"后院"空间。工字形的连接部位设置垂直交通空间，上下两翼布置公寓，这保证了所有公寓都可以获得南向采光。项目的地面层主要布置了公共用房，包含了一个接待室、一个办公室和一个洗衣房、储物间和两个多功能室，同时也在一侧布置了一套两居室的公寓。二到六层为标准层，每层布置了 5 套户均面积 35m² 的单人公寓。项目 25 套公寓总计 863m²，公共用房 135m²，户外空间 177m²。

户型设计：HB 项目中的户型均为一居室的独立公寓，面积在 35m² 左右。户内配备了完整的厨房、卫浴和储藏空间，卧室和起居空间整合设计，同时有一个小阳台。此外，室内家具和布局也考虑了无障碍设计，厨卫设施均可满足轮椅老人的使用要求。室内居住空间的设计原则是尽可能地为老年人的独立生活提供支持（图6-9）。

图6-9　HB项目平面图

底层平面图　　　标准层平面图

（3）项目特色

互助养老，节省开支：特蕾莎女士在创立HB项目之初就非常强调女性老年居民间的互帮互助，因此将合作互助写入到了项目章程中并以非常具体的条文对居民的相关义务作出规定。在挑选入住居民时，是否有强烈的互助合作养老意愿被当作是最重要的标准之一。公寓目前入住了21位女性老年人，年龄从66岁到89岁不等，其中有7位生活在贫困线以下。这些老年人通过互作互助的方式节省日常生活开支，公寓成员每人每周都会贡献10个小时左右的家务劳动，因此公寓中并未雇佣任何的厨师、医生、护理或保洁人员。年轻成员有义务为年老者提供必要的帮助，且这种帮助并非只是自发性质，成员之间会建立固定化的帮扶关系。但成员们也共同制定了标准以评估身体特别虚弱的老人的照料需求水平，超出标准的老人会被建议搬入最近的专业照护机构，其他成员会定期前往探望。

融入邻里，社会参与：HB项目不仅仅是一个内向性的老年女性公寓，它同时具有很强的外向性，追求更广泛的社会意义与价值。项目的创建人特蕾莎女士长期从事女权运动，她认为HB项目不应仅仅成为一个女性老年人的庇护所，它需要具有更加积极的意义，成为社区凝聚力的中心并主动地倡导和宣示女性主义的理念和价值。HB项目的底层公共空间完全与其所在的社区邻里共享，公寓中的老年女性居民会定期为社区中的孩子开设课程和举办音乐会，她们还与当地的农民文化协会协作在项目中举办论坛。HB 项目与蒙特勒伊妇女之家项目合作，为外来移民女性提供女性公民权教育。此外，她们还在项目中成立了"老龄知识大学"（University of the Knowledge of the Old, UNISVIE），为社会上的女性老年人提供关于老年期的疾病健康、活动参与和生活理念等方面的信息知识。特蕾莎女士认为 HB 项目应当成为一个热点而非孤岛，通过一系列的社会参与来显示女性老年人的活力和价值，促使人们摆脱对女性老年人的刻板的性别角色认知（图 6-10）。

图 6-10　HB 项目积极组织社区活动促进老年人的社会融合

6.3.3　奥地利维也纳女性工作城市 II 女性住宅

女性工作城市 II（Frauen-Werk-Stadt II，以下简称 FWS II）是维也纳女性社会住宅的二期项目，作为一期项目——"Frauen-Werk-Stadt I（以下简称 FWS I）"的延续，二期项目的主题为"老龄期的女性生活"，关注人口老龄化和老龄人口女性化快速发展的背景下维也纳女性的居住问题（图 6-11）。项目设计竞赛在 2000 年由维也纳市政府"日常生活与女性需求专项规划建设协调办公室"[1]（以下简称女性协调办公室）发起，于 2004 年建成共 140 套政府补贴的福利性出租公寓。

---

1 the Co-ordination Office for Planning and Construction Geared to the Requirements of Daily Life and the Specific Needs of Women.

图 6-11　女性工作城市 Ⅱ 项目

(1) 项目筹划和建设背景

维也纳具有悠久的政府修建社会住宅的传统，政府补贴的社会住宅最多时占到了整个维也纳住宅市场份额的三分之二。2013 年时市政府持有的福利性出租公寓占到了全市所有公寓数量的四分之一，80% 的新建住宅项目受到政府的补贴。维也纳同样也是欧洲乃至世界上最早推行性别敏感型规划建设的城市。市政府在 1992 年就成立了女性事务办公室（Women's Office），由规划师伊娃·凯尔（Eva Kail）主导以解决与性别相关的城市规划问题。同年便开始筹划建设"女性"主题的社会住宅 FWS Ⅰ，关注职业女性和单亲家庭女性在城市中的工作生活问题，并举办了多轮由女性建筑和规划师，以及女性评审委员会参与的设计竞赛。项目于 1997 年建成交付，共花费约 4 400 万欧元，其中政府补贴约 2 200 万欧元。整个项目为维也纳女性提供了 357 套多种户型的出租公寓，至今仍是世界上最大的女性住宅项目。

在一期女性社会住宅项目获得成功的基础上，女性协调办公室在 2000 年开始发起筹划二期项目。考虑到当时的维也纳城市人口中老年人，特别是女性老年人的人口比例快速上升，女性老年人中低收入、独居或失能者较多，在老年期的居住问题上面临多重困难，因此，二期女性社会住宅的主题设置为"老龄期的女性生活"。项目希望通过住宅设计，为老年期的女性提供必要的生活支持以尽可能延长其独立自主的生活状态。不论在家庭还是职业领域，女性通常都是照料服务的主要提供者，项目通过"多重代际女性生活社区"的理念整合各个年龄层的女性居民，希望通过女性间邻里和互助来支持老年人的晚年生活。整个项目的规划建设历时4年，共花费了600万欧元，其中210万欧元来自政府的补助。最终建成140套户型多样的福利性出租公寓，其中有42套设计为老年人专用的生活辅助型公寓，另有13套为残疾或部分失能的老年人专用公寓。

(2) 规划布局与建筑设计

区位选址：FWS II项目位于维也纳中心城区的第十区，项目周边以居民区为主，在十分钟的步行范围内有众多的超市、零售、餐厅和市场等生活服务设施，完全可以满足女性居民，特别是老年女性居民对生活购物活动的可达性需求。项目距离最近的公交车站、有轨电车站均只有1~2分钟的步行距离。此外，考虑到老年人对照护资源的需求和因健康状况而导致的潜在迁居需求，FWS II项目步行1分钟便可到达两处大型综合养老照护机构，专业的照护人员也可上门为女性老年人提供服务。

平面布局：整个项目成"口"字形围合布局，占据一个小型街区。"口"字形的东北和西南角在底层打开作为场地的主要和次要出入口。中心庭院布置了绿地、路径、座椅设施和沙池等儿童活动场地。庭院一侧设置了立面通透的洗衣房和婴儿车储存室，方便女性在从事家务时看到庭院中的孩子（图6-12）。

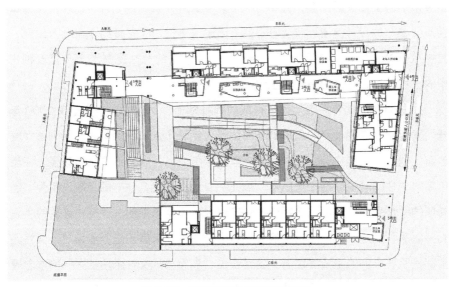

图6-12　FWS II项目的底层平面布局

户型设计：FWS II 项目设置了多种户型以满足女性的养老生活需求。项目在底层和一层设置了 13 套残障和部分失能女性老年人公寓，底层和一层的相同位置由 5 套公寓构成一个单元，单元设置统一出入口。单元内有独立的居室和卫生间，但卫生间和居室分开设置，并配置了共用的厨房和起居空间。将卫生间和厨房与卧室分开设置，有助于避免老人在使用厨房和卫生间的过程中发生意外而无人知晓的情况发生。底层和一层也方便残障和部分失能的老年人外出活动（图 6-13）。各层都设有若干套多代际公寓。多代际公寓由年轻和老年女性共同居住，鼓励邻里互助或单户家庭的多代际混合居住。每层每梯连接 4 户大小不一的公寓，公寓间的隔墙可以打通进行户型调整，以满足不同代际混合模式的居住需求（图 6-14）。项目提供了 42 套老年人辅助生活公寓，用于能够独立生活的女性老年人（图 6-15）。每套公寓为一居室户型，配置了独立的厨卫空间。另有若干套老年人合租公寓，户型为两居室，用于希望有他人陪伴合租的女性老年人居住。除此之外，项目西侧较为独立的 C 单元设置为单身母亲公寓。

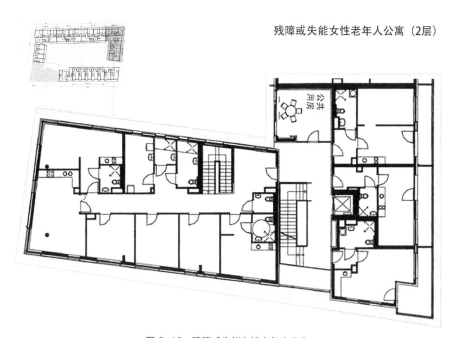

图 6-13 残障或失能女性老年人公寓

2、3层多代际公寓及公共用房平面

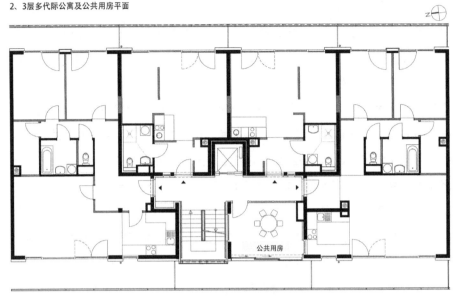

图6-14 户型可变的多代际公寓

图6-15 女性老年人辅助生活公寓

公共用房：FWS II 项目在有限的用地空间内最大化居住功能，公共用房的配置相对有限。底层空间中配置的自助洗衣房和婴儿车停放室考虑到了单身女性照看儿童和从事家务劳动的需求。在底层平面的东南角部设置了老年活动室和日间看护室，这两处空间直接与上方的老年人辅助公寓和残障失能人士公寓通过电梯连接，方便了老年人的日常使用。此外，在五层东南部位设置了一处休闲露台和桑拿房，直接与老年人辅助公寓的出入口和垂直交通相连，使得那些居住于较高楼层的老年人更容易获得户外活动的机会。

(3) 项目特色

灵活多样的户型空间：FWS II 项目灵活多样的户型空间是基于对单身、单亲和老年等弱势群体女性居住模式考量的结果。她们的共同特征之一，就是在居住模式上脱离了传统的核心家庭模式,老年女性丧偶后大多处于独居状态,单亲母亲大多与年幼的孩子一起居住。在这种情况下,一方面是单户家庭的规模和居住空间相较核心家庭有所缩减。另一方面,摆脱家庭结构的限制后,居住的组合模式就会出现新的选择,例如几位生活自理的女性老年人组成伴侣共同居住,携带幼儿的单亲母亲和老年妇女组成多代际组合居住,残障和部分失能的女性老年人因安全问题而集中居住,抑或是有独立生活能力的女性老年人继续自己居住。基于典型核心家庭居住模式的户型空间设计就不太能匹配这部分女性群体的居住需求。FWS II项目因此设置了多种户型选择,并且在此基础上采用了可变户型设计,方便女性居民根据自己的需求进行调整。

安全性和安全感:"安全"是性别敏感型空间设计的核心关注点之一,女性比男性对空间的安全性和安全感更加敏感。FWS II项目为了强调底层庭院空间的公共性,场地采取了开放式设计,西南和东北角均为开放式出入口,未设门禁。为了在提升开放共享性的同时保障安全性,项目在底层设置了城市片区的警卫室。除安全性外,项目通过"通透"和"明晰"的空间手法增强女性在使用过程中的安全感。一是在楼梯间和入口门厅等交通空间中采用大量的玻璃作为立面材质,保证视线的通透性和引入自然光线(图 6-16)。二是避免封闭的长走廊设计,单组楼梯和电梯每层最多只连接 4 到 5 户公寓,使得女性居民公共交通空间中遇到陌生人的概率大大降低,增强了空间的安全感知。

图 6-16 采光良好、视线通透的交通空间提升女性用户的安全感

6.3.4 加拿大安大略老年女性合作住宅项目

加拿大多伦多的老年女性协会创立于 1989 年。协会组织者认为女性老年

人的问题长久以来在整个社会上处于被忽视的状态，需要把大家动员起来为老年妇女争取权益。根据加拿大劳工联盟（Canadian Labour Congress）的数据，独居老年女性中30%生活在贫困线以下，这一数字是男性群体的两倍。再加上20世纪80年代～90年代受欧洲，特别是荷兰的影响，"合作住宅"在加拿大获得了快速发展。因此多伦多老年女性协会借此机会，将自己的目标确定为在加拿大社会住宅体系中增加"老年妇女合作住宅"这一类型，从而为老年女性这一弱势群体提供可负担得起的、同时可以合作互助以追求独立生活的居住养老场所。她们与当局斗争了8年后，第一个老年女性住宅项目终于在1997在多伦多市区建成。整个建筑共12层，包含142户，有1居室和2居室两种户型。其中有7户专门为残疾人设计，20户拥有无障碍设计。9层设有公共大厅，图书馆，屋顶花园和多功能厅。目前70%的住房以补贴的形式出租给低收入女性，30%以市场价出租（图6-17）。

图6-17 加拿大老年女性合作住宅OWN安大略合作住宅

6.3.5 德国女性住宅

欧洲的德语区国家，特别是德国、奥地利和瑞士，在探索和推进建筑和城市空间的性别平等方面一直走在前列。其中很重要的一个原因是政府长期以来对公共住房的政策支持和财政补贴。相较于更加强调市场作用的英美国家，欧洲大陆的德语区国家在二战以后的各执政党派多属于左派的"社会民主党"，这些政党大多源自19世纪末的工人运动，具有一定的社会主义性质。在社会资源的分配方面，他们更加强调公平公正，认为政府应该扮演重要的角色以保护弱势群体的权利，确保所有公民都可以享受社会发展的福利，而非仅仅依靠市场的作用。在居住方面，除了主流的家庭住宅外，德国、荷兰、奥地利和瑞士的政府都非常鼓励探索作为补充性质的"非主流"居住方式，例如女性住宅、老年女性住宅、多代居和其他类型的主题社区。保障少数群体的居住需求和权益，被认为是实现社会公平的重要方面。一般情况下，这些国家的地方政府和其他相关社会团体会评估相关的住宅提案，在提案通过的情况下帮助协调土地、资金、开发、设计和管理等事务，从而满足少数群体的居住需求。

可接触到的资料显示，德国目前拥有世界上最多的女性和老年女性住宅项目。据不完全统计，德国境内目前有各类女性住宅项目91个，其中独立女性住宅项目24个，贝居安会院项目15个，老年女性住宅项目14个，单身母亲住宅项目19个，其他女性住宅项目19个。这些项目分布在德国全境的几十个城市，建设的时间跨度从20世纪50年代一直到当代（图6-18）。

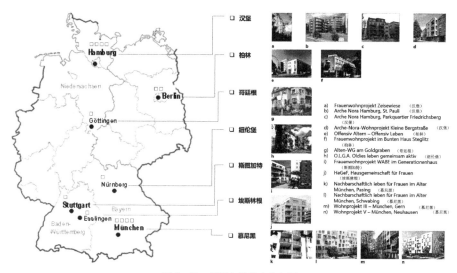

图6-18　德国女性住宅分布图

6.4　性别专属型养老设施

即便多种类型的互助养老社区在欧美国家广受老年人的欢迎，但普遍的共识是，老年人并不将互助养老社区作为养老设施的替代品。对于高龄、失能或失智的老年人来说，入住各种类型的养老设施仍是无法回避的选择。由于入住老年人男女性别比例失衡以及老年人自身生理和心理特征的差异性，养老设施中的性别空间分异问题日益凸显。虽然老年学、建筑学等学术领域对养老设施性别空间分异问题的讨论尚少，但信息检索显示，这一问题在西方国家的媒体上已引起了广泛的关注和讨论。

性别专属型养老机构是指根据性别对入住老年人的居住空间进行分配的各类养老设施。常见的有只收住女性老年人的女性专属型养老设施和只收住男性老年人的男性专属型养老设施，也包括同时收住两性老年人，但根据楼栋、楼层或特定单元对男性和女性老年人居住生活空间进行划分的养老设施。

6.4.1 历史视野中的养老设施性别空间分异

养老设施的性别分异现象在欧洲中世纪的文献中就有记述。15世纪文艺复兴时期的意大利城市中发达的工商业催生了多样的服务业，当时已经产生了专业性的为老年人提供长期居住和照料服务的养老设施——老年的家（Gerontocomia）[1]。设施为老年人提供住宿、餐食和各类养生护理服务，但服务对象仅为商人、退休的政客、贵族、骑士和僧侣等富裕的男性阶层，即男性专属。因为在当时的社会中，只有富裕的男性有能力支付养老照料的服务费用，且女性被认为是下等公民，经济能力和社会地位成为养老设施性别分异的决定因素。生活没有依靠的女性老年人只能前往教堂和其他福利机构如济贫院寻求帮助。

济贫院（almshouse）是近代以前欧洲最主要的一种老年人收容机构。根据历史文献的记载，在16至18世纪的荷兰和英国，性别专属型的济贫院广泛存在，仅收容女性的济贫院数量远多于仅收容男性的。1683年在荷兰归正教会（Dutch Reformed Church）主持下在阿姆斯特丹修建了一所专门收治女性老年人的济贫院—助祭之家（Deaconate Home）[2]，在其后三百多年的时间里该场地一直被用作老年人的收容机构，一度是荷兰最大的老年人济贫院。到1800年，荷兰境内共有154家仅收容女性的济贫院，男性的仅有21家，另有34家不分性别。尼克尔斯（Nicholls）在2017年[3]对1550—1725年间

---

1 Warren C B. Assisted Living in 1489[J]. The Gerontologist, 2012, 52: 698-702.
2 Mens N, Wagenaar C. 2010. Health Care Architecture in the Netherlands. Rotterdam: NAi Publishers.
3 Nicholls A. Almshouses in Early Modern England: Charitable Housing in the Mixed Economy of Welfare, 1550–1725[M]. Boydell & Brewer, 2017.

英国达拉谟（Durham），沃里克（Warwickshire）和肯特（Kent）三郡的济贫院调查显示，仅收容女性的有 22 家，男性的有 14 家，不分性别的有 87 家。但作者指出，不分性别的济贫院中实际绝大多数是女性成员，且很多家济贫院事实上仅收容了丧偶的老年女性。

对于这一现象背后的原因，有学者指出老年女性在进入济贫院后通常具有自我照料的能力，做饭、洗衣和清洁等日常家务和照料活动能自我完成，而男性则缺乏相应的生活技能。收容男性老年人就意味着济贫院必须配备专门的生活服务和照料人员，对于大部分依靠教会和富人的有限捐赠维持运营的济贫院来说，它们没有足够的经济能力雇佣额外的照护服务人员。同时期的社会研究显示，老年男性在丧偶后通常会选择再婚或与子女生活在一起，以获得必要的生活照料，而女性则不具有这样的机会。因而济贫院的收容对象以女性老年人为主[1]。

仅收容男性老年人的济贫院与一般的济贫院有所不同，它们一般由中世纪以来城市中的手工业行业工会建立，例如石匠、建筑工人、矿工、一些商业协会以及退役军人协会。这些行业工会出资为年老、未婚或丧偶的男性会员提供基本的居住和生活照料场所。工会会员中一般没有女性，且拥有妻子的老年男性也一般不被收住。虽然也被归入"济贫院"（almshouse）的范畴，但这些男性专属的设施比一般济贫院的条件要优越很多，往往会有专门的服务人员为老年人提供各类生活服务。

到了维多利亚时代，工业革命和与之伴随的城市化进程极大地改变了人类的生活方式和家庭结构。身体机能的下降使得老年人被劳动力市场所抛弃，断绝了收入来源。家庭结构的小型化和城市生活成本的上升使得核心家庭无力再为老年人提供家庭照料。18 世纪早期英国城市中贫困、无家可归的老年人已经成为相当严重的社会问题，传统的依托教会、行业工会和富人捐赠运营的济贫院已无法提供充足的照护资源解决老年人问题。因而在慈善体系之外，英国开始尝试建立由政府主导的法定的福利收容机构，最具代表性的就是"工作住

---

1 Goose N, Looijesteijn H. Almshouses in England and the Dutch Republic circa 1350－1800: a comparative perspective[J]. Journal of Social History, 2012, 45 (4): 1049-1073.

宅"（workhouse）[1]。

工作住宅中实施严格的性别空间分离政策。相较于规模在数十人左右的济贫院，工作住宅的收住人数往往在数百人以上。到19世纪晚期，工作住宅的收住对象主要以老年人为主，同时也包括贫困的年轻人和儿童。管理方通常根据年龄、身体状况和性别将入住人群划分为不同的类别，每一类别有属于自己的生活和工作空间。男性和女性分住在不同的建筑单元中，即便是夫妻也不允许共同居住。入住老年人没有个人空间，通常数十人集中于一间大型卧室中，就餐、睡觉等其他生活内容全部服从集中管理。身体满足条件的老年人需要从事必要的劳动，男性和女性老年人的劳动内容不同和空间也往往不同[2,3]。比较典型的工作住宅设计如英国建筑师桑普森·凯普霍恩（Sampson Kempthorne）于1835年设计的300人十字形工作住宅方案[4]，男性和女性的居住和工作间分属于十字形的两翼，用于日间活动的庭院也被划分为男性、女性、男孩和女孩，甚至连前往公共餐厅的楼梯也做了性别划分（图6-19）。直到19世纪末20世纪初，英国的一些工作住宅才开始在集中宿舍之外建设2到3人的独立小屋（cottage），允许社会地位相对较高的老年人或老年夫妻共同居住，打破了以往严格的性别隔离。

进入20世纪以后，欧美发达国家普遍建立起了较为完善的现代养老保障体系。特别是"二战"以后的60、70年代，伴随着经济社会的快速发展，面向不同需求的多种类型的老年人住宅和照护设施在西方社会得以建立。工业革命时期的工作住宅模式受到批判，新的设施更加注重人性化，多数能够为老年人提供独立居室或小型的共享居室以保障个人空间。除包含多人间的设施外，多数设施不再强调性别与空间的分异。近年来，人口老龄化趋势在世界范围内深入发展，老年学、老年环境学、老年地理学、老年人社会保障和行为学等学术领域对男女老年人生理、心理和行为等领域的认识不断加深，实践领域的养

---

1 May T. The Victorian Workhouse[M]. Osprey Publishing, 1997.
2 Fowler S. The Workhouse: The People, The Places, The Life Behind Doors[M]. Pen and Sword, 2014.
3 Newman C. To Punish or Protect: The New Poor Law and the English Workhouse[J]. International Journal of Historical Archaeology, 2014, 18 (1): 122–145.
4 First Annual Report of the Poor Law Commissioners for England and Wales.1835.

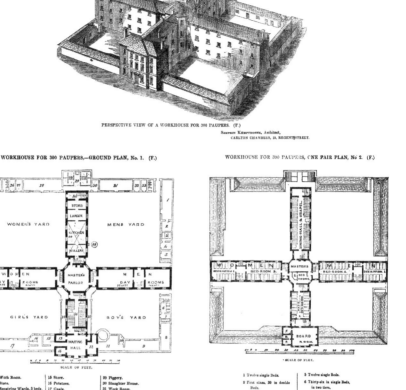

图 6-19　英国建筑师桑普森·凯普霍恩于 1835 年设计的 300 人十字形工作住宅方案

老服务和适老化环境营造更趋人性化和精细化，养老设施中老年人的性别差异以及与之相关的空间分异问题再次受到讨论和关注，西方国家均出现了一定数量的性别专属型养老设施。

6.4.2　养老设施中的性别比例失衡及衍生问题

（1）养老设施中的性别比例失衡

养老设施中入住老年人的性别比例失衡现象在世界范围内普遍存在。根据美国生活援助联合会（Assisted Living Federation of America）2013 年的统计数据，美国的老年人辅助生活社区（Assisted living communities）中女性和男性老年人的比例约为 7：1[1]。美国政府医疗保险和医疗补助服务中心（CMS）的数据显示，2014 年美国全国所有注册护理院（nursing home）中女性老年人占到 65.6%，男性占到 34.4%；非营利型（non-profit）护理院，女性的比例占到 71.4%[2]。芬兰国家统计局（STAKES）的数据显示，全国护理院的男女比例为 1：3.3，85 岁以上入住者的男女比例为 1：5。比利时的全国比例为 1：3.8，高龄组（85+）的比例为 1：5.4[3]。我国目前尚缺乏全国范围内的统计，司马蕾等（2012）对上海 490 家养老机构的调查显示，男性入住者的比例为 36.1%，女性为 63.9%[4]。养老设施中男女性别比例的失衡是老年人预期寿命和养老选择等一系列因素共同作用的结果，如果养老设施的功能结构、空间管理和其他环境要素不能因应男女性别比例及其需求而有所差异，将会给设施运营和老年人生活带来各种问题。

（2）养老设施性别比例失衡带来的一系列问题

在居室分配和入住问题上男性老年人面临更多的困难。纽约时报"新的老龄时代"（The New Old Age）专栏曾刊文讨论护理院中不同性别老年人床位分配的问题，认为男性老年人找到合适床位的难度要远大于女性老年人。作者发现由于受养老金水平的限制，多数美国老年人都只能入住护理院的多人间床位（semi-private room）。在这样的情况下，如果一个多人间房间中的多数床位被女性老年人使用，那么剩下的床位也将分配给女性老年人。由于女性老年人人数众多，男性老年人通常要排队等候数周之久才有机会遇到男性同伴，或男性房间中的空缺床位[5]。

设施活动空间与活动内容问题。多数养老设施的公共活动空间通常不做性别区分，在这样的情况下，由于女性老年人人数较多，设施中有限的公共活动

---

1 Anderson J. 8 Facts About Men and Aging[J/OL]. 2015-07-16. https://www.aplaceformom.com/blog/facts-about-aging-men06-11-2013/

2 Cms. Nursing Home Data Compendium 2015 Edition[J/OL]. 2015. https://www.cms.gov/Medicare/Provider-Enrollment-and-Certification/CertificationandComplianc/Downloads/nursinghomedatacompendium_508-2015.pdf

3 Einiö E K, Guilbault C, Martikainen P, Poulain M. Gender Differences in Care Home Use among Older Finns and Belgians[J]. Population (English Edition, 2002-), 2012, 67 (1): 71-95.

4 司马蕾. 公办与民办养老机构现存差异与发展展望 [J]. 住宅科技, 2016, 36 (7): 31-36.

5 Span, P. Fewer Beds for Men Entering Nursing Homes[J/OL]. 2012-01-30. https://newoldage.blogs.nytimes.com/2012/01/30/fewer-beds-for-men-entering-nursing-homes/

空间通常被女性老年人占据。男性和女性偏好的休闲交往方式不同,这种被女性所包围的氛围使得男性老年人在使用时感到不自在,这在客观上造成了女性老人对男性的空间剥夺。此外,设施中的护理员几乎全部都是女性,女性护理员组织的各类集体活动,如花艺课、歌唱和团体操等,也具有很强的女性色彩,降低了男性老年人的参与积极性。总的来说,缺乏差异化的休闲空间和休闲活动安排会使得男性老年人在养老设施中的休闲生活遭到抑制。

从心理层面来说,男性和女性面对"不适"环境时的反应不尽相同。女性通常倾向被动接受并努力适应,而男性往往选择抗拒甚至退出,老年期的男性心理偏执维度更强。因此多数情况下,吸引一位老年男性进入养老设施比留住他要困难和复杂得多。相关的市场研究显示,在空间环境氛围缺乏性别考量的情况下,说服男性老年人入住养老设施比女性要困难得多。

安全侵害和伦理问题。男性和女性老年生理和心理特征的差异使得混居状态下两性关系面临诸多挑战。入住养老设施后男性老年人的心理适应性要远低于女性老年人。多项心理学研究已经表明,由于男性的一生伴随着强壮、掌控力和独立的生活,因此进入老年期后,这些性格特征的丧失使他们陷入心理困境。而50岁以后女性抑郁、焦虑和自杀的比例随着年龄的增长而下降。她们在衰老的过程中发展出一系列"适应性"技能,例如善于倾听、耐心、同情心以及追求。因此入住养老设施后,男性,尤其是失智男性老年人,经常会出现情绪不稳定的症状,并伴随着焦躁和不安。他们会闯入或冒犯女性老年人的生活空间,甚至凭借着体格上的优势,给女性老年人带来人身伤害。养老设施中男性对女性老人的侵害事件多有发生。除此之外,《弗吉尼亚先驱者报》报道了性别混合型失智老人护理设施中的两性伦理问题。报道称由于记忆力的下降,设施中的很多失智老年人经常会忘记或者错认自己的伴侣,与陌生的异性生活在一起。这一行为本身虽然并未给老年人带来伤害,但却遭到了子女和家属的极大反对。

在疾病护理层面男性和女性老年人有不同的要求。以失智症护理为例,近年来越来越多的研究开始揭示男性和女性阿尔茨海默症老人行为表现的差异。根据美国"专业护理新闻"(Skilled Nursing News)报道[1],美国得克萨斯州

---

[1] Flynn M. All-Female Memory Care Unit Opens on Texas Skilled Nursing Campus[J/OL]. 2018-02-01. https://skillednursingnews.com/2018/02/female-memory-care-unit-opens-texas-senior-community/

的德索托在2018年开设了一家女性专属的24个床位的失智症护理机构。其负责人表示，设置性别专属型护理设施的主要原因在于男性和女性失智老人的认知能力下降过程不同，因此护理和恢复的方式也不同。男性的认知下降过程中伴随的更多的是精神紊乱型症状，其攻击性变强，而女性更多的是失忆和痴呆。男性容易给女性造成伤害，且男性需要更多的行为方面的训练，女性需要更多认知方面的训练。此外男性和女性在认知能力训练上的兴趣点也有所不同。

在涉及日常生活内容的非正式护理中，男性老年人面临困难。由于设施中的护理员几乎全部为女性（美国超过80%的设施护理员为女性），在接受穿衣、洗浴或其他涉及身体隐私的日常护理时男性老年人通常面临不便，这不但造成了在很多设施中男性老年人的护理诉求在一定程度上被压抑，接受护理服务的频率往往低于女性老年人，而且也是男性老年人不愿入住养老设施的一大主要原因（美国老年协会）。

（3）性别专属型养老设施在发达国家广泛存在

在这样的背景下，一些大型养老设施，尤其是收治高龄、失智老年人的养老设施，开始在空间上将女性和男性分开，以便满足其差异化的需求并提供更具针对性的服务。通常的做法是提供男性、女性专属楼层和混居楼层以满足不同老年人的选择。"老年生活"（Senior Living）网站的检索结果显示，目前美国全国范围内注册的女性专属型护理院有近200所。养老设施检索平台Carehome.co.uk的检索结果显示，目前英国境内注册的养老设施中只接收女性的（female-only）有42家，男性专属型共有31家。这些设施大多利用旧有的住宅改造而成，规模大多在20~30床位之间。澳大利亚"老年护理指南"（Age Care Guide）网站显示该国有60余所女性专属养老设施。

6.4.3 英国性别专属型养老设施的一般特征

英国境内目前共有性别专属型养老设施73所。其中男性专属型有31所，女性专属型有42所。性别专属型养老设施主要分布在英国老年人口集聚的地区（图6-20）。

（1）设施规模与居室类型

英国自20世纪50、60年代就开始推行养老设施的小型化和社区化，是世界时最早实施社区居家养老策略的国家。目前英国共有各类的养老设

图 6-20　英国男性专属型养老设施分布（左）及女性专属型养老设施分布（右）

施 12 058 所，总床位数 470 533 张，设施平均床位数约 39 张。就性别专属型养老设施而言，其中女性专属型的平均床位数约 20 张，男性约 15 张，超过 88% 的性别专属型设施的床位数规模在 30 张以下（图 6-21）。总体而言，英国的各类养老设施平均规模较小，且性别专属型设施的平均规模小于普通设施，女性专属型设施的平均规模稍大于男性。就居室类型而言，绝大多数性别专属型设施仅配置单人间，另有 26%（19 家）的设施除单人间外也配置了双人间，目前没有配置多人间的设施。

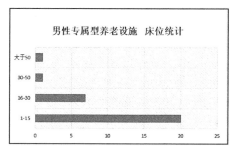
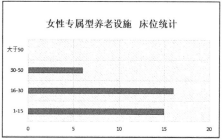

图 6-21　英国男性和女性专属型养老设施床位数分布统计

（2）收费标准

英国男性专属型养老设施的收费标准平均约为 930 英镑/周，女性约为

510英镑/周。女性专属型设施的收费标准分布较为集中,其中近3/4位于300～600英镑/周的范围内。而男性专属型设施的收费范围跨度较大,从370英镑/周到2 400英镑/周不等(图6-22)。总体而言,男性专属型设施的收费水平明显高于女性专属型设施。2019年英国老年人可获得的国家退休金平均每月490英镑,约合123英镑/周,与此相比,性别专属型养老设施属于收费较高的养老模式。

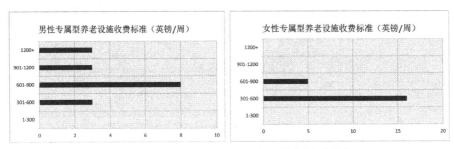

图6-22 英国男性和女性专属型养老设施收费标准统计

(3)照护服务

对设施所列举的可提供疾病护理的类型进行统计显示,男性专属型设施接受率排名前五的疾病是心理健康照护(包括精神分裂)、学习障碍、行为过激、痴呆、肢体残疾;女性专属型设施接受率排名前五的疾病是痴呆、唐氏综合征、肢体残疾、酒精上瘾、视觉障碍。就介护型养老设施而言,英国男性专属设施中接受率排名前五的疾病是心理健康照护(包括精神分裂)、行为过激、癫痫、独立生活训练、听力障碍;女性专属设施中接受率排名前五的疾病是肢体残疾、感知障碍、痴呆、心理健康照护(包括精神分裂)、独立生活训练。其中"心理健康照护(包括精神分裂)"在男性专属型设施所接纳疾病中明显占据最高频次。另外值得一提的是,"独立生活训练"项目在男性专属型养老设施中有34%配备,而女性专属型养老设施中仅13%配备,由此可见,在入住集体生活前,男性老年人的独立生活能力要弱于女性老年人。

6.4.4 日本女性专属型养老设施案例研究

日本性别专属型养老设施主要有两种类型:仅供单一性别老年人入住的性

别专属型养老设施；以及虽然整座养老设施兼收两性老年人，但通过分楼、分层等空间分异手法，为男女老年人创造相对独立环境的养老设施。本节选取第一类中仅供女性老年人入居的养老设施进行研究。在对象筛选中，有梯度地选择了相对规模较小的湘南台养老院、规模接近平均值的彩那养老院和在女性专属型养老设施中规模较大的小田园养老院三家，以期更考察不同规模女性专属型养老院的公共空间异同。

（1）彩那养老院

位于兵库县尼崎市，阪神电车大物站、尼崎站步行圈内，创立于 2014 年。主体建筑共三层 24 间居室，居室均为单人间设置，房间平均净面积 $18m^2$。目前入住人数满员，均为女性。主要面向自理老人和部分介助老人。建筑平面采用"核心型"布局，其主要活动空间位于南侧中段，老年人主要公共活动空间紧密串联了卧室、主要交通核，形成活动核心（图 6-23）。这种布局方式可以为老年人提供较为集中的活动场所，同时缩短服务距离。

（2）湘南台养老院

位于神奈川县藤泽市，创立于 2004 年。建筑主体共两层，总建筑面积 $545.58m^2$，拥有 12 间单人居室，平均居室净面积约为 $25.2m^2$。目前入住人数 11 人，面向自理老人、介助老人和情况较好的介护老人开放。湘南台养老院亦属于"核心型"布局，因面积较小，空间紧凑，室内活动空间为整个平面的核心（图 6-24）。

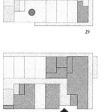

图 6-23 彩那养老院外景及功能空间布局

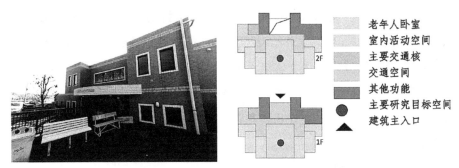

图 6-24 湘南台养老院外景及功能空间布局

(3) 小田园养老院

位于神奈川县小田原市，创立于 2011 年。主体建筑共六层，总建筑面积 2 062.75m^2，占地面积 542.23 m^2，房间数 56 间，均为单位房间。目前入住人数 52 人，主要接纳自理老人、介助老人和情况较好的介护老人。该养老院同时接受重度认知症患者。

平面由活动空间、居室、交通核、其他功能共同组成，采用"组团回字形"布局，围绕中庭空间，居室被置于平面中心位置。主要公共活动空间、交通核和辅助功能则分别设置在平面两端，以减少居室到公共空间的步行距离，既方便老年人活动，又方便管理（图 6-25）。

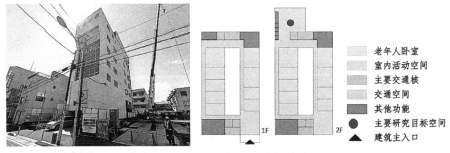

图 6-25 小田园养老院外景及功能空间布局

(4) 室内公共活动空间功能类型比较

根据女性老年人在养老设施中的高频行为，按照对应的活动范围，将养老设施中的公共活动空间主要分为四类，由动至静分别为运动健身空间、娱乐游艺空间、休息交流空间和文化学习空间。在此基础上对三处调研对象的公共活动空间进行平面功能归类分析（表 6-1）。

公共活动分类空间的功能 表 6-1

公共活动空间功能分类	基本配置		常见空间类型
	基本功能	常见设施	
娱乐游艺空间	音乐、游戏、看电视、棋牌、麻将等娱乐项目	钢琴、电视、电脑、游戏机、麻将桌	棋牌室、游戏室（区）、放映厅（区）
休息交流空间	聊天、休憩	小桌椅、板凳、小吧台	茶室、走廊、门厅、休息区、接待室
文化学习空间	读书、学习、书画、手工活动、其他兴趣活动	书架（书柜）、收纳柜、书桌、沙发、台灯	阅览室（区）、书画区、学习室、图书角、手工区
运动健身空间	健身、跳舞、瑜伽	瑜伽垫、电视机、蓝牙音箱	健身房、舞蹈室、无障碍物的活动区

三家养老设施公共空间布局灵活，贴合女性专属型养老设施对女性各类偏好活动需求的空间适应性（表6-2）。其共同之处包括：餐厅植入活动功能，空间开敞，平面家具布局具有较强的可塑性，功能"复合化"；划分出"学习区-交流区-娱乐区"的过渡空间层级，动静合理分布，一定程度上满足学习区的静区需求；公共空间实际尺度有限，刻意营造细致的"家庭化"氛围；相较于综合养老设施，女性专属型养老设施室内聊天、手工等活动组织更多，室内运动空间则相对较少。

三个案例公共活动空间的功能分类 表 6-2

机构名称	公共空间功能区划分		平面位置标识	备注
	1	2		
彩那				为同一空间的两种平面家具排布方式
湘南台	1F	2F		分别为1F、2F公共活动空间平面排布
小田园				

图例: 文化学习空间　休息交流空间　娱乐游艺空间　运动活动空间　餐厨空间

(5) 室内公共活动空间配置

三家养老设施的公共活动空间家具及设施配置如表 6-3 所示。基础家具和陈设配置刻意比对家庭，以模仿家庭环境。手工制品、玩偶、白板等室内布置也较为常见。此外，女性养老设施中收纳空间远多于综合型或男性专属型养老设施（图 6-26 ~ 图 6-28）。

家具设施配置表　　　　　　　　　表 6-3

	相同配置		不同配置	
	家具	设施	家具	设施
彩那	空调、冰箱、电视、沙发、休息方桌、座椅、小茶几、书桌、书架、置物架、油烟机及橱柜	防滑地毯、洗手池、饮水管、热水壶、垃圾桶、绿色植物、时钟、防滑扶手、轮椅	可移动电视柜	白板
小田园			厨房烤箱蒸箱一体机	日期墙、可移动隔断、自动贩售机、自助餐车
湘南台			茶室榻榻米坐垫茶几	钢琴、电子通信器、白板

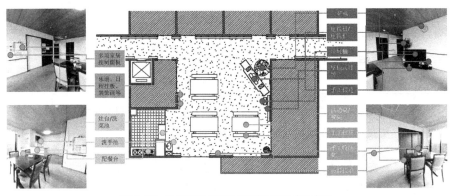

图 6-26　彩那养老院室内公共空间平面家具布置

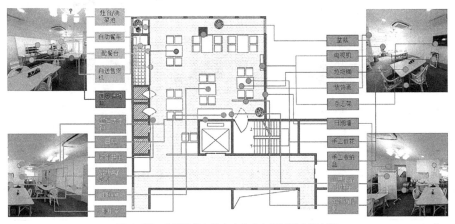

图 6-27　小田园养老院室内公共空间平面家具布置

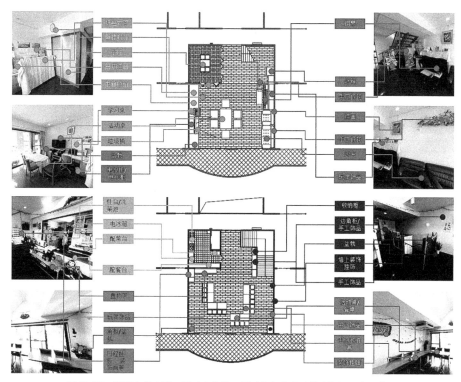

图6-28 湘南台养老院一层（上）和二层（下）室内公共空间平面家具布置

为防止老年人跌倒、行走或取物不便，养老设施中会减少各类装饰品。但被调研的三所女性专属型养老设施，并不避讳摆放各种手工装饰品和玩偶，以更多地营造"亲近感"，满足女性老年人对环境安全感知的需求。日本综合型养老院为减轻老年人坐下、起立时的困难，多配置座高相对较高的减震座椅，但所调研的女性专属型养老院接收的老年人相对身体状况较好，同时为契合女性对环境的美观追求，因此多配置与装修风格配套的软椅替代减震座椅。

（6）室内色彩搭配

对调研对象进行色彩采样分析。将提取出的颜色对照色卡进行量化，依照"孟赛尔颜色系统"进行色彩数据转换，将各个参数转换成单一数值，并在分析图形成标记点。由图6-29可见三个主要特征：第一，整体色彩明度适中（2<V<6），色彩饱和度整体不高（C<8），兼具两种特征的颜色占据70.56%，室内公共活动空间整体色调较为柔和；第二，对照色相条，此次调

研的三家女性专属型养老设施室内公共活动空间的整体装修色调更偏向暖色，均符合女性老年人对色彩的偏好；第三，有少量高饱和度暖色装饰作为点缀，提高空间的活跃度，给女性老年人以"鲜活""明快""温暖"的心理暗示。分析结果与女性老年人更喜欢活泼的暖色调的既有研究结论[1]一致。（图6-29、图6-30）

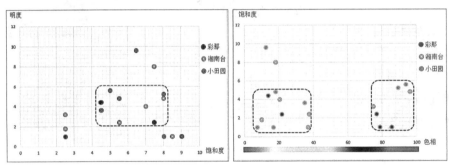

图6-29　室内装修"彩度—明度"分布图（左），室内装修"色相—饱和度"分布图（右）

图6-30　三家养老院室内公共空间色彩分析

（7）总结

所调研的三所女性专属性养老设施具有如下特征：①在总体平面特征、室内公共活动空间位置安排和面积占比等方面，与综合型养老设施差异不大；②室内公共活动空间功能更突出交流、休闲、手工等活动需求，较多配置白板、钢琴、乐谱、自助咖啡吧等设施；③具有明显更多的收纳空间，满足女性老年人喜欢收藏手工作品的爱好和生活中的收纳需求；④更多地照顾女性老年人所

---

1 陆逸鸣. 环境心理学视角下养老设施室内环境色彩调研与应用策略研究 [D]. 南京：东南大学，2018.

需的"居家感",室内装修主色调倾向明快的暖色,不排斥小面积的红色、橙色、绿色等鲜艳颜色,相较综合型养老院存在更多的装饰品。

与综合型养老设施相比,女性专属型养老设施在室内公共空间功能类型、家具及设施配置、装修风格等方面存在着自身的特性。

6.4.5 部分性别专属型养老设施案例

(1) 英国樱桃树庄园 (Cherry Tree Manor) 女性专属性养老设施

位于赫默尔亨普斯特德,创立于 1996 年并由地方政府记录在案。配有 58 个单人间,仅接收女性老年人入住。室内装修风格明快,色彩搭配带有明显的女性偏好,整体照度较高且光源柔和,能够充分满足室内光照要求。专门设有美容美发室,以满足女性老年人的需求。老年人对于室内外温差变化适应能力较弱,阳光房在阴雨较多的英国有助于老年人在过渡空间中亲近室外自然环境(图 6-31、图 6-32)。

图 6-31 樱桃树庄园女性专属型养老设施活动室(左)与餐厅(右)

图 6-32 樱桃树庄园女性专属型养老设施阳光房(左)与美容沙龙(右)

老人居室方面，由于该养老设施可以接收阿尔兹海默症患者，因此有一部分房间配有活动床，以便在特殊情况时对老年人进行及时救治。卧室支持老年人携带或配置自己的家具，整体墙面采用浅色调，给老年人以积极的心理暗示。卧室整体装修风格亦体现出明显的女性特征（图6-33）。

图6-33　樱桃树庄园女性专属型养老设施老人居室

（2）英国阿尔丁（Arden House）男性专属性养老设施

该男性专属型养老设施位于基德明斯特，属于小型专属性养老设施，设有4个单人间和2个双人间，共可接纳8名男性老年人入住。该男性养老设施在照护方面专攻癫痫和攻击行为患病老年人。由于此类男性病人需要一定的活动场地缓解发病时的负面情绪，因此该设施设有较大面积的室外活动场地，场地里的绿植搭配有助于入住者的康复理疗（图6-34、图6-35）。

设施室内以米色、灰色等中性色为主色调，装饰装修风格更契合男性喜好。家具为木质且进行了防磕碰处理。活动空间墙面上挂有许多入居者自己的随身物品，以营造居家感。

（3）澳大利亚摄政花园女性专属型护理院（Regents Garden Residential Care）

拥有42个独立套间，每个套间可内置1～2张床位，最大容纳量84床，属于中型养老设施，仅供女性使用。该养老设施已建成10余年，逐步发展最终定位为女性专属性养老设施。其公共空间室内墙面主色调为白色，由红色、蓝色等亮色限定空间。老人居室内的床均为可移动床，便于对介护老人的照料，同时方便室内格局调整（可调整为双人间）。居室内均采用蓝色防滑胶铺地，防止老年人跌倒。室内家具颜色相对较浅，另外有布偶、毛绒抱枕、小毛毯、花卉等装饰，为女性老年人增加空间归属感（图6-36、图6-37）。

图 6-34　阿尔丁男性专属型养老设施室外环境

图 6-35　阿尔丁男性专属型养老设施室内活动空间

图 6-36　摄政花园护理院女性专属型养老设施室内

图 6-37　塔农达路德会之家男性专属型养老设施外观（左）及礼拜堂（右）

（4）澳大利亚塔农达路德会之家（Tanunda Lutheran Home）男性专属型养老设施

该机构创立于1952年，共有117个床位，是南澳大利亚最大的养老设施之一。其最初是路德教会建造的非营利性收容所，于20世纪末重修并转变为现代化养老设施。其依旧保留有礼拜堂并定期组织礼拜活动。

由于空间较为开敞，除礼拜堂外还有阅读区、观影区等，老年人的活动也大部分安排在室内。内部装饰风格比较简洁，深木色地板搭配暖白墙面，配饰较少，符合男性对居住空间的审美（图6-38）。

图6-38 塔农达路德会之家男性专属型养老设施室内装饰

6.5 小结

养老设施中入住性别比例失衡在世界范围内具有一定的普遍性，且男女老年人在居住环境需求方面存在一定的差异，由此诞生了性别专属型养老社区和性别专属型养老设施两种特殊的老年人居养模式。其中性别专属型养老社区针对自发互助的养老人群，常常体现为"合作住宅"的形式，入居者多为自理能力尚好的同性老年人；性别专属型养老设施则更进一步地为有需求的老年人提供仅有同性的养老环境，或特定的护理服务。

英国、法国、德国以及北欧国家普遍存在性别专属型养老社区或合作住宅，又以女性合作住宅为主。大部分女性社区或合作住宅由当地"女性合作组织"牵头，在获得政府支持后进行项目众筹，入居模式包括租赁和购房等灵活形式，旨在造福低收入老年女性人群。英国、美国、澳大利亚、日本等国家均有可查的性别专属型养老设施，为不同健康层级的老年人提供单一性别的居住环境。性别专属型养老设施中对性别差异做出的空间适应特征较为显著，男女专属设施之间在室内功能配置、装饰及配色等方面差异较大。在西方国家，性别专属性养老设施从最初主要针对社会底层女性的福利性机构，逐渐转变为收费较高、精细化管理的中高端养老设施。

我国目前尚未出现性别专属性合作住宅或性别专属型养老设施。这一方面由于我国不断完善的社会主义福利保障水平的提升，另一方面则受制于现行的各类法规制度。在养老设施面大量广的建设需求下，以及不同类型养老设施运营和管理不断细分完善的快速发展背景下，也许在不久的将来，我国的性别专属型养老社区和设施，会随着市场的需求应运而生。

第 7 章 结语：性别差异研究与适老化环境营造的精细化

(1) 老年人性别空间问题的客观性与主观性

在基于性别差异的环境适老化研究与营造策略上，首先应充分认识并发掘性别差异对空间设计的客观性影响。这种客观性源自男性和女性老年人生理和心理上的不同以及由此而产生的多方面差异，例如男性和女性老年人身体尺寸的差异对其居住空间中的家具陈设以及空间尺度的影响；男性和女性老年人健康状况、患病情况以及照料需求的差异，对照料资源以及养老设施相关功能空间的配置产生的影响；男性和女性老年人支付水平的差异对设施软硬件环境配置水平的影响。这些差异都会客观存在和无法回避的，因此为营造富有针对性和精细化的适老化空间环境，建筑设计专业必须对以上问题及其与空间的关联特征进行深入研究。

其次，我们还必须认识到老年人性别空间问题的主观性。男性和女性老年人对不同环境要素的偏好以及其行为模式的差异，更多地来自其生命历程中社会文化因素的持续累积影响。不同文化背景下男性和女性老年人对空间环境的差异化需求也会有所不同，例如对空间私密性、安全性和空间氛围等的感知，中国老年人的差异特征与西方有所不同。因此基于女性主义的设计思想，设计人员在对待性别差异的空间应对策略时应摒弃"二元对立"的"理性"思维，从多样性和主观性出发，从个人的生活体验出发，对男女老年人的生活、行为与感知进行充分的调查，方能提出针对性的设计策略。

(2) 性别空间的分异性与融合性

"性别隔离"问题是激发女性主义空间研究的导火索，也是地理、规划、建筑和空间社会学等领域女性主义研究长期的批判对象，如城市空间的性别隔离、家庭空间的性别隔离和就业市场的性别隔离等。女性主义研究者希望打破各领域的"隔离"，通过性别空间的"融合"实现男性和女性的平等。然而我们无法回避的事实是，在各个民族漫长的前现代历史中，"隔离"是作为一种"常态"普遍存在的。即使在现代社会，大到性别专属社区，小到性别专属建筑，在国内外层出不穷。抛开意识形态上的偏见，在很多情境下，"隔离"在客观上亦有对女性的保护、对秩序的维持和对两性生活方式的差异性的尊重等功能。因此本文希望用"分异"这一词取代"隔离",以一种更加客观和中性的立场看待性别空间的"分"与"合"。在老年人性别差异的空间应对策略中,"分"与"合"只是客观手段和方法,尊重性别差异、满足两性需求、实现性别平等才是空间应对策略的最终目的。

(3) 老年人性别空间适应性问题

相较于发达国家,我国的老年宜居环境建设尚处于起步阶段,不论是养老设施还是社区环境的适老化改造,多停留在对床位、规模和改造面积等指标的"量"的追求上,对老年人的性别差异这类精细化的设计要求的关注尚有不足。这一方面是由于设施的管理、护理人员,乃至政策的制定者和方案的设计者对性别问题及其与空间的关联缺乏认知基础,另一方面也由于两性老年人对不同空间要素的诉求和差异特征本身具有一定的隐蔽性,如本书第三章所揭示的,差异要素不集中,差异程度不"剧烈",使得这一问题的显现仍需要一定的时间累积。因此对于设计者而言,需要我们通过多学科的文献研究和不断的实证调查,对性别差异的空间关联做出一定的设计预判,使养老设施或社区适老化环境具备一定的性别空间适应性,从而满足不同性别老年人的使用需求。

(4) 研究展望

早在20世纪90年代,我国学者在开启人口老龄化研究的同时,便关注到老龄问题性别差异的表征、成因、后果和对策。21世纪以来,性别差异作为一个解释变量或问题对象已被系统纳入到老龄化研究中,多种手段的实证分析成为发展趋势,并呈现出多学科的研究态势。建筑学的性别空间研究从现象描述、文化分析,逐渐转向具体建筑环境类型中性别空间特征的研究,并指向设计应对。将性别要素与老年宜居环境的构建问题相整合,在西方社会产生了丰富的研究与实践成果。然而目前国内建筑学领域对养老性别差异的关注滞后,相应的基础性研究不足。

结合国外既有学术研究成果和实践案例,笔者认为未来国内性别差异下的老年宜居环境研究应关注以下几个方面。在理论研究层面,进一步厘清多学科"性别—空间"研究的理论脉络和发展趋势,归纳既有研究范式并拓展公私二元模型、环境行为模型和空间公正模型等在"老年宜居环境"这一特定议题中实现应用的方法路径,延伸我国老年人居住环境设计的基础理论;在实证研究层面，关注我国老年人在人体工学、疾病健康、休闲活动和收入保障等方面的性别差异要素与特征，尝试构建差异要素与多尺度居住环境（养老设施各功能空间、家庭空间、城市生活空间）中空间要素的对应关系并评估其影响效能。同时对欧美发达国家具有代表性的性别专属型养老设施展开类型学研究，明晰其应对性别差异的方式及其空间适应性特征；在实践层面，探索性别差异下多尺度、多类型的老年人生活空间适应性优化策略，提升精细化设计水平和差异化的人文关怀。

图表索引

图片

（1）图 1-1~ 图 1-5 改绘自：国家统计局，2010. 第六次全国人口普查数据 [EB/OL]. http://www.stats.gov.cn/tjsj/pcsj/rkpc/6rp/indexch.htm [Accessed 2010], Population Pyramids of the World from 1950 to 2100 [EB/OL].https://www.populationpyramid.net/world/2019/ [Accessed]

（2）图 2-1 改绘自：Older Amcricans 2016: Key Indicators fo Well-Being [EB/OL].http://agingstats.gov/docs/latestreport/older-americans-2016-key-indicators-of-wellbeing.pdf.2016-08

（3）图 2-2 引自：周燕珉，程晓青，林菊英 等，老年住宅 [M]. 北京：中国建筑工业出版社，2011.

（4）图 2-3 改绘自：Older Amcricans 2016: Key Indicators fo Well-Being [EB/OL].http://agingstats.gov/docs/latestreport/older-americans-2016-key-indicators-of-wellbeing.pdf.2016-08

（5）图 3-1 网络资料图片：http://en.wikipedia.org/wiki/Feminism

（6）图 3-2 网络资料图片：https://www.cbc.ca/radio/writersandcompany/looking-back-at-the-extraordinary-simone-de-beauvoir-on-the-70th-anniversary-of-the-second-sex-1.5101852

（7）图 3-3 网络资料图片：https://www.thedailybeast.com/the-feminine-mystique-at-50-part-2-three-feminists-on-what-it-means-today

（8）图 3-4 引自：陈喆. 女性空间研究 [J]. 建筑师，2003, (5): 80-83.

（9）图 3-5~ 图 3-7 引自：Lambert, C. "Living Machines": Performance and Pedagogy at Robert Owen's Institute for the Formation of Character, New Lanark, 1816-1828[J]. The Journal of the History of Childhood and Youth, 2011, (4): 419 – 433.

（10）图 3-8 左图引自：JAB Godin, Social Solutions, 1873, translated by Marie Howland; 右图网络资料图片：https://www.newstatesman.com/world/europe/2016/05/familist-re-values-how-one-19th-century-stove-maker- created-socialist-utopia

（11）图 3-9 网络资料图片：https://www.familistere.com/fr/decouvrir/une-architecture-au-service-du-peuple/les-chiffres-du-palais

（12）图 3-10 引自：凯瑟琳·比彻. 美国女人的家 [M].1869.

（13）图 3-11 改绘自：Hayden D. The grand domestic revolution: A history of feminist designs for American homes, neighborhoods, and cities[M]. mit Press, 1982.

（14）图 3-12~ 图 3-15 引自：Hayden D. The grand domestic revolution: A history of feminist designs for American homes, neighborhoods, and cities[M]. mit Press, 1982.

（15）图 3-16 引自：Christine Frederick. The new housekeeping: efficiency studies in home management[M].Garden City, N.Y.: Doubleday.1913.

（16）图 3-17 引自：Counter Space: the frankfurt kitchen[J/OL]. https://www.moma.org/interactives/

exhibitions/2010/counter_space/the_frankfurt_kitchen/#highlights
（17）图3-18 网络资料图片：http://www2.ub.gu.se/fasta/laban/erez/ kvinnohistoriska/tidskrifter/idun/1905/pdf/1905_47.pdf
（18）图3-19、图3-20 引自：VESTBRO D U. Co-housing in Sweden, history and present situation. 2014
（19）图3-21 引自：
左图：Kvinnornas hus[J/OL]. 2018-12-08. https://sv.wikipedia.org/wiki/Kvinnornas_hus
中图：YK-huset[J/OL]. 2020-04-01. https://sv.wikipedia.org/wiki/YK-huset
右图：Mariebergs kollektivhus[J/OL]. https://sv.wikipedia.org/wiki/Mariebergs_kollektivhus
（20）图3-22 引自：Women and Geography Study Group. Geography and Gender: An introduction to feminist geography[M]. Great Britain: Anchor Brendon Ltd, 1984.
（21）图4-1 引自：Lawton M P, Nahemow L. Ecology and the aging process [M]//Lawton, M. P. & Nahemow, L. Ecology and the aging process. Washington, DC, US: American Psychological Association, 1973.
（22）图4-2 引自：孙樱, 陈田, 韩英. 北京市区老年人口休闲行为的时空特征初探 [J]. 地理研究, 2001, (05): 537-546.
（23）图4-3 引自：周燕珉，程晓青，林菊英，等. 老年住宅 [M]. 北京：中国建筑工业出版社，2011.
（24）图4-4 作者自绘
（25）图4-5 引自：周燕珉，程晓青，林菊英，等. 老年住宅 [M]. 北京：中国建筑工业出版社，2011.
（26）图4-6 改绘自：周燕珉，程晓青，林菊英，等. 老年住宅 [M]. 北京：中国建筑工业出版社，2011.
（27）图4-7~图4-12 改绘自：胡仁禄，马光. 老年居住环境设计 [M]. 南京：东南大学出版社，1995. 胡海滔，李志忠，肖惠 等. 北京地区老年人人体尺寸测量 [J]. 人类工效学, 2006, 12(1): 39-42. 周燕珉，程晓青，林菊英 等. 老年住宅 [M]. 北京：中国建筑工业出版社，2011. 余漾，王羽，郝俊红等. 老年人人体尺寸测量数据应用报告 [J]. 住区，2016（3）：023.
（28）图4-13 改绘自：http://genderedinnovations.stanford.edu/methods/innovation.html
（29）图4-14~图4-17 作者自绘
（30）图4-18 百度街景图片
（31）图4-19 百度街景图片
（32）图4-20~图4-24 作者自绘
（33）图4-25 作者自绘，地图源于百度地图
（34）图4-26 作者自绘，卫星地图源于百度地图，建筑平面图由苏州市社会福利院提供
（35）图4-27 作者自绘，卫星地图源于百度地图，建筑平面图由苏州市社会福利院提供
（36）图4-28、图4-29 作者自绘
（37）图4-30、图4-31 作者自绘，底图由苏州市社会福利院提供
（38）图4-32~图4-35 作者自绘
（39）图4-36 作者自摄

（40）图 4-37、图 4-38 作者自绘

（41）图 5-1 网络资料图片：https://pt.wikipedia.org/wiki/Ficheiro:Minha_Casa,_Minha_Vida_em_Eun%C3%A1polis_(Bahia).jpg

（42）图 5-2 网络资料图片：

左图：https://timgsa.baidu.com/timg?image&quality=80&size=b9999_10000&sec=1608475363648&di=c85ac579153c2ad6e9cafc6ebe2f143a&imgtype=0&src=http%3A%2F%2Fh.hiphotos.baidu.com%2Fzhidao%2Fpic%2Fitem%2Fa044ad345982b2b74fd7c28133adcbef76099b2f.jpg

右图：https://timgsa.baidu.com/timg?image&quality=80&size=b9999_10000&sec=1608475526537&di=e34e242620c1bd1c9161462b1e5eb9c9&imgtype=0&src=http%3A%2F%2Fimg.mp.itc.cn%2Fupload%2F20160903%2Fda2bf2a9a31343f9a63f74eb290355fc_th.gif

（43）图 5-3 网络资料图片：

左图：https://timgsa.baidu.com/timg?image&quality=80&size=b9999_10000&sec=1608475380756&di=44c0eeb763896fd5519ba76c44c25978&imgtype=0&src=http%3A%2F%2Ft.cncnimg.cn%2Fimg%2Fditie%2Fmap%2Fshanghai.jpg

右图：http://ditie.xpcha.com/beijing.html

（44）图 5-4~图 5-11 引自：Damyanovic D, Reinwald F, Weikmann, A. Manual for Gender Mainstreaming in Urban Planning and Urban Development[M]. Vienna: Urban Development Vienna, Municipal Department18-Urban Development and Planning, 2013.

（45）图 5-12 网络资料图片：https://www.imgraetzl.at/nordbahnviertel/locations/rudolf-bednar-park

（46）图 5-13~图 5-15 引自：Damyanovic D, Reinwald F, Weikmann A.Manual for Gender Mainstreaming in Urban Planning and Urban Development[M]. Vienna: Urban Development Vienna, Municipal Department18-Urban Development and Planning, 2013.

（47）图 5-16 引自：

左图：https://tfl.gov.uk/info-for/bus-operators/

右图：London introduces its new double-decker bus 2011[J/OL]. 2010-11-15. http://futurecartrends.blogspot.com/2010/11/london-introduces-its-new-double-decker.html

（48）图 6-1、图 6-2 引自：Vestbro, D. U. Cohousing in Sweden, history and present situation[J]. 2014.

（49）图 6-3 引自：Pedersen, M. Senior co-housing communities in Denmark[J]. Journal of Housing for the Elderly, 2015, 29 (1-2): 126-145.

（50）图 6-4 网络资料图片：http://www.owch.org.uk

（51）图 6-5~图 6-7 网络资料图片：http://pollardthomasedwards.co.uk

（52）图 6-8 网络资料图片：Cbc. Baba Yaga House, The Sequel[J/OL]. 2013-08-11. https://www.cbc.ca/radio/thesundayedition/baba-yaga-house-the-sequel-1.29047403

（53）图 6-9 网络资料图片：http://www.lamaisondesbabayagas.eu

（54）图 6-10 网络资料图片：http://www.lamaisondesbabayagas.eu

（55）图 6-11~ 图 6-16 引自：Damyanovic, D., Reinwald, F. & Weikmann, A. Manual for Gender Mainstreaming in Urban Planning and Urban Development[M]. Vienna: Urban Development Vienna, Municipal Department18-Urban Development and Planning, 2013.

（56）图 6-17 网络资料图片：http://olesonworlandarchitects.com/?page_id= 143

（57）图 6-18 作者自绘

（58）图 6-19 引自：1835. First Annual Report of the Poor Law Commissioners for England and Wales.

（59）图 6-20~ 图 6-22 作者自绘

（60）图 6-23 左图网络资料图片：https://www.minnanokaigo.com/facility/000-7475440585/ 右图作者自绘

（61）图 6-24 左图网络资料图片：https://www.minnanokaigo.com/facility/000-3811703952/ 右图作者自绘

（62）图 6-25 左图网络资料图片：https://www.minnanokaigo.com/facility/010-1472302114/ 右图作者自绘

（63）图 6-26~ 图 6-29 作者自绘，实景照片来自网络资料图片：https://www.minnanokaigo.com/

（64）图 6-30 作者自绘

（65）图 6-31~ 图 6-33 网络资料图片：http://www.oakcareltd.co.uk/gallery.php

（66）图 6-34、图 6-35 网络资料图片：https://www.carehome.co.uk/carehome.cfm/searchazref/10002514ARDA

（67）图 6-36 网络资料图片：https://www.agedcareguide.com.au/regents-garden-residential-care-bateman?vacancy=35580

（68）图 6-37、图 6-38 网络资料图片：https://www.agedcareguide.com.au/tanunda-lutheran-home?vacancy=35174

表格

（1）表 4-1 作者自绘

（2）表 4-2 改绘自：胡仁禄，马光 . 老年居住环境设计 [M]. 南京：东南大学出版社，1995.
胡海滔，李志忠，肖惠，等 . 北京地区老年人人体尺寸测量 [J]. 人类工效学，2006，12（1）：39-42.
周燕珉，程晓青，林菊英，等 . 老年住宅 [M]. 北京：中国建筑工业出版社，2011.
余漾，王羽，郝俊红，等 . 老年人人体尺寸测量数据应用报告 [J]. 住区，2016（3）：023.

（3）表 4-3 ~ 表 4-8 作者自绘

（4）表 6-1 改绘自：王晨曦 . 养老设施的室内公共活动空间设计研究 [D]. 北京：清华大学，2014.

（5）表 6-2、表 6-3 作者自绘

参考文献

（1）党俊武. 老龄社会的革命：人类的风险和前景 [M]. 北京：人民出版社，2015.
（2）Argentum 2014. Senior Living Resident Profile. Office for National Statistics 2014. Changes in the Older Resident Care Home Population between 2001 and 2011.
（3）王颖. 社会性别视角下老年群体社会支持现状和需求研究——基于第三期中国妇女社会地位调查数据 [J]. 老龄科学研究，2015, (04): 62-70.
（4）Houser A. Women & Long-term Care[J/OL]. 2007-04. https://assets.aarp.org/rgcenter/il/fs77r_ltc.pdf
（5）Lodovici M. S. Elderly women living alone: an update of their living conditions[J/OL]. 2015-06. http://www.europarl.europa.eu/RegData/etudes/STUD/2015/519219/IPOL_STU%282015%29519219_EN.pdf
（6）钟波，楚尔鸣. 性别差异与女性养老问题研究 [J]. 求索，2015, (7): 25-29.
（7）张辉. 中国老年妇女经济与生活状况的社会性别分析 [J]. 兰州学刊，2006, (12): 88-91.
（8）吴玉韶. 中国城市老年人收入的性别差异研究 [J]. 老龄科学研究，2014, (12): 12-25.
（9）仇志娟，杜昊. 性别视角下的老年人口家庭结构影响因素及养老分析 [J]. 经济问题，2015, (1): 40-45.
（10）王小璐，风笑天. 沉默的需求：老年女性的社会支持现状及困境 [J]. 妇女研究论丛，2014, (2): 12-17.
（11）林庆，李旭. 社会性别视角下的养老问题——兼论少数民族地区农村的女性与养老 [J]. 贵州民族研究，2011, (3): 29-34.
（12）Brenton M. Co - operative living arrangements among older women[J]. Local Environment, 1999, 4 (1): 79-87.
（13）Borgloh S, Westerheide P. The impact of mutual support based housing projects on the costs of care[J]. Housing studies, 2012, 27 (5): 620-642.
（14）Vestbro D. U, Horelli L. Design for gender equality: The history of co-housing ideas and realities[J]. Built Environment, 2012, 38 (3): 315-335.
（15）United Nations Department of Economic and Social Affairs 2002. Gender Dimensions of Ageing.
（16）徐放. 人口老龄化背景下的城市老年女性养老问题研究 [J]. 改革与开放，2013, (15): 64, 80.
（17）张雨明. 中国女性老年人的生活现状与需求研究 [D]. 上海：华东师范大学，2008.
（18）Orfila F, Ferrer M, Lamarca R, Tebe C, Domingo-Salvany A, Alonso J. Gender differences in health-related quality of life among the elderly: The role of objective functional capacity and chronic conditions[J]. Social Science & Medicine, 2006, 63 (9): 2367-2380.
（19）Federal Interagency Forum on Aging-Related Statistics 2016. Older Americans 2016: Key Indicators of Well-Being.
（20）徐婧. 我国老年健康的性别差异及其影响因素分解 [J]. 西北师大学报 (社会科学版)，2015, (1): 139-144.

（21）李建民，李淑杏，董胜莲，陈长香. 不同性别老年人睡眠质量及其相关因素分析 [J]. 华北理工大学学报 (医学版), 2006, 8 (2): 159-160.

（22）Alzheimer's Association 2018. 2018 Alzheimer's Disease Fact and Figures.

（23）Andrew M. K, Tierney M. C. The puzzle of sex, gender and Alzheimer's disease: Why are women more often affected than men?[J]. Women's Health, 2018, 14: 17455-1799.

（24）宋洁，杜静，刘金凤，崔宁，马翠翠. 居家养老和机构养老的老年女性健康状况的比较 [J]. 解放军护理杂志，2015, (07): 10-13.

（25）Kim I.H. Age and Gender Differences in the Relation of Chronic Diseases to Activity of Daily Living (ADL) Disability for Elderly South Koreans: Based on Representative Data[J]. Journal of Preventive Medicine and Public Health, 2011, 44 (1): 32.

（26）周燕珉，程晓青，林菊英，林婧怡. 老年住宅 [M]. 北京：中国建筑工业出版社，2011.

（27）李德明，陈天勇，吴振云. 中国女性老年人的主观幸福感及其影响因素 [J]. 中国老年学，2007, 27 (8): 778-780.

（28）Zunzunegui M. V, Minicuci N, Blumstein T, Noale M, Deeg D, Jylhä M, Pedersen N. L. Gender differences in depressive symptoms among older adults: a cross-national comparison: the CLESA project[J]. Social Psychiatry & Psychiatric Epidemiology, 2007, 42 (3): 198-207.

（29）Girgus J, Yang K, Ferri C. The Gender Difference in Depression: Are Elderly Women at Greater Risk for Depression Than Elderly Men?[J]. Geriatrics, 2017, 2 (4): 35.

（30）Simonson J, Mezulis A, Davis K. Socialized to Ruminate? Gender Role Mediates the Sex Difference in Rumination for Interpersonal Events[J]. Journal of Social and Clinical Psychology, 2011, 30 (9): 937-959.

（31）Johnson D. P, Whisman M. A. Gender differences in rumination: A meta-analysis[J]. Personality and Individual Differences, 2013, 55 (4): 367-374.

（32）Van Grootheest D. S, Beekman A. T. F, Van Groenou M. I. B, Deeg D. J. H. Sex differences in depression after widowhood. Do men suffer more?[J]. Social Psychiatry and psychiatric epidemiology, 1999, 34 (7): 391-398.

（33）Glei D. A, Goldman N, Liu I. W, Weinstein M. Sex differences in trajectories of depressive symptoms among older Taiwanese: the contribution of selected stressors and social factors[J]. Aging & Mental Health, 2013, 17 (6): 773-783.

（34）Oh D. H, Park J. H, Lee H. Y, Kim S. A, Choi B. Y, Nam J. H. Association between living arrangements and depressive symptoms among older women and men in South Korea[J]. Social psychiatry and psychiatric epidemiology, 2015, 50 (1): 133-141.

（35）Russell D, Taylor J. Living Alone and Depressive Symptoms: The Influence of Gender, Physical Disability, and Social Support Among Hispanic and Non-Hispanic Older Adults[J]. The Journals of Gerontology Series B: Psychological Sciences and Social Sciences, 2009, 64B (1): 95-104.

（36）曲海英，刘林林. 新型城镇化中农村老年人心理健康影响因素 [J]. 中国健康心理学杂志，2016, 24 (8): 1233-1237.

（37）Pinquart M, Sorensen S. Gender Differences in Caregiver Stressors, Social Resources, and Health: An Updated Meta-Analysis[J]. The Journals of Gerontology Series B: Psychological Sciences and Social Sciences, 2006, 61 (1): 33-45.

(38) 黄匡时. 中国老年人日常生活照料需求研究[J]. 人口与社会, 2014, 30 (4): 10-17.

(39) 陆杰华, 张莉. 中国老年人的照料需求模式及其影响因素研究——基于中国老年社会追踪调查数据的验证[J]. 人口学刊, 2018, (2): 22-33.

(40) 薛伟玲, 陆杰华. 基于性别差异的老年日常健康照料成本研究[J]. 中央财经大学学报, 2012, (4): 0-0.

(41) Redondo Sendino Á, Guallar Castillón P, Banegas J. R, Rodríguez Artalejo, F. Gender differences in the utilization of health-care services among the older adult population of Spain[J]. BMC Public Health, 2006, 6: 155.

(42) Gosman Hedström G, Claesson L. Gender perspective on informal care for elderly people one year after acute stroke[J]. Aging Clinical and Experimental Research, 2005, 17 (6): 479-485.

(43) 邬沧萍. 社会老年学[M]. 北京: 中国人民大学出版社, 1999.

(44) 杨宗传. 再论老年人口的社会参与[J]. 武汉大学学报(人文社会科学版), 2000, 1: 61-65.

(45) 王莉莉. 中国老年人社会参与的理论、实证与政策研究综述[J]. 人口与发展, 2011, 17 (3): 35-43.

(46) 成志芬. 北京老年人户外文化活动空间差异分析——基于性别视角下的调查分析[J]. 学理论, 2012, (2): 33-34.

(47) 张纯, 柴彦威, 李昌霞. 北京城市老年人的日常活动路径及其时空特征[J]. 地域研究与开发, 2007, (4): 116-120.

(48) 栾文敬, 韩福源. 社会性别视角下城市老年人的社会参与[J]. 老龄科学研究, 2015, 3 (6): 21-30.

(49) 张硕, 陈功. 中国城市老年人社会隔离现状与影响因素研究[J]. 人口学刊, 2015, 37 (212): 66-76.

(50) 王晶, 苏中文. 社会性别视角下老年群体经济参与现状分析——基于"第三期中国妇女社会地位调查"吉林省数据分析[J]. 东北师大学报: 哲学社会科学版, 2013, 4 153-157.

(51) 刘燕, 纪晓岚. 老年人社会参与影响因素的Logistic回归分析——基于311份个案访谈数据[J]. 华东理工大学学报(社会科学版), 2014, 29 (3): 98-104.

(52) Minami U, Suzuki H, Kuraoka M, Koike T, Kobayashi E, Fujiwara Y. Older Adults Looking for a Job through Employment Support System in Tokyo[J]. PLOS ONE, 2016, 11 (7): e0159713.

(53) Tomioka K, Kurumatani N, Hosoi H. Age and gender differences in the association between social participation and instrumental activities of daily living among community-dwelling elderly[J]. BMC Geriatrics, 2017.

(54) 第三期中国妇女社会地位调查课题组. 第三期中国妇女社会地位调查主要数据报告[J]. 妇女研究论丛, 2011, (6): 5-15.

(55) 陈静, 江海霞. 城市老年妇女社会参与的特征、价值及对策——基于河北省保定市老年妇女的个案研究[J]. 常州大学学报(社会科学版), 2013, (3): 24-28.

(56) Huang S.W, Yang C.L. Gender Difference in Social Participation Among the Retired

Elderly People in Taiwan[J]. American Journal of Chinese Studies, 2013, 20 (1): 61–74.

(57) Mclaughlin D, Vagenas D, Pachana N. A, Begum N, Dobson A. Gender Differences in Social Network Size and Satisfaction in Adults in Their 70s[J]. Journal of Health Psychology, 2010, 15 (5): 671–679.

(58) Bennett K. M. Longitudinal changes in mental and physical health among elderly, recently widowed men[J]. Mortality, 1998, 3 (3): 265–273.

(59) Brenton M. Choice, Autonomy and Mutual Support: Older Women's Collaborative Living Arrangements[M]. YPS, 1999.

(60) Sonnenberg C. M, Deeg D. J. H, Van Tilburg T. G, Vink D, Stek M. L, Beekman A. T. F. Gender differences in the relation between depression and social support in later life[J]. International Psychogeriatrics, 2013, 25 (1): 61.

(61) Isherwood L. M, King D. S, Luszcz M. A. A longitudinal analysis of social engagement in late-life widowhood[J]. Int J Aging Hum Dev, 2012, 74 (3): 211–229.

(62) Stroebe M. Gender Differences in Adjustment to Bereavement: An Empirical and Theoretical Review[J]. Review of General Psychology, 2001, 5 (1): 62–83.

(63) 赵忻怡, 潘锦棠. 城市女性丧偶老人社会活动参与和抑郁状况的关系 [J]. 妇女研究论丛, 2014, (2): 25–33.

(64) Zhang W, Feng Q, Lacanienta J, Zhen Z. Leisure participation and subjective well-being: Exploring gender differences among elderly in Shanghai, China[J]. Archives of Gerontology and Geriatrics, 2017, 69: 45–54.

(65) 宋艳丽, 张燕燕, 吴倩霞, 李若, 吴美琪, 战洋, 张宇航, 高悦泇. 社区老人社会参与和日常生活的工具性活动的关系 [J]. 管理观察, 2017 (18): 83–85..

(66) Piaget J, Inhelder B, Langdon F. J, Lunzer J. L. La Représentation de L'espace Chez L'enfant. The Child's Conception of Space... Translated... by FJ Langdon & JL Lunzer. With Illustrations[M]. New York; Routledge & Kegan Paul: London; printed in Great Britain, 1956.

(67) Morris J. Conundrum Harcourt Brace Jovanovich[J]. New York, 1974,

(68) Jones R. M, Taylor D. E, Dick A. J, Singh A, Cook J. L. Bedroom Design and Decoration: Gender Differences in Preference and Activity[J]. Adolescence, 2007, 42 (167): 539–53.

(69) Pomerleau A, Bolduc D, Malcuit G, Cossette L. Pink or blue: Environmental gender stereotypes in the first two years of life[J]. Sex Roles, 1990, 22 (5–6): 359–367.

(70) Cieraad I. Gender at play: décor differences between boys' and girls' bedrooms[M]. Ashgate Aldershot, 2007.

(71) Song S. S, Wan Q, Wang G. G. Eye movement evaluation of different wood interior decoration space[J]. Wood Research, 2016, 61 (5): 831–843.

(72) Yoon S.Y, Oh H, Cho J. Y. Understanding Furniture Design Choices Using a 3D Virtual Showroom[J]. 2010, 35 (3): 33–50.

(73) 陈喆. 女性空间研究 [J]. 建筑师, 2003, (05): 80–83.

(74) Owen R. A new view of society: Or, Essays on the principle of the formation of the human character, and the application of the principle to practice: Essay 2[M]. Cadell &

Davies, 1813.

(75) Lambert C. "Living Machines": Performance and Pedagogy at Robert Owen's Institute for the Formation of Character, New Lanark, 1816-1828[J]. The Journal of the History of Childhood and Youth, 2011, 4: 419 – 433.

(76) Matrix. Making space: Women and the man-made environment[M]. Pluto Press (UK), 1984.

(77) Women and Geography Study Group. Geography and Gender: An introduction to feminist geography[M]. Great Britain: Anchor Brendon Ltd, 1984.

(78) Lawton M. P, Simon B. The Ecology of Social Relationships in Housing for the Elderly[J]. The Gerontologist, 1968, 8: 108-115.

(79) Lawton M. P, Nahemow L. Ecology and the aging process[M]. Washington, DC, US: American Psychological Association, 1973.

(80) Saegert S, Winkel G. H. Environmental psychology[J]. Annual review of psychology, 1990, 41 (1): 441-477.

(81) 李泉葆. 南京市老年人口日常活动的时空特征探析[D]. 南京：东南大学，2015.

(82) 万邦伟. 老年人行为活动特征之研究[J]. 新建筑，1994, (4): 23-30.

(83) 丁志宏. 我国老年人休闲活动的特点分析及思考——以北京市为例[J]. 兰州学刊，2010, (9): 89-92.

(84) 王莹亮. 老年人宜步行住区空间环境研究——以重庆市江北地区为例[D]. 重庆：重庆大学，2015.

(85) 黄韵. 老者安之——在宅养老模式下的住区户外环境感知设计研究[D]. 杭州：中国美术学院，2013.

(86) 朱亮. 基于心理因素的老年人居住环境安全性设计研究[D]. 齐齐哈尔：齐齐哈尔大学，2012.

(87) 王洪羿. 养老建筑内部空间老年人的知觉体验研究[D]. 大连：大连理工大学，2012.

(88) 姚新玲. 上海养老机构老年人居室热环境调查及分析[J]. 暖通空调，2011, 41 (12): 66-70.

(89) 李斌，王依明，李雪，李华. 城市社区养老服务需求及其影响因素[J]. 建筑学报，2016, (S1): 90-94.

(90) 李斌，李庆丽. 养老设施空间结构与生活行为扩展的比较研究[J]. 建筑学报，2011, (S1): 153-159.

(91) 孙樱，陈田，韩英. 北京市区老年人口休闲行为的时空特征初探[J]. 地理研究，2001, (5): 537-546.

(92) 张亢. 和而不同——性别差异对老年人户外活动的影响分析. 多元与包容[C]//2012中国城市规划年会. 昆明，2012.

(93) 钟琳，张玉龙，周燕珉. 养老设施中公共浴室类型和设计研究[J]. 建筑学报，2017, (4): 100-104.

(94) Haugan G, Hanssen B, Moksnes U. K. Self-transcendence, nurse-patient interaction and the outcome of multidimensional well-being in cognitively intact nursing home patients[J]. Scandinavian Journal of Caring Sciences, 2013, 27 (4): 882-893.

(95) Lindesay J, Skea D. Gender and interactions between care staff and elderly nursing

home residents with dementia[J]. International Journal of Geriatric Psychiatry, 1997, 12 (3): 344-348.
（96）李茜. 闽南地区养老设施在应急状态下的疏散设计研究 [D]. 厦门：华侨大学，2014.
（97）胡仁禄，马光. 老年居住环境设计 [M]. 南京：东南大学出版社，1995.
（98）胡海滔，李志忠，肖惠，严京滨，王晓芳，郑力. 北京地区老年人人体尺寸测量 [J]. 人类工效学，2006, (1): 39-42.
（99）余漾，王羽，郝俊红，苗文胜，伍小兰. 老年人人体尺寸测量数据应用报告 [J]. 住区，2016, (3): 107-112.
（100）张京渤. 老年人社区户外空间适应性研究 [D]. 北京：北京林业大学，2006.
（101）郑春霞，陶伟. 高校女性教职工日常休闲行为探析——以广州高校为例 [J]. 人文地理，2007, 22 (3): 65-68.
（102）周彦真，申晓辉. 基于性别差异角度的居住区户外活动空间研究——以厦门地区为例 [J]. 华中建筑，2014, (3): 36-39.
（103）刘合林，沈清. 两性对城市广场设计要素的关注差异研究——基于女性主义视角 [J]. 人文地理，2008, (4): 12-16，50.
（104）李佳芯，王云才. 基于女性视角下的风景园林空间分析 [J]. 中国园林，2011, 27 (6): 38-44.
（105）罗长海，杜思赟. 高校户外活动场所规划中的女性主义视角 [J]. 中国园林，2010, 26 (4): 37-41.
（106）陆伟，周博，安丽，王新艳. 居住区老年人日常出行行为基本特征研究 [J]. 建筑学报，2015, (s1): 176-179.
（107）许晓霞，柴彦威. 北京居民日常休闲行为的性别差异 [J]. 人文地理，2012, (1): 22-28.
（108）Feng J. The influence of built environment on travel behavior of the elderly in urban China[J]. Transportation Research Part D, 2016.
（109）Ward R A, Others. A. Fear of Crime and the Elderly: Personal, Social, and Environmental Factors[J]. Behavior Patterns, 1984, 30.
（110）Lagrange R L, Ferraro K F. ASSESSING AGE AND GENDER DIFFERENCES IN PERCEIVED RISK AND FEAR OF CRIME[J]. Criminology, 2010, 27 (4): 697-720.
（111）Ortega S T, Myles J L. RACE AND GENDER EFFECTS ON FEAR OF CRIME: AN INTERACTIVE MODEL WITH AGE[J]. Criminology, 1987, 25 (1): 133-152.
（112）刘芳芳，刘松茯，康健. 城市户外空间声环境评价中的性别差异研究——以英国谢菲尔德市为例 [J]. 建筑科学，2012, (6): 50-56.
（113）李佳婧，周燕珉. 失智特殊护理单元公共空间设计对老人行为的影响——以北京市两所养老设施为例 [J]. 南方建筑，2016, (6): 10-18.
（114）Lawton M. The Elderly in Context: Perspectives from Environemntal Psychology and Gerontology[J]. Environment and Behavior, 1985, 17 (4): 501-519.
（115）Damyanovic D. Gender Mainstreaming as a Strategy for Sustainable Urban Planning[M]. England: Ashgate Publishing Limited, 2013.
（116）Tummers, L. Gendered Perspectives on Spatial Planning and Housing in the Netherlands[M]. England: Ashgate Publishing Limited, 2013.

（117）Irschilk E, Kail E. Vienna: Progress Towards a Fair Shared City[M]. England: Ashgate Publishing Limited, 2013.

（118）Damyanovic D, Reinwald F, Weikmann A. Manual for Gender Mainstreaming in Urban Planning and Urban Development[M]. Vienna: Urban Development Vienna, Municipal Department18-Urban Development and Planning, 2013.

（119）Zibell B. The Model of the European City in the Light of Gender Planning and Sustainable Development[M]. England: Ashgate Publishing Limited, 2013.

（120）De Madariaga I. S, Roberts M. Fair shared cities: the impact of gender planning in Europe[M]. England: Ashgate Publishing Limited, 2013.

（121）Choi J. S. Evaluation of community planning and life of senior cohousing projects in northern European countries[J]. European planning studies, 2004, 12 (8): 1189-1216.

（122）Anne P. G. Aging in a Community of Mutual Support: The Emergence of an Elder Intentional Cohousing Community in the United States[J]. Journal of Housing for the Elderly, 2009, 23 (4): 283-303.

（123）Thomas J. Insights into loneliness, older people and well-being, 2015.

（124）Judd B, Bridge C, Davy L, Adams T, Liu E. 2012. Downsizing amongst older Australians. AHURI.

（125）Strauss I. The Hot New Millennial Housing Trend Is a Repeat of the Middle Ages[J/OL]. 2016-09-26. https://www.theatlantic.com/business/archive/2016/09/millennial-housing-communal-living-middle-ages/501467/

（126）Age Uk 2015. Evidence Review: Loneliness in Later Life.

（127）Durrett C. The Senior Cohousing: Handbook[M]. Canada: New Society Publishers, 2009.

（128）Vestbro D. U. Cohousing in Sweden, history and present situation[J]. 2014,

（129）Pedersen M. Senior co-housing communities in Denmark[J]. Journal of Housing for the Elderly, 2015, 29 (1-2): 126-145.

（130）'New Ground' Older Women's Cohousing Community (OWCH) High Barnet[J/OL]. https://cohousing.org.uk/case-study/new-ground-older-womens-cohousing-community-owch-high-barnet/

（131）Biau V, Orazio A, Iosa I, Nez H. HABITAT EN AUTOPROMOTION Etude de six cas franciliens[M]. 2012.

（132）Cbc. Baba Yaga House, The Sequel[J/OL]. 2013-08-11. https://www.cbc.ca/radio/thesundayedition/baba-yaga-house-the-sequel-1.29047403

（133）Warren C. a. B. Assisted Living in 1489[J]. The Gerontologist, 2012, 52: 698-702.

（134）Mens N, Wagenaar C. Health Care Architecture in the Netherlands. Rotterdam: NAi Publishers, 2010.

（135）Nicholls A. Almshouses in Early Modern England: Charitable Housing in the Mixed Economy of Welfare, 1550-1725[M]. Boydell & Brewer, 2017.

（136）Goose N, Looijesteijn H. Almshouses in England and the Dutch Republic circa 1350 - 1800: a comparative perspective[J]. Journal of Social History, 2012, 45 (4): 1049-

1073.
（137）May T. The Victorian Workhouse[M]. Osprey Publishing, 1997.
（138）Fowler S. The Workhouse: The People, The Places, The Life Behind Doors[M]. Pen and Sword, 2014.
（139）Newman C. To Punish or Protect: The New Poor Law and the English Workhouse[J]. International Journal of Historical Archaeology, 2014, 18 (1): 122-145.
（140）First Annual Report of the Poor Law Commissioners for England and Wales.1835.
（141）Anderson J. 8 Facts About Men and Aging[J/OL]. 2015-07-16. https://www.aplaceformom.com/blog/facts-about-aging-men06-11-2013/
（142）Cms. Nursing Home Data Compendium 2015 Edition[J/OL]. 2015. https://www.cms.gov/Medicare/Provider-Enrollment-and-Certification/CertificationandComplianc/Downloads/nursinghomedatacompendium_508-2015.pdf
（143）Einiö E. K, Guilbault C, Martikainen P, Poulain M. Gender Differences in Care Home Use among Older Finns and Belgians[J]. Population (English Edition, 2002-), 2012, 67 (1): 71-95.
（144）司马蕾. 公办与民办养老机构现存差异与发展展望[J]. 住宅科技, 2016, 36 (7): 31-36.
（145）Span P. Fewer Beds for Men Entering Nursing Homes[J/OL]. 2012-01-30. https://newoldage.blogs.nytimes.com/2012/01/30/fewer-beds-for-men-entering-nursing-homes/
（146）Samuels C. Finding a Place for Dad: Senior Living Tips for Elderly Men[J/OL]. 2020-06-13. https://www.aplaceformom.com/caregiver-resources/articles/senior-living-for-men/
（147）Gerhardt P. Assisted living facilities may be wise to appeal more to men[J/OL]. 2011-08-01. https://www.washingtonpost.com/national/health/assisted-living-facilities-may-be-wise-to-appeal-more-to-men/2011/06/03/gIQAX3F5nI_story.html
（148）Flynn M. All-Female Memory Care Unit Opens on Texas Skilled Nursing Campus[J/OL]. 2018-02-01. https://skillednursingnews.com/2018/02/female-memory-care-unit-opens-texas-senior-community/